思政工作理论与实践探索

王菲菲　著

河北大学出版社
·保定·

出 版 人：马　力
责任编辑：鹿巧利
助理编辑：单麟哲
装帧设计：赵　宁
责任校对：蔡文涛
责任印制：常　凯

图书在版编目（CIP）数据

思政工作理论与实践探索 / 王菲菲著 . -- 保定 : 河北大学出版社 , 2025. 5. -- ISBN 978-7-5666-2666-0

Ⅰ . D261.41

中国国家版本馆 CIP 数据核字第 20253S53S7 号

思政工作理论与实践探索

SIZHENG GONGZUO LILUN YU SHIJIAN TANSUO

出版发行：河北大学出版社

地址：河北省保定市七一东路 2666 号　邮编：071000

电话：0312-5073003　0312-5073029

网址：www.hbdxcbs.com

邮箱：hbdxcbs@163.com

印　　刷：中煤（北京）印务有限公司

幅面尺寸：170 mm×240 mm

字　　数：231 千字

印　　张：11.5

版　　次：2025 年 5 月第 1 版

印　　次：2025 年 5 月第 1 次印刷

书　　号：ISBN 978-7-5666-2666-0

定　　价：89.00 元

前 言

FOREWORD

在新时代背景下，党校思政教育的重要性愈发凸显。党校作为党员干部培养的重要阵地，承担着强化党员干部思想政治素养、坚定理想信念的重任。当前，社会环境复杂多变，各种思潮相互碰撞，对党员干部的政治判断力、政治领悟力、政治执行力提出了更高要求。加强党校思政教育，不仅有助于提升党员干部的党性修养，使其在复杂形势下坚守政治立场，还能为党和国家事业发展培养德才兼备的高素质干部队伍，对于巩固党的执政基础、推动社会稳定发展具有深远意义。基于此，深入研究党校思政教育，探寻其优化路径，是适应时代发展、加强党的建设的必然选择。

本书聚焦党校思政教育这一关键领域，深入剖析了党校思政教育的内涵、特征及平台构建，全面阐述了思政工作育人体系的构建原则与策略。在课程思政建设方面，明确了建设要点、保障机制及实施路径。对思政教育团队建设与能力提升展开探讨，从理论指导到素质能力构成，再到提升发展路径，均进行了详细论述。书中还深入研究了党校思政工作的实现路径，包括坚持党的教育理念、借助“互联网＋基层党组织建设”创新模式，以及构建党建工作与思政教育协同育人机制。在创新发展方面，从思政课教学实践创新到实效性优化，再到数字时代背景下的创新发展，为党校思政教育的持续进步提供了新思路与新方法，以期为党校思政教育工作者及相关研究者提供有益参考，助力党校思政教育迈向新台阶。

在本书写作过程中，参考了众多资料及其他学者的相关研究成果，在此表示由衷的感谢。由于水平有限，书中难免出现一些谬误之处，因此恳请广大读者、专家学者能够予以谅解并及时指正，无论是观点论述的合理性、案例引用的准确性，还是内容编排的逻辑性等方面的问题，都希望您能不吝赐教，以便后续对本书做进一步的修改与完善。

王菲菲

2025 年 2 月

目　录

CONTENTS

第一章

党校思政教育概述

第一节　党校思政教育的内涵与特征

一、党校思想政治教育的内涵

党校思想政治教育，旨在培养忠诚于党和人民事业、具有高度政治觉悟与理论素养的党员干部队伍，是党为实现执政使命而开展的系统性、战略性教育实践。作为党员干部锤炼党性的熔炉、提升政治能力的主阵地，党校通过有计划、分层次的教育活动，引导学员深入学习马克思主义基本原理及其中国化创新成果，全面贯彻习近平新时代中国特色社会主义思想，增强“四个意识”、坚定“四个自信”、做到“两个维护”。

党校思想政治教育以党的政治建设为统领，将党性教育贯穿教学全过程。通过系统讲授党的百年奋斗史、党的创新理论、党章党规党纪，教育引导学员深刻领悟“两个确立”的决定性意义，自觉在思想上政治上行动上同以习近平同志为核心的党中央保持高度一致。教育内容既注重理论深度，又强化实践导向，着力提升学员运用马克思主义立场观点方法解决实际问题的能力，特别是在复杂形势下把握政治方向、驾驭政治局面、防范政治风险的本领。

在新时代新征程上，党校思想政治教育承担着为党培养堪当民族复兴重任的执政骨干的历史使命。推动学员将党的创新理论转化为指导实践、推动工作的强大力量，通过沉浸式的党性锻炼、案例式的政治能力训练、研讨式的政策执行研究，确保在全面建设社会主义现代化国家新征程中始终成为贯彻党的路线方针政策的中坚力量。这种教育不仅是党员干部个人成长的必修课，更是确保党和国家事业后继有人、长盛不衰的战略工程。

二、党校思想政治教育的理念

在新时代背景下，党校作为培养党员干部的主阵地，其思想政治教育必须紧跟时代脉搏，凸显政治性、实践性和示范性。党校思想政治教育理念是教育主体在教学实践中形成的关于思想政治教育本质规律的理性认识，它明确了党校教育的政治方向、核心功能和实践路径，是引领党员干部思想建设的根本遵循。

（一）沉浸式的教育理念

沉浸式教育理念强调将党员干部深度融入理论学习与实践锻炼中，通过强化政治体验、实践感悟和互动交流，提升教育的实效性。党校的沉浸式教育应立足于以下三个方面。

1. 理论与实践深度融合

党校教育需打破传统课堂界限，将习近平新时代中国特色社会主义思想的学习与党和国家重大战略部署、基层治理实践相结合。例如，通过现场教学、案例研讨等方式，让学员在具体情境中感悟理论的实践价值，增强其运用理论解决实际问题的能力。

2. 政治淬炼与党性修养并重

沉浸式教育要求学员在严格的党内政治生活中锤炼党性，通过重温入党誓词、开展批评与自我批评、参与党性分析等活动，强化政治忠诚和纪律意识，确保学员在思想上、行动上同党中央保持高度一致。

3. 学员主体地位的充分发挥

党校应鼓励学员结合自身工作经历，在小组研讨、经验分享中碰撞思想火花，形成“教学相长、学学相长”的氛围。这种互动式学习既能促进理论转化，又能推动学员将个人经验升华为对党的事业的规律性认识。

（二）政治引领的教育理念

政治引领是党校思想政治教育的核心原则，要求教育始终以党的政治建设为统领，将旗帜鲜明讲政治贯穿教育全过程。政治引领的教育理念包含以下三重内涵。

1. 强化政治方向的正确性

党校教育必须把学习贯彻习近平新时代中国特色社会主义思想作为首要任务，引导学员深刻领悟“两个确立”的决定性意义，增强“四个意识”、坚定“四个自信”、做到“两个维护”，确保党员干部在大是大非面前立场坚定。

2. 突出政治能力的培养

党校应围绕提高政治判断力、政治领悟力、政治执行力，设计有针对性的课程。例如，通过分析国际国内形势、研讨重大政策案例，帮助学员提升从政治角度把握全局、化解矛盾的能力，确保在复杂环境中始终站稳政治立场。

3. 注重政治生态的塑造

党校教育要弘扬党的优良传统和作风，通过廉政教育、警示教育等方式，引导学员树立正确的权力观、政绩观，自觉抵制不良风气，营造风清气正的政治生态。同时，将政治引领贯穿学员管理全过程，以严格的纪律要求强化政治规矩意识。党校思想政治教育理念的创新与实践，既是新时代党的建设的必然要求，也是培养高素质专业化干部队伍的关键支撑。通过沉浸式教育与政治引领的有机结合，党校能够更好地发挥“三个阵地、一个熔炉”的作用，为党和国家事业发展提供坚强的思想保证和人才支持。

三、党校思想政治教育的特征

（一）党校思想政治教育环境的特征

1. 思想政治教育环境具有政治导向性特征

党校作为党培养执政骨干的主渠道，其思想政治教育始终以党的旗帜为旗帜、以党的方向为方向。在复杂多变的国际国内形势下，党校必须始终坚持马克思主义指导地位，将习近平新时代中国特色社会主义思想贯穿教育全过程，引导学员深刻领悟“两个确立”的决定性意义，增强“四个意识”、坚定“四个自信”、做到“两个维护”。党校教育环境的特殊性在于，它不仅要应对多元社会思潮的影响，更要强化党的意识形态的主导地位，确保学员在政治立场、政治方向上同党中央保持高度一致。

2. 思想政治教育环境的实践性特征

党校教育具有鲜明的实践品格，其环境建设紧密结合党和国家事业发展的实际需求。一方面，党校通过组织学员参与实地调研、案例教学、党性锻炼等实践活动，将理论教育与解决实际问题相结合；另一方面，党校教育环境始终围绕党和国家的中心任务，如乡村振兴、科技创新、反腐倡廉等，引导学员在实践中锤炼党性、提升能力。这种实践性特征使得党校的思想政治教育更具针对性和实效性，能够直接服务于党的事业发展。

（二）党校思想政治教育对象的特征

1. 党性修养的自觉性特征

党校学员作为党员领导干部或后备干部，具有较强的政治意识和组织纪律性。他们在长期的工作实践中，对党的性质、宗旨和使命有着深刻的理解，能够自觉将个人发展与党的事业相结合。在党校学习期间，学员更加注重自我革命和党性锻炼，主动加强理论学习，深入剖析自身存在的问题，努力提高政治判断力、政治领悟力、政治执行力。例如，通过参加专题研讨、民主生活会等，学员能够主动反思工作中的不足，寻求改进方向，体现出强烈的党性修养自觉性。

2．责任担当的示范性特征

党校学员大多在各级党政机关或企事业单位担任领导职务，他们的言行举止对广大党员和群众具有示范引领作用。因此，党校的思想政治教育必须突出责任担当教育，引导学员树立正确的政绩观和权力观，强化为人民服务的宗旨意识。学员在党校学习期间，不仅要提升自身的理论水平和工作能力，更要深刻认识到自己肩负的责任，以身作则、率先垂范，在实际工作中践行党的宗旨，做到忠诚干净担当。例如，在应对复杂局面、处理突发事件时，学员能够展现出坚定的政治立场和较强的应急处突能力，充分发挥示范带头作用。

3．拒腐防变的坚定性特征

面对当前复杂的社会环境和各种诱惑，党校学员必须具备拒腐防变的坚定意志和能力。党校的思想政治教育通过加强纪律教育、警示教育和廉政教育，帮助学员筑牢思想防线，严守政治纪律和政治规矩。学员在党校学习期间，能够系统学习党的纪律规定，深入剖析典型案例，深刻认识到腐败的危害性，从而自觉做到知敬畏、存戒惧、守底线。这种拒腐防变的坚定性特征，是党校思想政治教育区别于其他教育形式的重要标志，也是培养高素质干部队伍的必然要求。

四、党校思想政治教育的价值

在时代变迁与社会发展的背景下，党校的思想政治教育研究必须与时俱进，以适应时代的需求，从而实现学科的持续发展。在跟随时代步伐的过程中，党校思想政治教育需明确自身的发展定位，并深入分析其对时代发展的重要意义。

（一）党校思想政治教育价值的认知

价值，通常指某事物的有用性或经济价值，但在更广泛的意义上，它是主体需求与满足这些需求所需客体属性之间的交汇点。在马克思主义哲学视角下，价值不仅具有客观性，还体现了主体性与客观性及历史实践的统一。

1．思想政治教育价值的概念界定

在党校的语境下，思想政治教育价值体现在教育对于提升党员干部素质、塑造正确世界观、人生观和价值观的有用性上。这种价值的实现，需要将思想政治教育的主体（如党员干部）与客体（如教育内容、方法等）通过正确的价值观联系起来，构建科学的关系框架。

党员干部作为社会的中坚力量，他们的思想素质、政治觉悟和道德品质对社会发展具有直接影响。因此，党校思想政治教育在塑造党员干部精神世界、引导正确认识和改造世界方面发挥着关键作用。主体与客体在思想政治教育实践中建立紧密联系，通过相互作用实现价值的创造与传递。

2. 思想政治教育价值的基本特征

（1）阶级性与社会性相统一。党校思想政治教育作为党的上层建筑的重要组成部分，具有鲜明的阶级性。它旨在传递党的意识形态、政治意图和道德规范，培养忠诚于党、服务于人民的党员干部。同时，它也具有社会性，能够展现社会关系价值，引导党员干部正确认识和处理个人与社会的关系，促进社会的和谐与进步。

（2）直接性与间接性相结合。党校思想政治教育能够直接影响党员干部的思想根基，通过直接传授政治理念和道德规范，提升他们的思想水平和政治觉悟。同时，它也具有间接性，通过改变党员干部的思想观念，进而影响他们的行为和实践，推动社会的变革与发展。

（3）短期性与长期性并存。党校思想政治教育活动具有针对性和现实性，能够在短期内触动党员干部的心灵，激发他们的思想变化。然而，教育效果的长期性更为显著，它能够使党员干部在长期的学习和实践中逐渐内化教育内容，形成稳定的行为习惯和价值观念，对社会产生深远影响。

（4）潜在性与显在性相互转化。党校思想政治教育的价值在存在方式上具有潜在性和显在性。潜在性体现在教育过程中潜移默化的影响，而显在性则表现为党员干部在教育后的实际行动和成果。这种潜在性与显在性的相互转化，是党校思想政治教育价值实现的重要过程。

3. 思想政治教育价值的不同形态

（1）理论价值。党校思想政治教育承担着传播、阐释和发展马克思主义理论的重任。通过系统的理论课程设置，将马克思主义基本原理、毛泽东思想、中国特色社会主义理论体系等核心内容进行深入解读，不仅让党员干部掌握理论精髓，还能在研究与实践中不断丰富和发展马克思主义理论内涵。同时，思想政治教育过程中对理论的深入研讨和创新思考，能够为马克思主义理论学科的发展注入新的活力，推动理论研究向纵深发展，为党和国家的政策制定提供坚实的理论支撑。

（2）实践价值。党校思想政治教育紧密围绕党和国家的中心工作，将理论知识转化为指导实践的强大动力。通过案例教学、实地调研、情景模拟等多样化的教学方式，帮助党员干部提升解决实际问题的能力。在面对复杂的社会矛盾和改革发展中的难题时，经过思想政治教育培养的党员干部能够运用科学的理论和方法，制定合理的决策，推动政策的有效落实，促进社会经济的健康发展。例如在乡村振兴、基层治理等实际工作中，党员干部的实践能力和政治素养直接影响着工作的成效，而党校的思想政治教育则为其提供了实践能力提升的重要途径。

（3）个体价值。从党员干部个体层面来看，党校思想政治教育是其实现自我成长和全面发展的关键助力。一方面，通过思想引导和价值观塑造，帮助党员干部树立坚定的理想信念，增强政治定力和道德自律，使其在面对各种诱惑和挑战时能够坚守原则，保持正确的人生方向。另一方面，思想政治教育注重培养党员干部的综合素养，包括沟通能力、领导能力、创新思维等，助力其在工作岗位上更好地发挥作用，实现个人价值与社会价值的统一，提升个体的幸福感和成就感 。

（4）社会价值。党校思想政治教育对于维护社会稳定、促进社会和谐具有不可替代的作用。通过培养大批具有高度政治觉悟和社会责任感的党员干部，能够在全社会范围内传播正能量，弘扬社会主义核心价值观，营造良好的社会风气。这些党员干部在各自的工作岗位和社会生活中，发挥着模范带头作用，带动广大群众积极参与社会建设，化解社会矛盾，促进社会公平正义，推动社会朝着文明、和谐、进步的方向发展，为实现中华民族伟大复兴的中国梦凝聚强大的社会力量。

（二）党校思想政治教育的社会价值

思想政治教育的社会价值体现在，它通过传授教育内容，积极构建社会文化、政治及经济建设相关内容，进而使自身具备客观存在的社会价值。这与一些社会的文化、经济和生态的现象具有一致性。教育发生了作用，呈现出对社会方方面面的价值，因此这也是思想政治教育具有社会价值的形态体现。

1．经济价值

思想政治教育的经济价值在于推动社会经济发展、实现经济增长，以满足人类的精神与物质需求。将经济建设作为思想政治教育的核心，借助正确理论指导，确保社会主义发展方向，为经济建设提供动力，见表 1–1。

表 1–1　经济价值体现的具体内容

经济价值体现	具体内容
确保社会经济发展方向	社会主义市场经济由市场机制与社会主义制度有机结合而成，资源配置依靠市场。思想政治教育约束市场机制形成，保障其符合社会主义发展需求。一方面，社会主义方向通过市场经济构成得以保障，这是控制社会主义市场经济发展的根本依据；另一方面，人们通过学习思想政治教育，达成对社会主义市场经济构成的一致理解与认识，自觉坚持其发展方向。思想政治教育通过规范经济行为、提升经济意识，开展市场竞争教育和效率观念教育，推动经济建设

续表

经济价值体现	具体内容
成为社会发展内在精神动力	人作为社会生产主体，是生产力发展的主力。当代中国将发展作为第一要务，依靠科学技术和劳动者素质推动生产力增长，人才成为关键战略资源。劳动者全面发展需具备先进劳动能力、科学文化素养、社会责任感和事业心。思想政治教育影响劳动者道德和思想政治素质，激发其创造性和积极性，推动生产力发展，同时促使生产关系适应社会发展。中国特色社会主义道路为改革提供信心和动力，解放和发展生产力
为经济发展提供环境	国家经济增长依赖技术进步和意识形态完善。经济发展需要思想意识支撑，全球经济变化影响人们思想观念，需加强意识形态宣传教育。思想政治教育通过意识形态教育，营造良好社会舆论和精神氛围，促进市场经济健康发展。让受教育者科学看待经济问题，树立科学发展观，形成良好社会心理和道德环境

2. 文化价值

思想政治教育在一定程度上满足人民文化需求、促进文化发展，这便是其文化价值。作为社会意识形态的重要组成部分，思想政治教育是一种实践文化活动，推动我国社会主义文化发展，增强国家软实力，助力文化强国建设。其文化价值体现在促进文化传播、选择、创造和渗透方面，见表 1-2。

表 1-2　文化价值体现的具体内容

文化价值体现	具体内容
促进文化传播	文化传播是具有文化特征的观点从一个群体向另一个群体传播的过程。思想政治教育传播社会主流文化，使公民具备社会化的思想道德意识。教育者向受教育者传递思想、政治、道德观念，这些观念属于文化范畴，思想政治教育活动是文化传播活动。学员通过思想政治教育接受社会主流价值观，养成相应行为习惯，形成与社会主流观念一致的信仰、态度、政治观点并付诸行动
促进文化选择	思想政治教育在文化选择上有正面选择和反面排斥两方面价值。正面选择即吸收积极文化，筛选与思想政治教育价值观相符的内容，纳入教育并弘扬；反面排斥是抵制与思想政治教育导向不符的劣质文化。文化有主流与非主流之分，思想政治教育积极选择与目标和内容一致的文化，抵制消极文化。为推动社会主义文化繁荣发展、建设文化强国，我们要对传统文化批判继承，对西方文化理性借鉴
促进文化创造	文化是国家和民族发展的灵魂，全球化竞争本质上是文化竞争。思想政治教育培养创新型人才，推动精神文明建设，丰富理论知识。教育者结合社会实际和教学经验，传播符合社会主义核心价值观的思想理念，完善文化体系。思想政治教育影响人类生活方式和价值观念，更新文化结构
促进文化渗透	思想政治教育受意识形态影响，通过宣扬符合阶级目标的道德和文化观念，将主流文化渗透到教育过程中。主流文化以马克思主义为指导，具有时代特色和包容性。思想政治教育吸收亚文化中的优秀内容，抵制落后思想，将主流文化渗透到亚文化中，营造良好社会文化环境，引导文化发展方向

3．生态价值

思想政治教育助力全民形成环保、节约和生态保护意识，树立合理消费观念，营造良好社会风气，为生态建设贡献力量。

思想政治教育是引领生态思潮、促进生态文化创新的重要动力。工业化发展使人们认识到生态危机，催生多种生态思潮。这些思潮从思想层面审视人类文化，探究生态危机根源。思想政治教育以马克思主义为指导，帮助人们形成正确的生态观，引领生态思潮发展。

人类社会追求人与自然、人与社会的协调、持续、和谐发展，社会主义生态文化是中国先进文化的关键部分，以马克思主义为指导，目标是实现人、自然和社会的协调发展。思想政治教育立足当下，在生态文化建设中坚持创新，遵循生态文明建设原则，让受教育者认识生态文明建设价值，发挥文化创新作用，借鉴古今中外生态文化思想和人民群众实践经验，推动生态文化创新发展。

（三）党校思想政治教育的集体价值

当有相同目标的个体相遇之后，他们就会形成集体，集体当中的个体成员会彼此影响，也会为了共同目标的实现而奋斗。有一些思想政治教育价值需要借助于集体的方式去实现，思想政治教育方面的实践活动可以让某一个群体的发展需要得到更好的满足，思想政治教育的作用及它本身的属性可以在一定程度上对集体发展产生正向影响，推动集体更好地发展。

1．有助于增强集体凝聚力

中国共产党一直就有进行思想政治教育的传统，思想政治教育可以团结和凝聚广大人民群众的力量，在长期的革命实践中已经得到了验证。思想政治教育可以使人们团结一致，使之形成强大的动力，推动集体发展，凝聚众人的力量。

（1）强化集体认知。思想政治教育引导个体认识到自身与社会的联系，以实现个人价值。同时，个体在接受思想政治教育的过程中，逐渐形成集体认同的价值观和行为准则，这些准则约束着集体成员的行为。此外，通过制定科学合理的集体共同目标及发展规划，进一步明确集体方向。

（2）深化集体情感。借助于思想政治教育，个体会形成对集体的更强烈的认同感、荣誉感，更容易形成集体心理。也就是说，在思想政治教育下，个体更渴望参与集体活动，个体会把自身的发展利益和集体的发展利益联系在一起，形成与集体共进退的发展意识。

（3）坚定集体信念。思想政治教育通过引导人们的思想意识来影响集体成员的行为习惯，让集体成员形成集体荣誉感和责任感，并对集体保持忠诚、自信和自豪感，这种觉悟能够让集体成员保持齐心协力的发展方向，通过共同的目标来激励自己并约束自我的行为习惯。

2. 有助于科学有效地发展集体目标

个人价值的实现是在社会中进行的，也是在集体中进行的，社会的发展也同样需要集体和个人的努力。思想政治教育就是帮助人们处理个人、集体和社会三者之间的关系，在集体目标中融入社会建设的目标，让集体目标体现社会发展的方向，促进集体科学发展。

如果集体制定的目标能够得到全体成员的认同，那么这个目标就是有效的，并可以使全体成员将其作为个人目标努力践行，这样可以更好地实现集体目标。思想政治教育主要通过宣传的方式，让人们认识到集体发展的目标，让人们用辩证和发展的眼光来看待这一目标，使个人的目标与集体目标发展相一致，使个人明确自己的志向。

集体成员在思想政治教育的融入下，能够更明显地表现个人情绪，使他们情感更充沛，彼此之间的关系更融洽，激发出积极的情感，抵制消极情绪。此外，还可以引导集体成员在情感和组织上更加积极向上。最终使集体目标内化为个人的目标，凝聚众人的力量，从而更好地完成集体目标。

3. 有助于构建和谐的成员关系

集体主义教育包括多方面的内容，主要有如何处理个人与集体的关系，对他人更理解和包容，集体成员之间彼此团结合作等。思想政治教育也采用了多种方式来缓解集体内部的矛盾，解决问题，使集体内部成员关系更加融洽、团结一致。

（1）营造良好的集体氛围。思想政治教育要建立在对集体成员有深入的了解与认知的基础上，及时发现并解决问题，对集体成员进行正面引导；领导者和群众具有一定的权威，在集体舆论的形成中具有重要作用，可利用他们把握舆论导向；在舆论中融入思想政治教育的内容，在无形中增强舆论感染力，创造积极向上的良好氛围。

（2）创造平等沟通交流的平台。思想政治教育要发挥沟通的作用，可以通过面对面的直接交流、讨论、座谈会以及其他形式的媒介，促进思想的交流和意见交换，分享彼此的感受，使双方有自由平等交流的平台，增进成员间情感交流，推动问题的有效解决。

（3）关注集体成员的心理。思想政治教育可以促进良好干群关系的形成，也可以帮助集体成员处理各种人际关系，正确看待彼此之间的关系，避免因为竞争导致的认识偏差，让集体成员保持心理平衡；还可以更清晰地认识和了解集体成员的思想，方便制定和完善某些政策，兼顾集体成员的意愿。

4. 有助于形成和发展集体文化

全体成员的共同努力创造了集体文化，它包括物质的和非物质的文化，集体成员通过学习可以使之继续传承和发扬。在集体文化建设和发展过程中，思想政治教育主要有以下两个作用。

（1）在制度文化方面，集体成员的行为受各类规章制度的规范和约束。集体成员对规章制度的认同关系到他们自身的利益。如果能够很好地贯彻落实规章制度，可以实现全体成员的利益，稳步提升他们的物质生活水平。因此，要帮助全体成员对集体的规章制度产生认同并自觉遵守，在执行制度过程中也要不断完善。

（2）在精神文化方面，思想政治教育对人的思想具有塑造作用，统一集体成员的价值追求，树立正确价值观，让集体文化拥有更强大的生命力和凝聚力。在思想政治教育活动开展的过程中，集体文化可以得到有效加强，属于集体的独特仪式或独特象征物可以展现出全新的面貌，集体成员也会在这样的活动中受到影响，这有利于集体塑造出更好的形象。

（四）党校思想政治教育的个体价值

党校思想政治教育在个体层面展现出的价值，深刻影响着党员干部的成长与发展。它不仅为党员干部提供精神动力，塑造个体人格，还规范着他们的行为，是党员干部自我提升与完善的重要途径。

1. 激发党员干部的精神动力

党校思想政治教育在激发党员干部精神动力方面发挥着关键作用。通过教育引导，党员干部能够树立积极向上的精神风貌，坚定理想信念，为全面发展和个人成长注入不竭动力。这种精神动力源自对中国特色社会主义事业的深刻认同和崇高追求，是党员干部在复杂多变环境中保持坚韧不拔、勇往直前的内在源泉。

思想政治教育通过民主激励、榜样激励、情感激励和目标激励等多种方式，激发党员干部的积极性和创造性。同时，宣传社会主义民主理念，鼓励党员干部参与社会管理，行使民主权利，增强责任感和使命感。思想政治教育不仅通过树立先进典型，弘扬正能量，激发党员干部的上进心和奋斗精神，还关注党员干部的情感需求，给予他们情感上的支持和关怀，使他们在精神上更加充实和满足。

2. 塑造党员干部的个体人格

党校思想政治教育在塑造党员干部个体人格方面发挥着重要作用。人格是个体精神面貌的综合体现，具有稳定的心理特征和价值取向。通过思想政治教育，党员干部能够形成优秀的品格和高尚的情操，提升心理素质，为成为高素质的领导人才奠定坚实基础。

思想政治教育引导党员干部明确自身定位，认识到其在党和国家事业发展中的重要地位和作用，增强责任感和使命感。思想政治教育不仅帮助党员干部树立崇高的人生目标和理想信念，指明奋斗方向，使他们对社会、人生和个人有更清晰的认识和规划，还影响党员干部的认知、情感和态度，培养他们健康向上的心态和积极乐观的生活态度，激发他们热爱生活、主动创造的精神风貌。这些都有助于党员干部形成健全的人格和完善的个性品质。

3．规范党员干部的个体行为

在社会转型和市场经济快速发展的背景下，党校思想政治教育在规范党员干部行为方面发挥着不可或缺的作用。它强调社会主义核心价值观的践行，通过道德和法律双重手段，引导党员干部树立正确的道德观念和行为准则。

思想政治教育通过有组织、有目标的道德教育，提升党员干部的道德品质和情操修养。不仅使党员干部内化道德意识，形成自我约束和管理的能力，在社会活动中以更高的道德规范来要求自己，还加强法治观念教育，营造良好的法治氛围，让党员干部自觉学习法律、遵守法律，形成尊法学法守法用法的良好习惯。法律作为刚性约束，为社会主义核心价值观的践行提供了有力保障，引导和规范着党员干部的行为举止，维护着社会公平正义和良好秩序。

综上所述，党校思想政治教育在个体价值方面具有重要意义。它激发党员干部的精神动力，塑造个体人格，规范个体行为，为党员干部的全面发展和个人成长提供了有力支持。

第二节　党校思政教育的平台构建

一、党校思政教育平台建设的现实困境

（一）资源整合机制待完善

在党校思政教育平台建设中，资源整合机制的不完善成为制约平台发展的关键因素之一。跨部门协作存在着明显的壁垒，这在“党校＋高校”合作模式中表现得尤为突出。以阿坝州的“党校＋高校”合作模式为例，在合作初期，尽管双方都拥有丰富的教学资源和优秀的师资力量，但缺乏有效的沟通协调机制，导致在师资共享和课程共建方面遇到了重重困难。师资共享渠道不畅，使得党校和高校的教师难以实现自由流动和交流，无法充分发挥各自的专业优势；课程共建标准不统一，导致合作开发的课程在内容、教学方法和评价标准等方面存在差异，难以满足学员的多样化需求。这些问题严重制约了资源的优化配置和效能的最大化发挥，使得合作双方的优势无法得到充分体现。

此外，党校内部各部门之间的资源整合也存在不足。不同部门往往各自为政，缺乏有效的协作和沟通，导致教学资源分散，无法形成合力。例如，教学

部门拥有丰富的教学课件和案例，但科研部门在开展研究时却难以获取这些资源；而科研部门的研究成果，也往往无法及时转化为教学内容，供教学部门使用。这种资源的分散和隔离，不仅造成了资源的浪费，也影响了思政教育的整体效果。

（二）技术赋能存在滞后性

随着数字技术的快速发展，技术赋能对于党校思政教育平台建设至关重要。然而，目前部分党校的数字化平台存在功能单一的问题，仅仅实现了课程的上传和在线播放，缺乏大数据分析、智能推荐等核心功能。这使得平台无法根据学员的学习行为、兴趣爱好和知识水平等数据，为学员提供个性化的学习推荐和精准的学习指导，难以满足学员的多样化学习需求。

例如，一些党校的数字化平台虽然提供了大量的课程资源，但是学员在查找课程时往往需要花费大量的时间和精力，这是由于平台缺乏智能搜索和推荐功能，无法根据学员的关键词和浏览历史快速准确地推荐相关课程。此外，由于平台缺乏大数据分析功能，无法对学员的学习情况进行深入分析，无法及时发现学员在学习过程中遇到的问题和困难，也无法为教学管理提供科学的数据支持，从而影响了教学质量的提升和教学效果的评估。

同时，部分党校对新技术的应用和推广不够重视，缺乏专业人才和技术支持，导致平台的更新和升级滞后。一些党校仍然依赖传统的教学方式和手段，对在线教学、虚拟现实（VR）教学等新技术的应用较少，无法充分发挥数字技术在思政教育中的优势，难以适应新时代党员干部学习的新需求。

（三）理论与实践融合不足

理论与实践相融合是党校思政教育的重要目标。目前，在实际教学中，两者融合不足的问题较为突出。调研数据显示，高达63%的基层党校实践教学课时占总课时比例低于20%，存在明显的“重理论、轻实践”倾向。这使得学员在学习过程中，虽然掌握了一定的理论知识，但是缺乏将理论应用于实践的能力，无法真正学以致用。

在教学内容设置上，一些党校过于注重理论知识的传授，忽视了实践教学的重要性。课程内容往往侧重理论讲解和政策解读，缺乏与实际工作和社会热点问题的紧密结合，导致学员在学习过程中感到枯燥乏味，缺乏学习兴趣和积极性。同时，由于实践教学的缺乏，学员无法将所学理论知识与实际工作相结合，难以提高解决实际问题的能力，与干部培训需求存在结构性矛盾。

在实践教学环节，一些党校存在实践教学形式单一、缺乏深度等问题。实践教学往往只是简单地参观考察或案例分析，缺乏系统性和针对性，无法满足学员的实际需求。此外，一些党校在实践教学中缺乏有效的指导和评价机制，导致实践教学效果不佳，无法达到预期的教学目标。

二、协同创新平台构建的三维路径

（一）资源整合机制创新

资源整合机制创新是提升党校思政教育平台效能的关键环节之一，通过建立“1＋N”资源共享体系，能够打破资源分散的局面，实现资源的优化配置和高效利用。“1＋N”资源共享体系以1个核心平台为引领，整合N个子系统，形成全方位、多层次的资源共享格局。核心平台作为资源汇聚和调配的枢纽，负责统筹协调各子系统之间的资源共享和协作，确保资源的合理分配和有效利用；N个子系统则根据不同的功能和需求，分别提供教学资源、科研资源、实践资源等，为核心平台提供丰富的资源支持。

以五莲县“工会＋党校”模式为例，这一创新模式充分体现了资源整合机制的优势。五莲县总工会与县委党校积极合作，坚持创新导向，精心谋划、主动沟通，达成“思政课堂进党校”的共识。双方遵循“平台共建、活动共办、资源共享、学习共融”的思路，整合培训资源，发挥各自职能作用及工作优势。通过打造“劳模工匠思政课堂”，以专题式、案例式、互动式授课方式，将劳模工匠的实践经验与党校的理论教学相结合，实现了理论与实践的有机衔接。这种模式不仅活跃了职工精神文化生活，也为职工思想政治引领打造了新的重要窗口，为工会理论研究提供了有效平台，推动了党校教育的创新发展，提升了资源的利用效率和教育效果。

（二）技术赋能体系构建

技术赋能是推动党校思政教育平台现代化发展的重要动力，通过开发智慧思政云平台，能够充分利用现代信息技术，提升思政教育的质量和效果。智慧思政云平台集成了多种先进的技术模块，为学员提供了丰富多样的学习体验和个性化的学习服务。

VR党性教育馆是智慧思政云平台的重要模块之一，通过虚拟现实技术，为学员打造沉浸式的党性教育体验。学员可以身临其境，感受革命历史场景，如参观革命纪念馆、重走长征路等，增强对党性的理解和感悟。这种沉浸式的学习方式能够激发学员的情感共鸣，使他们更加深刻地认识到党的历史使命和责任，提高党性修养。

AI学习助手则利用人工智能技术，为学员提供智能学习辅助。它可以根据学员的学习情况和需求，提供个性化的学习建议和指导，帮助学员制订学习计划、解答疑问、总结知识点等。例如，当学员在学习过程中遇到问题时，AI学习助手可以快速给出解答，提供相关的学习资料和案例，帮助学员深入理解问题。此外，它还可以根据学员的学习进度和表现，调整学习建议，确保学员能够高效地学习。

为了保障学习的真实性和有效性，平台运用区块链技术实现学时认证与学习轨迹追溯。区块链技术具有去中心化、不可篡改、可追溯等特点，能够确保学员的学习数据安全可靠。学员的学习记录和学时信息被记录在区块链上，无法被篡改，保证了学时认证的公正性和权威性。同时，学习轨迹追溯功能可以让学员和管理者随时查看学员的学习历史，了解学员的学习进度和学习行为，为教学管理和评估提供数据支持。

（三）长效运行机制保障

长效运行机制是确保党校思政教育平台持续稳定发展的重要保障，通过建立“双导师制”培养机制和完善协同研究制度，能够提升教育质量，推动平台的可持续发展。

“双导师制”培养机制推行党校教师与高校专家联合授课模式，充分发挥双方的优势。党校教师具有丰富的实践经验和对党的政策的深入理解，能够将理论与实践相结合，为学员提供贴近实际的教学内容；高校专家则在学术研究方面具有深厚的造诣，能够为学员提供前沿的理论知识和学术视角。双方共同授课，能够拓宽学员的视野，提高学员的理论水平和实践能力。

以铜陵市推行的“双导师制”为例，该市聚焦提升年轻干部素质能力，制发中青年干部培训班“双导师制”实施办法。通过“个人自荐、单位推荐、组织摸排”，把政策理论水平高、实绩突出的县处级干部及党校老师纳入导师库。按照“1名学员配1名理论导师＋1名业务导师”要求，推动灵活结对，构建学员点单、组织派单、导师接单的定制化结对机制。理论导师定期分析学员培训期间的思想动态，打造“理论课堂”；业务导师细化职责，打造“技能课堂”“实践课堂”。这种模式有效提升了年轻干部的综合素质，为干部培养提供了有力支持。

完善“选题共定—过程共管—成果共享”的协同研究制度，能够加强党校与高校、科研机构等之间的合作，促进资源共享和优势互补。在选题共定阶段，各方根据实际需求和研究热点，共同确定研究课题，确保研究方向的准确性和实用性。在过程共管阶段，各方共同参与研究过程，加强沟通协作，及时解决研究中遇到的问题。在成果共享阶段，各方共享研究成果，将研究成果应用于教学和实践中，实现研究价值的最大化。通过这一制度，能够充分发挥各方的优势，提高研究的质量和效率，为党校思政教育提供有力的理论支持和实践指导。

三、党校网络思想政治教育平台建设

（一）信息化时代党校教育转型的必然性

在数字化浪潮席卷全球的当下，信息技术以前所未有的速度和深度融入社会各个领域，深刻改变着人们的生活、工作和学习方式。党校作为党员干部思想政治教育的主阵地，不可避免地受到数字化转型的影响。传统党校教育模式主要依赖面对面授课、纸质资料学习等方式，在时间和空间上存在较大局限性。随着数字化时代的到来，信息传播变得即时、高效且海量，传统教育模式在信息更新速度、资源丰富程度以及教学灵活性等方面，难以满足新时代党员干部的学习需求。例如，在面对一些突发的国内外重大事件或政策调整时，传统教学模式往往无法及时将最新的解读和分析传递给学员，导致知识更新滞后。数字化转型促使党校教育必须重构，利用互联网、大数据、云计算等现代信息技术，打破时空壁垒，整合优质教育资源，创新教学方式和管理模式，以适应时代发展的要求。

（二）党校网络思想政治教育平台的理论框架构建

1．平台建设的核心要素

（1）内容供给体系应实现理论教育与实践指导的深度融合。在理论教育方面，平台需整合党的经典理论、最新政策解读、马克思主义中国化成果等内容，为党员干部提供系统全面的理论知识。通过邀请党校资深教授、专家学者录制深度解读课程，以专题讲座、系列课程等形式呈现，如“习近平新时代中国特色社会主义思想专题解读”系列课程，深入剖析理论内涵、时代背景和实践要求。同时，结合实际案例进行分析，增强理论的可理解性和说服力。在实践指导方面，平台应聚焦党员干部在工作中面临的实际问题，提供实践经验分享、案例分析、工作方法指导等内容。例如，收集各地在乡村振兴、基层治理、经济发展等方面的成功案例，进行深入剖析，总结经验教训，为党员干部提供借鉴；邀请一线工作者分享工作中的实际操作技巧和应对困难的方法，提升党员干部的实践能力。

（2）技术支撑体系依赖 5G、AI 与区块链技术的赋能路径。5G 技术的高速率、低延迟特性，能够为平台提供流畅的视频直播、高清课件传输等服务，提升用户体验。例如，在党校开展远程直播教学时，5G 技术可确保画面清晰、声音流畅，使学员如同身临其境。AI 技术可应用于智能推荐、智能答疑和学习分析等方面。通过对学员学习行为数据的分析，AI 算法能够为学员精准推荐个性化的学习内容，满足不同学员的学习需求；智能答疑系统可实时解答学员的问题，提高学习效率。区块链技术则可用于保障数据的安全和可信，实现学习记录的不可篡改和可追溯。例如，学员的学习成绩、培训记录等信息存储在区块链上，确保数据的真实性和可靠性，为干部考核、晋升等提供有力依据。

（3）管理运营体系需要建立全流程质量管控机制。在内容管理方面，要对平台上的教学资源进行严格审核，确保内容的准确性、权威性和思想性。建立内容审核团队，由党校教师、专家学者组成，对上传的课程、文章等内容进行多轮审核，防止错误信息和不良思想的传播。在用户管理方面，要加强对学员信息的保护，确保用户数据安全。同时，对学员的学习行为进行监督和管理，对违规行为及时进行处理。在平台运营方面，要建立健全运维管理机制，确保平台稳定运行。定期对平台进行维护和升级，及时处理技术故障，保障平台正常使用；通过用户反馈、数据分析等方式，不断优化平台的功能和服务，提高用户满意度。

2．平台功能模块设计

智能学习系统基于个性化学习路径生成算法，能够根据学员的学习目标、知识水平、学习习惯等因素，为学员量身定制个性化的学习路径。首先，通过学员注册信息、入学测试等方式收集学员的基本信息和初始知识水平数据。其次，利用机器学习算法对学员的学习行为数据进行实时分析，包括学习时长、课程完成情况、答题正确率等，动态调整学习路径。例如，如果学员在学习党的经济政策课程时表现出对数据分析部分的薄弱，系统将自动推荐相关的补充课程和练习题，以加强这方面的学习。最后，智能学习系统还应提供智能提醒功能，根据学员的学习计划和进度，提醒学员按时完成学习任务，避免学习拖延。

虚拟实践社区致力于构建沉浸式党性锻炼场景。利用虚拟现实、增强现实（AR）等技术，打造虚拟的革命历史场景、工作实践场景，让学员在模拟环境中进行党性锻炼和实践操作。例如，创建“延安革命圣地”虚拟场景，学员可以在其中参观革命旧址、参与模拟的革命斗争会议等，身临其境地感受革命先辈的坚定信念和崇高精神，增强党性修养。在虚拟工作实践场景中，学员可以模拟处理各种实际工作中的问题，如基层矛盾调解、项目决策等，通过与虚拟角色的互动和实践操作，提升解决实际问题的能力和决策水平。此外，虚拟实践社区还应设置互动交流功能，学员可以在社区中分享自己的实践心得和体会，互相学习和交流。

舆情监测模块依托网络意识形态风险预警机制，实时监测网络舆情动态，分析舆情趋势，及时发现潜在的意识形态风险。通过大数据分析技术，对各类网络平台上的信息进行抓取和分析，如社交媒体、新闻网站、论坛等。利用自然语言处理技术对文本内容进行情感分析、主题分类等，判断舆情的倾向性和重要性。当监测到与党校教育、党的政策、意识形态相关的负面舆情或敏感信息时，系统自动发出预警信号，并提供详细的舆情分析报告，如舆情来源、传播范围、主要观点等。相关管理人员可以根据预警信息，及时采取措施进行舆论引导和风险化解，如发布权威解读文章、组织专家在线答疑等，维护网络意识形态安全。

（三）党校网络思想政治教育平台的实践创新路径

1．虚实融合的教学模式创新

构建“云课堂＋实体班”双轨制教学体系，充分发挥线上、线下教学的优势。云课堂依托网络思想政治教育平台，提供丰富的在线课程资源，如直播课程、录播课程、专题讲座等。学员可以根据自己的时间和需求，随时随地登录平台进行学习，打破了时间和空间的限制。例如，在疫情防控期间，许多党校通过云课堂开展教学活动，确保了党员干部的学习不受中断。实体班则注重面对面的互动教学，通过集中授课、小组讨论、案例分析等方式，增强学员之间的交流与合作，提高学习效果。在实体班教学中，教师可以根据学员的现场反应和问题，及时调整教学内容和方法，实现精准教学。同时，将云课堂与实体班教学有机结合，形成互补。在实体班教学前，学员可以通过云课堂预习相关知识，了解课程重点和难点；在实体班教学后，学员可以通过云课堂进行复习和巩固，拓展学习内容。例如，教师在实体班讲解完某一理论知识后，可推荐云课堂上相关的案例分析课程，让学员进一步加深对理论知识的理解和应用。

引入 VR 红色教育基地的场景化应用，增强党性教育的感染力和实效性。利用虚拟现实技术打造沉浸式红色教育场景，让学员身临其境地感受革命历史和红色文化。例如，构建“井冈山革命根据地”VR 场景，学员可以在其中参观八角楼、黄洋界哨口等革命旧址，聆听革命先辈的英勇事迹，与虚拟角色进行互动交流，仿佛穿越回革命年代，深刻体会革命胜利的来之不易，增强党性修养和理想信念。VR 红色教育基地还可以设置多种互动体验环节，如模拟战斗场景、红色故事演绎等活动，激发学员的参与热情和学习兴趣。这种场景化的教学方式，使党性教育从传统的理论灌输转变为亲身体验，让学员在潜移默化中接受红色文化的熏陶，提高思想政治教育的效果。

2．精准化供给的内容建设策略

构建动态知识图谱并持续更新，以实现知识的结构化和智能化管理。通过对党校教学内容、党的理论知识、政策法规等进行梳理和分析，提取关键知识点和概念，建立知识之间的关联和层次结构，形成知识图谱。例如，以“习近平新时代中国特色社会主义思想”为核心，构建包括其历史背景、理论内涵、实践要求、重要意义等方面的知识图谱，将相关的政策文件、案例分析、学术研究等内容与各个知识点进行关联，形成一个有机的知识体系。利用大数据和人工智能技术，实时跟踪党的理论创新、政策变化以及社会热点问题，对知识图谱进行动态更新，确保知识的时效性和准确性。当有新的政策发布或理论成果出现时，系统自动识别并将相关内容融入知识图谱中，为学员提供最新的知识服务。同时，根据学员的学习行为和需求分析，知识图谱能够实现个性化推荐，为学员推送精准的学习内容，提高学习效率。

开展微课程资源的模块化开发，满足学员碎片化学习需求。将党校教学内容分解为一个个独立的知识点，制作成短小精悍的微课程，每个微课程聚焦一个特定的主题或问题，时长一般控制在 5 ～ 15 分钟。例如，制作“党的组织建设”微课程系列，分别围绕党组织的架构、党员发展流程、党组织生活等知识点进行讲解，每个微课程内容简洁明了、重点突出。对微课程进行模块化分类，如理论学习模块、党性修养模块、实践案例模块等，方便学员根据自己的兴趣和需求进行选择学习。学员可以利用碎片化时间，如通勤路上、午休时间等，通过手机、平板电脑等移动设备随时随地学习微课程，实现知识的积累和更新。同时，微课程的模块化开发也便于教师对教学内容进行更新和优化，提高教学资源的利用率。

3．数据驱动的效果评估体系

构建学习行为大数据分析模型，全面分析学员的学习行为。通过平台记录学员的登录时间、学习时长、课程浏览记录、在线测试成绩、互动参与情况等多维度数据，利用数据挖掘和机器学习算法，对这些数据进行深度分析，建立学习行为分析模型。该模型可以发现学员学习行为中的规律和模式，如学习习惯、学习偏好、知识掌握程度等。例如，通过分析学员的课程浏览记录，了解学员对不同课程内容的关注度和兴趣点；通过分析在线测试成绩，评估学员对知识点的掌握情况，找出学员的薄弱环节。利用分析模型预测学员的学习趋势和学习效果，为教学决策提供依据。如果模型预测某学员可能在某一课程学习中出现困难，教师可以提前进行干预，提供个性化的学习指导和辅导，帮助学员提高学习效果。

构建三维度评估指标体系，从学习过程、学习结果和知识应用三个维度全面评估教学效果。在学习过程维度，评估指标包括学习活跃度（如登录次数、参与互动讨论次数）、学习专注度（如学习时长、课程中途退出次数）、学习进度完成情况等，以衡量学员在学习过程中的参与度和努力程度。在学习结果维度，评估指标包括课程考试成绩、作业完成质量、知识掌握程度等，通过量化的方式检验学员对知识的理解和记忆情况。在知识应用维度，评估指标包括学员在实际工作中对所学知识的运用能力、解决问题的能力、工作绩效提升情况等，通过学员的工作表现和实践成果来检验教学效果。例如，通过收集学员在工作中运用党校所学知识解决实际问题的案例，评估知识应用维度的效果。将三个维度的评估结果进行综合分析，全面、客观地评价网络思想政治教育平台的教学质量，为改进教学方法、优化教学内容提供科学依据。

第三节 党校思政教育的融合发展

一、基层党校信息化建设与教育培训融合发展

（一）加快推进基层党校信息化建设的重要性

信息化建设工作，是提高办学水平、扩大办学影响、增强办学实效的重要手段，也是干部教育培训实力的重要体现。作为干部教育培训主阵地的党校，根据自身实际，走科技强校的道路势在必行。实践证明，信息化建设正为干部教育培训事业带来无限的生机与活力，信息技术的应用不仅突破了传统教育培训的模式和手段，用多元化的传播渠道和学习方法给学员传授新的理念和气息，而且更能激发学员的主动性、积极性、参与性、互动性，产生寓教于学的良好效果。

1. 教学内容更加直观生动

多媒体技术的运用，将枯燥单一的内容经过数字化加工处理，形成有文字、声音、图形、图像、动画的新媒体元素，将抽象的概念形象化、实体化，并起到将内容衍生和宣传放大的作用。

2. 教学方式更加灵活多样

充分挖掘网络平台优势，开发远程教育、数字课堂、博客、BBS 等资源，形成课上、课下双向传输的新模式。这种新模式破解了被动听课的弊端，让学员可以自主选学，反复地、有针对性地研究某一专题或领域，极大地提高了学习的实效性。

3. 激活学员的发散思维

人机交互是教育理念实体化的又一次变革，为了验证理论知识，提升学员探索实践的能力，直观的交互能够有效地激发学员的积极性和想象空间，而亲身实践的感受更能让学员印象深刻。

（二）充分发挥党校教育培训党员干部主渠道作用

目前党校的教育培训体系在适应新时代需求方向仍有提升空间，旧的体制、旧的设施和人员的不合理配置都是现在党校需要改进强的地方，这就需要党校不断更新方式方法，定期提升教育培训干部队伍的素养。基层党校直接培

养的是国家的基层干部，而基层干部面对的是基层人民群众，基层人民群众是我国坚实的基础力量。

1. 突出主业主课

党校必须担负起党的理论教育和党性教育的重任，把主业主课作为党校工作的重中之重来安排推进，做到工作围绕主业主课展开、资源向主业主课聚集，推动理论教育和党性教育不断往深里学、往透里讲。领导干部进党校学习，最重要的是学习党的基本理论，进行党性锻炼。

2. 突出精准化培训

增强理论教育和党性教育的针对性、实效性，根据不同层级、不同类别、不同岗位党员干部的特点，有的放矢地抓好教学规划、课程设计，提高理论教育和党性教育的精准度，帮助党员干部消除思想上的困惑、补齐理论上的短板、弥补党性上的不足。坚持实事求是，弘扬理论联系实际的学风，及时把党的建设的新认识、改革开放和现代化建设的新经验、改革发展稳定遇到的新课题转化为教学内容，从历史和现实、理论和实践的结合上，回答好党员干部普遍关注的问题，增强理论教育和党性教育的说服力、感染力。

3. 提升党校科研能力与水准

党校因“党校姓党”的根本属性，其科研工作必然要紧密贴合党的中心任务。党校科研应致力于在党的思想理论研究领域精耕细作，力求取得突出成果，为坚定维护党对思想文化领域工作的领导，巩固马克思主义在思想文化阵地的指导地位，贡献有力力量。

（三）融合发展信息化建设与教育培训工作

1. 信息化网络应用于教学

要把科研管理中的课题管理、申报立项、科研成果，教学管理中的远程教学网络资源选择、教学方案、教学专题、教学反馈、教学交流等都纳入信息化网络系统。在主体班教学上，鼓励教师在教学过程中使用多媒体课件辅助教学，在课堂中大胆嵌入视频、在线对话、讲座录像等，尝试在主体班的讨论交流课中开展网络视频会议、网络在线学习等方式，在结业考试中采用远程监考、电子阅卷等手段，在课后反馈中运用网络交流平台、网络教学视频回看等方法。

2. 高度融合信息资源

党校信息资源的整合是指通过建立教研、管理等业务领域不同的模块，在统一的信息服务综合处理平台上，实现共享型数据和多形态资源的统一管理。要对党校的信息化建设进行重新布局和设计，使党校以现代网络技术为依托，形成结构合理、内外沟通的网络系统，在此基础上建立能满足教学、科研和管理工作需要的软硬件环境，开发各类数据库和应用系统，提供便捷的网络资源服务。

3．着力加强信息化人才培养

着力提高信息技术人员的技术能力与操作水平，是信息化建设的关键环节。条件允许的情况下，可加强信息技术人才的引进或技术服务的外包，也可以加强对现有技术人员的培训和实践，使其掌握网络实际问题的常用办法，提升网络信息技术的管理、应用能力。同时，需在信息化基础理论和一般应用能力培训的基础上，进一步提升党校公技人员的信息素养。

二、中华优秀传统文化与党校思政课教学的融合

中华文明五千载，传统文化底蕴深厚，乃民族精神瑰宝，对现代社会的道德观念构建发挥着不可忽视的作用。在经济发展日新月异的今天，文化自信显得尤为关键，它不仅是民族复兴的基石，也是党校教育中培养未来社会主义建设者的核心要素。同时，党校不仅是知识的传授地，更是思想塑造的摇篮。将这份珍贵的文化遗产融入思政课程的讲授中，以此提高学员的思想境界与文化修养，显得至关重要。思政课的宗旨不只是理论传授，更着重于培育学员的文化自觉与社会担当，确保他们在习近平新时代中国特色社会主义思想指引下，坚定不移地践行职责。本研究旨在剖析传统文化与党校思政教学结合的现状，探讨其对提高思政教育成效的贡献，并尝试提出传统文化与思政课程有机融合的教学方案，旨在培养德才兼备、理想坚定的党员领导干部。

（一）中华优秀传统文化的内涵与教育价值

1．中国传统文化的内涵

中华文明五千载，孕育了内涵深厚、博大精深的优秀传统文化，其融汇儒、道、佛诸家思想，成为中华民族精神文化的基石和源泉。例如，儒家学说把“仁义礼智信”奉为宗旨，倡导以仁爱之心、礼仪之道，联结家国情怀，着眼于人际和谐与社会秩序的统一，并强调个人品德的提升与国家利益的融合；道家哲学主张恬淡寡欲、顺应自然，注重内心的平和与社会的稳定，为生态文明建设提供了宝贵的智慧；佛教文化强调慈悲心、自我反省和宽容精神，借助修身养性，以促进心灵宁静与社会责任感的培育。这些文化精髓汇聚一处，筑成了中华民族的精神支柱，对于现代社会教育仍具有深远的影响。

2．中国传统文化的教育价值

将传统文化融入党校思想政治课程中，对学员的综合成长至关重要。首先，这有助于学员在道德层面上的自我提升。通过学习领悟中华优秀传统文化思想，学员们能够树立健全的价值观，加强自律与品德培养，进而提升思想政治觉悟。

其次，传统文化所蕴含的家国情怀及公共服务意识，能有效增强学员的社会责任感。这样的教育使得学员们更加明了个人与社会、国家间的互动，培育其无私的奉献精神及勇于担当的品质，进而更好地实践党员对社会应尽的责任。

（二）中华优秀传统文化融入党校思政课教学的必要性

将中华优秀传统文化融入党校的思想政治教学中，其必要性不言而喻。这种融合主要表现在两个层面：一是助力学员构建正确的世界观、人生观与价值观；二是提升学员的文化自信心。如儒家“修身、齐家、治国、平天下”的哲理，不仅指引个人修养，也为社会管理提供了重要的思想资源。当这些思想融入教学，学员能更深刻地把握个人与家庭、与社会、与国家的联系，树立正确的世界观和人生目标，明确自身的历史担当和社会责任。深入探索传统文化，学员能够领悟到成为一名优秀党员的精髓，以及如何助力国家和社会的发展。道家的“顺应自然”观念，有助于学员在纷繁复杂的工作中保持冷静，摒弃急躁追求短期利益的心态，实现内心的平和与协调，这对于党员干部的心态调适和压力调节尤为关键。在价值观塑造方面，佛教的“慈悲为怀”和儒家的“仁爱”理念，能够引领学员形成服务他人、奉献社会的意识，培育一种高尚的无私奉献精神，进而更好地实践党的宗旨。

中华文明的精神象征深植于传统文化，其蕴含的独特价值观念与审美取向成为中华民族的宝贵财富。将这一文化瑰宝融入党校的思想政治教育课程，不仅有助于学员深刻领会中华文化的深邃与魅力，还能提升他们对自身文化的认同与自豪，坚定对中国特色社会主义的信念，从而在内心树立起坚定的文化自信。在当前全球风云变幻的背景下，增强文化自信显得尤为迫切，它对于巩固社会主义事业和助力民族复兴具有深远影响。因此，将传统文化精髓融入党校思政课程，是强化学员文化自觉的有效途径，确保学员在多元文化的交织及复杂国际环境中保持清醒的认知，坚守对中国特色社会主义的道路、理论、制度和文化自信。中华传统文化所强调的爱国主义精神、集体主义价值观以及对家国情怀的尊崇，也能激发学员的爱国热情与历史责任感，促使他们在新时代中国特色社会主义事业中做出更为积极的贡献。

（三）中华优秀传统文化与党校思政课融合的具体路径

1. 课程体系的优化

为推动中华优秀传统文化与党校思想政治课程密切结合，必须从课程架构、实操教学及教学方法等多角度进行细致的改进与提升。首先，针对课程体系，建议在党校思政课程中新增关于中国传统文化的特色单元，如“儒家理念与党员素质培养”“道家的智慧及其在现代管理中的运用”等，旨在引导学员深刻领悟传统文化在现代社会中的定位与价值。通过精心安排的课程，学员得以逐步领悟文化精髓，并能将这些智慧灵活运用于职业与生活实践。其次，课程内容应强调党性教育与传统文化的交融，尤其是道德修养、社会责任等与党员干部职责相辅相成的部分。通过精准的课程策划与布局，力求学员在学习中深化对传统文化的认识，达到学用结合，进而促进传统文化与思政课程的有机结合，相得益彰。

2．实践教学的有效结合

在我国的教改过程中，将中华优秀传统文化与党校思想政治课程相融合，实践性教学显得尤为关键。学员可在实际情境中，亲身领略传统文化的深邃底蕴及革命先烈的崇高精神，进而增进对中华灿烂文化的领悟。为此，我们应策划并实施诸如文化遗址和红色教育基地的考察活动，将传统文化的精华与革命精神有机结合，让学员在亲临其境中体会历史的深远意义和革命前辈的英勇壮举，助力他们更为深刻地认识和传承中华民族的优良传统。这样的教学方式，不仅能提升学员对中华文化的认识水平，还能培育他们的历史担当与使命感。同时，依托传统节日如端午节、中秋节等，开展丰富多彩的文化主题活动，如手工艺制作体验、诗词朗诵竞赛、节庆文化讲解等，以多元形式引导学员深入感受传统文化的独特魅力，从中领悟中华文明的丰富积淀和独特风华，从而增强对传统文化的归属感和自豪感。

3．教学方法的创新

在教育教学过程中，宜采用诸如小组探讨、课堂争辩、角色模拟等互动式教学方法，使学员能围绕传统文化价值观和现代社会的挑战进行深度对话。借助这种教学模式，学员得以阐述己见，同时吸收他人的想法，通过思想的交流与碰撞，深化对传统文化的认知，并提升学习的积极性及批判性思考能力。互动式学习环境能够打造一个公平而包容的空间，激励学员主动参与，内生学习动力，培养独立探索与协作学习的习惯。同时，应充分运用现代多媒体技术，如播放纪录片、动画等视频资源以及虚拟现实等多元化手段，生动展现传统文化的内涵。这样的视觉与听觉直观教学，有助于学员更好地领悟传统文化的精髓，唤起他们对文化内容的情感共鸣和兴趣。多媒体教学的融合，不仅提升了课堂教学的吸引力与影响力，还打破了传统教学的时空界限，为课堂注入丰富的文化资源，实现了教学内容的立体化与多样化。

（四）党校思政课教师在融合中的角色与能力提升

1．教师传统文化素养的提升

在促进我国优秀传统文化与党校思想政治理论课相融合的进程中，教师的作用及其能力提升显得尤为突出。作为这一融合过程的核心，党校思政课的教师们应具备深厚的传统文化底蕴与出色的教学技能。他们需要主动投身于传统文化的深入学习，深刻领悟古典文化精髓，并掌握将这些古代智慧与现实社会问题相结合的策略。通过持续地学习与实践，教师能够收集丰富的教学素材和策略，有效地引导学员深刻领悟并吸收传统文化的核心价值。此外，教师应具备跨领域的知识结构，将传统文化与政治、经济、社会等多领域知识相互融合，开阔学员的视野，使其在更广泛的背景下领会传统文化的现代价值。在教学活动中，教师应以身作则，通过个人言行展示传统文化的风范，悄无声息地对学员产生正面影响。唯有教师本身对传统文化有着深刻的理解与坚定的认同，方能在教学过程中精准传达文化要义，激发学员思考，进而充分发挥传统文化的教育潜能。

2. 教学团队的建设

在加强党校思想政治理论课程的教学品质方面，教师间的协作及教学团队的构建显得尤为关键。提倡跨学科的合作，不仅能全方位地涵盖传统文化与思想政治理论课程的多元内容，更能激发思政课教师联动其他学科教师，共同探讨将传统文化融入思政课程的创新路径，以此汇聚智慧，优化教学策略的科学性和实效性。依托团队协作，教师们得以交流心得，相互借鉴关于传统文化与思政教育的观点，这不仅有助于教学内容的多角度与针对性，也提升了教学的丰富性。构建教学团队还为教师们提供了持续学习和专业发展的平台，使其知识领域得到扩展，专业水平得到提升。此外，团队合作亦强化了教师间的协同作用，合力应对教学中的种种难题。通过这样的团队建设，不仅教师个人的教学技巧得到增强，而且教师间的合作与互动也得以促进，营造出积极向上的教研环境，最终全面提升思政课程的教学品质与成效。显然，教师的素质与教学能力是传统文化与思政课程有效结合的根本保证，因此，增强教师的传统文化修养及教学技能，显得尤为重要。

三、党校思想政治教育中党建工作创新发展

（一）党校思想政治教育中党建工作创新发展的必要性

1. 丰富思政理论

迎合新时期的发展，对党校党建工作进行创新是非常关键和必要的。通过党建工作的开展可以使党员队伍在思政理论方面得到有效的丰富。在党建工作开展的过程中会包含诸多的理论思想，如党员组织建设、思想建设以及廉洁建设等，对诸多理论思想有效传播，对实践行为展现出良好的指导性。从而使得党员干部可以树立起崇高的理想信念，队伍整体的纯洁性得到保障，并且让党员在发展中有效地应对外界带来的诱惑，对自己的理想和信念更加坚定，保持本心。

2．充盈储备力量

党的事业在发展中需要充足的党员力量作为后备军。在新时期，党的各项事业在建设中要想获得良好的保障，就一定要对党员队伍进行建设。自改革开放以来，伴随着社会经济的高速发展，人们的生活水平也得到显著的提升。在这样的背景下，一些不良风气也纷纷出现，如享乐主义、奢靡之风等。通过思政教育中党建工作的开展可以更好地树立党的形象，有效地抵制不良风气，保障党员队伍的纯洁性，使得党员的能力和素质得到显著提升，为党的事业的建设提供更多的后备力量。

3．满足发展需求

进入当前的发展时期，党校在思政教育党建工作中也面临着巨大的挑战。党建工作是党校教育活动的主阵地。进入到新的发展时代，党校在建设工作开展中应该对改革创新的工作方式进行运用，对党的建设及发展有效地进行促进和推动，使得党建的专业化和科学化水平得到持续的提高。因此，在现阶段，对党建工作的创新发展道路有效地进行探索，就可以在党建工作中融合更多新的生机和活力，使得新时期对党建工作的要求得到落实。

（二）党校思想政治教育中党建工作现状分析

1．认知不到位

在思政教育中，党建工作的开展首先面对的就是管理者认知不足的情况。在工作实践中，管理者的作用往往是至关重要的，展现出关键的决策作用。但在现阶段，一些党校的管理者在思想认知上存在着一定的问题，并未对党建工作的重要性产生充足的认识，继而在工作实践中态度不够端正，存在着工作落实尚未到位的情况，对党建工作的开展造成非常大的阻碍，影响了党员的工作热情，对党建工作质量和效果的提升产生十分不利的影响。

2．动力不足

在党校日常工作的过程中，党建一直都占据着比较重要的位置。有些党校仍然在工作实践中展现出动力不足的情况。例如，党建活动在开展中流于形式，数量有限，只是象征性地开展，人员的参与度不高。虽然很多党员参与活动，但是态度依旧不够积极，无法在活动参与的过程中在思想和行为上进步或转变。在这样的模式下就会导致党建工作在实施中存在着动力不足的情况，在实践工作中过度强化理论知识，严重缺乏创新性，使得党建工作的开展失去了原本的价值和意义，需要在后续工作中有效地进行改进和转化。

3．师资队伍尚未完善

在思政教育中，要想保障党员工作得到持续和稳定地开展，就一定要构建优质的师资队伍。但在当前，党校存在着明显的师资力量不足的情况，这些教师在讲解时采取的方法较为陈旧，以理论化为主，导致党建工作的开展陷入枯燥和乏味的境地。由于很多党校教师的待遇相对较低，这就导致教师群体的流动性非常强。在党校党建工作开展中，从总体上看，师资队伍的力量依旧是比较薄弱的，并没有对完善的队伍进行建设，这对于党建工作的落实产生十分不利的影响，需要在后续对这一情况进行有效的改进。

（三）党校思想政治教育中党建工作创新发展路径

1. 提升工作认识，助力创新发展

理论决定行为。要想在思政教育中创新党建工作，首先要在思想认识上不断加强。这就需要在党建工作开展中采取一系列的措施，使党员在思想上对党建工作的价值和重要性进行认知，使人员可以在工作开展中增强重视程度，树立起正确的思想观念，为党建工作的创新开展赋能，扫清障碍。

在党建工作中，可以借助思想教育大会和座谈会的方式，重点放在党章的讲解上，带领学员对党史进行回顾。通过对党建之力的全面释放，使得党员在内心深处对党建工作产生正确的认知。应该引导党员在工作中保持赤诚之心，使党员在工作中获取满足感、有所收获。特别是党校干部应该发挥自身的引导和示范作用，不断对党员的思想觉悟进行提升，借助理论和实践相结合的方式，使党员实现自我发展和自我修养。在日常生活中也可以借助讲座、会议、线上培训、竞赛等方式，使党员干部在学习的过程中进一步提升热情和积极性，使得学习效果得到持续的加深。

2. 坚持民主原则，助力创新发展

在党建工作开展的过程中，会议是非常重要的形式和载体。为了使党建的质量和效果得到持续增强，在当前应该对民主生活会制度进行有效的落实和推动。建立民主生活会可以更好地针对党员干部群体开展监督工作，对党员群体在工作中的表现进行有效的监督。这就需要迎合新时期的发展，对民主的原则进行秉持，对党建工作的创新路径积极地进行探索和研究。

在召开民主生活会时，应该鼓励党员干部积极地投入到批评和自我批评中。特别是有些领导干部一定要对工作现状进行总结，在此基础上对改正的方向进行明确，对完善性的自我批评制度进行有效的构建，使党的工作可以展现出无限的生机和活力。在日常党建工作中，各基层党支部开展民主生活会时应有效落实自我批评，持续增强党员的责任意识和担当意识，使其更好地肩负职责使命。同时，持续增强党员处理和解决实际问题的能力，推动各项工作有序落实，为人民群众提供更好的服务。

3. 注重作风建设，助力创新发展

在党建工作开展中，作风建设也是非常重要的一个方面。党自成立以来就

秉持着“不拿群众一针一线”的原则，始终致力于保障党员队伍的纯洁性和先进性。在党建中，党的作风往往是党世界观、价值观和群众观的重要体现。通过加强作风建设，人民群众能够充分了解党的执政理念，自觉拥护党的领导，成为党的大政方针和政策的坚定支持者。因此，在党建工作中必须注重作风建设，以切实推动党建工作的创新发展。

在党建中，作为党员干部一定要对自己进行严格要求，对自身言行举止进行有效规范，和善待人、认真做事，善于借助自身实际行动对周边干部进行感染，使得党建工作的价值和意义得到展现。

作为党员干部一定要接触更多的群众，深入到群众当中去，使党支部在凝聚力方面得到持续的提升，做好群众的基础工作。每一位党员都应该更多为人民的根本利益着想，积极营造办事高效、尽职尽责、团结和谐的工作氛围，推动党建工作水平和质量不断提升。同时，要充分发挥榜样的力量，如焦裕禄治理内涝、风沙、盐碱地等，对焦裕禄精神进行传承和弘扬，激励党员干部在工作中尽心尽力，保障相关工作内容得到落实。

4．建设师资队伍，助力创新发展

党校是党员干部思想交流和精神碰撞的主阵地，在党建中，使得党员干部的思想作风得到建设，进一步提升党员素质。这就需要党校在思政教育的党建工作中对办学宗旨进行明确，科学合理地对教学目标进行设定，在规划教学内容和目标设定上持续加强，特别是要对优秀的师资力量进行积累。这样可以推动党校教育和党建工作走上专业、系统的发展道路，实现理想的党建效果。

（1）应该对党校教师提出严格的要求，党校教师不仅需要具备先进的政治思想和教育能力，也应该针对不同需求的学员进行思想教育指导和个性化培训。

（2）应该对党校教师开展定期培训，使得教师思想意识更强、专业能力更强、教学手段更加丰富，从而真正为党建工作的开展提供良好的后续力量。

（3）应该为党校教师队伍注入新鲜血液，引进高素质人才，促使教师充分发挥教学优势与特色，展现出较高的创新素养和创新意识。同时保持师资队伍年轻化，在无形中持续增强党建工作的效果。

5．创新工作形式，助力创新发展

在新时期，信息科技的发展速度是非常迅猛的，广泛应用于各个领域和行业。互联网时代推动文化、政治和经济发生深刻变革，使得人们的学习、工作和生活也受到影响。在这样的背景下，党校在思政教育党建工作中也应该顺应新时代的发展，借助互联网的力量对工作形式进行创新，将更多的创新元素融合在党建工作中，使得党建工作的实效性得到持续的增强。

在党建工作开展中，应该借助信息技术推动工作形式的改革，创新工作方法、更新工作理念。例如，在党校教育开展的过程中，可以对智能化在线系统、人工智能、电子白板等进行运用，将一些抽象的内容进行形象化和具体化的处理，使得教育的感染力得到持续的增强。此外，在对相关党的政策、方针进行宣传时也应紧跟时代的发展，善用新媒体平台。如可以对抖音、快手等进行有效利用，编辑成视频，更好地起到宣传作用，对党建工作的开展起到良好推动作用，使得党建水平得到持续的提升。

6. 完善责任制度，助力创新发展

在党建工作开展中，也应该对健全的责任制度进行构建，做好相应的管理和监督工作，保障党建工作得到科学和有效的落实。党校党建工作一直以来都是重中之重。需要在现阶段对工作的力度进行加强，对不利于党建工作的因素进行管理和控制，使得党建的水平得到提升。这就需要对有效、科学的责任制度进行构建，对人员的义务和权利进行明确，最大化地发挥管理人员的作用。

一方面，在党建工作开展中，应该对总体的工作流程和框架进行明确，对对应的负责人进行明确，将责任落实在具体的人头上，使得人员在工作中进一步地展现积极性和热情。在遇到问题时可以快速地找寻到相应的责任人，使得问题得到快速化解，以免影响党建工作的质量和效果。另一方面，应该借助责任制度对党建工作效率和质量进行提升。组织者在党建工作中一定要持续强化自身的权责意识，采取更加有效和科学的方式对责任制度进行推动。在制度落实中，应该进一步加大反腐倡廉相关教育内容，有效开展多元化的主题教育活动，保障党建方案得到落实。借助培训交流，使工作者的责任意识得到增强，使党建工作在开展的过程中更加高效和有序。

第二章

党校思政工作育人体系构建

第一节　党校思政教育体系建设的原则与内容

思想政治教育原则是教育者消解思想教育过程中的矛盾、提高教育水平、提升教育效果的基本准则。将焦点解决取向的尊重、正向、改变、行动原则运用于思想政治教育，不仅可以很好地把握教育者与受教育者的心理特点与发展需求，还可以很好地提高思想政治工作的育人水平。

在党校思政教育体系的构建中，遵循科学的原则并明确具体的内容，是提升教育质量、增强教育效果的关键，有助于准确把握党员干部的心理特点与发展需求，提高思政教育的针对性和实效性。

一、构建原则

（一）“尊重为本”原则

党校思政教育，其本质在于深入党员干部的心灵深处，引导他们树立正确的世界观、人生观和价值观。在这一过程中，情感作为党员干部思想行为活动的内在驱动力，扮演着至关重要的角色。因此，从情感视角出发，深入审视党校思政教育中的种种现象，并合理运用沟通技术、信息收集方法等现代知识技术，以科学、人性化的方式解决思政教育中的难题，是推动党校思政教育创新发展的必由之路。

“尊重为本”原则作为这一过程中的核心指导思想，强调以党员干部为主体，充分尊重他们的独特个性与内在差异，致力于激发他们的内在潜能与自我驱动力。在党校思政教育的具体实践中，这一原则要求我们摒弃传统的单向灌输模式，转而采用赋能与引导并重的方法，构建一个双向互动、和谐共生的思政教育新生态。这样的教育生态不仅能够提升党员干部的参与度和满意度，更能在深层次上增强思政教育的实效性，使党员干部在获得知识的同时，也能感受到尊重与理解，进而更加积极地投入自我提升与党性锻炼之中。

尊重每位党员干部的独特性和差异性，是“尊重为本”原则的基本精神所在。在思政教育过程中，教育者应时刻保持一颗敬畏之心，真诚地尊重、倾听与理解每一位党员干部的想法与感受。这意味着我们需要接纳他们的情绪情感，避免武断地评价与指责，而且要通过深入交流，了解他们的内心世界，把握他们的思想动态。当党员干部感受到来自教育者的真诚尊重时，他们的自尊心和个人价值感将得到极大的满足，从而更加主动地参与到思政教育中来，形成积极向上的学习氛围。

传统党校思政教育模式往往过于强调教育者的主导地位，将党员干部视为被动接受教育的对象，忽视了他们的主体性和内在需求。而“尊重为本”原则则要求我们转变这一观念，深入研究党员干部的实际需求和心理特点，以此为依据制定更加贴近实际、贴近生活、贴近党员干部的教育目标。同时，我们还应运用焦点尊重的理念，耐心倾听党员干部内心的真实想法和困惑，据此选择更加灵活多样的教育内容和方式，确保思政教育能够真正触及党员干部的心灵深处，引发他们的共鸣与思考。

总之，“尊重为本”原则不仅是党校思政教育的情感基石，更是推动其创新发展的动力源泉。在构建家庭、社会、党校联动育人体系的过程中，我们应始终坚守这一原则，以真诚、尊重的态度对待每一位党员干部，努力营造一个和谐、包容、积极向上的思政教育环境。

（二）“秉持积极正向态度”原则

在构建党校思政教育体系的宏伟蓝图中，“秉持积极正向态度”原则如同一盏明灯，照亮前行的道路，引领我们不断探索与创新。这一原则深刻体现了以积极心理学为理论基础的教育理念，它要求我们在党校思政教育的实践中，始终将焦点放在正向、积极的层面，积极挖掘和利用内在的优势资源，以此推动党校思政教育的深入发展。

1. 教育者应具备的正向视角

“秉持积极正向态度”原则强调教育者应具备一种乐观向上的心态，以正面的视角审视党校思政教育的现状与挑战。它不仅鼓励我们要关注问题本身，更要关注问题背后的机遇与可能性，从过去的成功经验中汲取养分，从当前的内在优势中寻找力量，以此为基础，构建一套充满活力与创新的党校思政教育体系。

在党校思政教育的实施过程中，教育者应灵活运用物质与精神双重激励手段，以及多样化的激励方式，激发党员干部的思想动机，点燃他们内心的激情与梦想。通过赞美、鼓舞等积极的教育方法，教育者可以帮助党员干部建立自信，增强动力，使他们在面对困难与挑战时，能够保持坚韧不拔的意志和勇往直前的精神。这种积极正向的教育方式，不仅能够提升党员干部的个人素质与能力，更能够在党校内部营造出一种积极向上、勇于探索的良好氛围。

2．培养党员干部自我激励能力

“秉持积极正向态度”原则还要求教育者注重培养党员干部的自我激励能力。通过引导党员干部设定明确的目标、制订可行的计划，并鼓励他们不断反思与调整自己的行为，教育者可以帮助党员干部学会如何自我激励、自我驱动，从而实现个人成长与进步的持续性与稳定性。这种自我激励能力的培养，对于党员干部在未来的工作与生活中保持积极向上的态度具有深远意义。

综上所述，“秉持积极正向态度”原则是党校思政教育体系构建中的重要支撑点。它要求教育者以乐观的心态、积极的态度面对挑战与机遇，灵活运用各种激励手段与方法，激发党员干部的内在潜能与动力，为党校思政教育的深入发展注入源源不断的活力与动力。

（三）“循序渐进的调整”原则

在构建党校思政教育体系的征途中，我们必须深刻认识到人的思想形成与发展是一个复杂而漫长的过程，它受到多种因素的“综合影响”，并遵循着“渐次发展”的规律。因此，在体系的调整与优化过程中，我们必须坚持“循序渐进的调整”原则，以稳健的步伐推动党校思政教育体系的持续进步。

1．“循序渐进的调整”原则的核心要点

“循序渐进的调整”原则的核心在于尊重教育规律、思想政治工作规律以及党员干部的成长规律，避免盲目冒进和急功近利的心态。它要求我们教育者在制定教育目标时，既要考虑体系的长远发展，又要兼顾当前的实际状况，确保目标的可行性与有效性。同时，在实施调整措施时，我们要注重策略性与灵活性，根据党员干部的思想动态和反馈意见，适时调整方案，确保体系的变革能够为党员干部所接纳和理解。

2．重视“一小步改变”的理念

在“循序渐进的调整”过程中，我们应高度重视“一小步改变”的理念。很多时候，人们期望通过一次性的重大变革来实现质的飞跃，然而，这样的期望往往过于理想化，忽视了变革过程中的复杂性和不确定性。实际上，成功的变革往往是由无数个“一小步”所构成的。这些“一小步”虽然看似微不足道，但它们却能够在潜移默化中推动体系的逐步优化和完善。

因此，在党校思政教育体系的构建中，我们应注重每一个细节的改进和每一个小目标的实现。这些“一小步”的改变可能包括教学方法的微调、课程内容的优化、师生互动方式的创新等。虽然这些改变可能看似不起眼，却能够在长期积累中发挥出巨大的作用，推动党校思政教育体系不断向前发展。

3．体系建设需保持耐心和毅力

“循序渐进的调整”原则还要求我们在体系建设过程中保持耐心和毅力。教育体系的变革并非一朝一夕之功，它需要教育者付出长期的努力和坚持。在这个过程中，我们可能会遇到各种困难和挑战，但只要我们保持坚定的信念和不懈的努力，就一定能够克服一切困难，实现党校思政教育体系的稳步前行。

综上所述，“循序渐进的调整”原则是构建党校思政教育体系的重要原则之一。它要求我们以稳健的步伐推动体系的变革和优化，注重“一小步改变”的积累效应，保持耐心和毅力，确保体系的变革能够为党员干部所理解和接纳，最终实现党校思政教育过程的良性循环和持续发展。

（四）“结合实际采取行动”原则

在党校思政教育体系的构建与实践中，“结合实际采取行动”是一项不可或缺的基本原则，它深深植根于马克思主义的实践观，强调理论与实践的紧密结合，是确保思政教育实效性的关键所在。这一原则要求我们在开展思政教育工作时，必须始终坚持一切从实际出发，实事求是，既要遵循思政教育的普遍规律，又要紧密结合党校自身的实际情况和党员干部的具体需求，确保思政教育活动既有理论深度，又具实践价值。

1．“结合实际采取行动”对教育者的要求

（1）要求教育者具备高度的责任感和使命感，深入基层、深入实际，了解党员干部的真实思想状况和需求，避免空洞的说教和脱离实际的口号。

（2）教育者应当讲实话、鼓实劲、办实事、求实效，以真诚的态度和务实的作风赢得党员干部的信任和支持。

（3）教育者还应注重焦点解决取向，即关注问题的实际解决，强调实施具有操作性的行动方案，使思政教育活动成为党员干部可行动、能落地的具体方案，实现解决思想问题与解决行动问题的有机统一。

2．党校构建思政教育体系的具体行动

在构建思政教育体系的过程中，党校应充分发挥自身的优势，明确采取符合自身实际情况的行动。这包括根据党校的办学特色、师资力量、学员构成等因素，制订切实可行的教育目标和教学计划；结合党员干部的思想实际和工作需要，选择贴近实际、贴近生活、贴近党员干部的教学内容和方法以及建立健全评估反馈机制，及时跟进体系建设任务的执行情况，确保各项措施得到有效落实。

3．“结合实际采取行动”原则注重动态调整和优化

“结合实际采取行动”原则还要求我们在体系建设过程中注重动态调整和优化。随着形势的发展和党员干部思想状况的变化，原有的行动方案可能会变

得不再适用。因此，党校应协助各方将小目标的行动具体化、动态化，根据实际情况及时调整和完善教育内容和方式，使体系建设任务和目标在真实情境中易于落实和执行。这种动态调整不仅有助于增加执行的内在动机与成功率，还能使党员干部更好地面对和解决问题，增强对体系的认同感和归属感。

总之，“结合实际采取行动”原则是确保党校思政教育体系实效性的重要保障。它要求我们在构建和实践思政教育体系时，始终坚持一切从实际出发，实事求是，注重焦点解决取向，明确采取符合自身实际情况的行动方案，并注重动态调整和优化。只有这样，我们才能确保思政教育活动真正落地生根、开花结果，为培养高素质、高能力的党员干部提供有力支撑。

二、建设内容

（一）理想信念教育

中国共产党人的理想信念深植于马克思主义根本宗旨，即为绝大多数人谋福祉。党的一系列重大决策，皆建立在对国家命运的精准洞察、对社会主义制度的深刻认知，以及对革命经验与实践工作的系统总结之上，始终以维护人民根本利益为核心目标。从改革开放这一扭转国家发展轨迹的关键抉择，到新时代一系列深化改革、扩大开放、推进创新的战略部署，党不断引领中国在正确道路上稳步前行，实现从理论到实践的伟大跨越。马克思主义作为理想信念的理论基石，持续指引着中国在发展与社会建设中铸就辉煌，树立起坚定的理论自信。

1. 筑牢理想信念教育的实践基础

在新时代，党带领人民开创了中国特色社会主义现代化建设的全新局面，构建起完备且高效的制度体系。我们的理想信念并非空中楼阁，而是深深扎根于实践。自党的十八大以来，在经济领域，我国经济结构持续优化，新产业、新业态蓬勃发展，数字经济、绿色经济等成为增长新引擎，国内生产总值稳步提升，在全球经济格局中的地位愈发重要；在政治层面，全过程人民民主不断发展，民主选举、民主协商、民主决策、民主管理、民主监督各个环节紧密衔接，人民当家作主得到更充分体现；在社会领域，脱贫攻坚取得全面胜利，数以亿计的贫困人口脱贫致富，向共同富裕目标坚实迈进，社会保障体系更加健全，教育、医疗等公共服务水平显著提升；在文化方面，中华优秀传统文化实现创造性转化、创新性发展，文化产业繁荣兴盛，文化自信不断增强；在国际关系上，中国积极推动构建人类命运共同体，“一带一路”倡议成果丰硕，在国际舞台上发挥着越来越重要的建设性作用。

这些伟大成就生动展现出中国特色社会主义制度高度契合中国国情，具备强大的问题解决能力、奇迹创造能力与命运塑造能力。理想信念教育应以这些制度实践成果为现实依托，彰显中国特色社会主义制度的显著优势，培育广大党员干部对中国特色社会主义制度的坚定自信，激励大家为实现中华民族伟大复兴的中国梦奋勇拼搏。

2．指明理想信念教育的正确道路

中国共产党作为以马克思主义武装的先进政党，始终将团结带领中国人民完成民族独立和人民解放、实现国家富强和人民共同富裕作为两大历史使命。自诞生以来，党便矢志不渝地为此奋斗。步入新时代，党依据国内外形势的新变化、国情民意的新需求，精准施策，接连推出一系列具有深远影响的重要决策。从深入推进供给侧结构性改革，到加快构建新发展格局，推动经济高质量发展；从实施乡村振兴战略，促进城乡融合发展，到推进以人为核心的新型城镇化，提升城市发展品质；从加强生态文明建设，推动绿色发展，到全面推进法治建设，提升国家治理体系和治理能力现代化水平。在党的坚强领导下，中国特色社会主义现代化建设不断迈向新高度。

在此过程中，马克思主义中国化持续拓展深化，习近平新时代中国特色社会主义思想应运而生。这一思想体系深刻回答了新时代坚持和发展中国特色社会主义的一系列重大理论和实践问题，为党和国家事业发展提供了根本遵循。面对世界百年未有之大变局，党和国家高瞻远瞩、统揽全局，全面深化改革开放，在经济建设、社会发展、政治外交等多方面取得斐然成绩。习近平总书记深刻指出，回顾我国发展历程，党和国家的一系列重大决策引领国家走出困境、迈向繁荣，实践充分证明这些决策在方向、方略上的正确性。中国特色社会主义现代化建设之所以能取得举世瞩目的成就，根本在于党的正确领导，在于党以马克思主义为指导，秉持全心全意为人民服务的宗旨，成功开辟中国革命、建设、改革之路。坚定理想信念，必须毫不动摇地跟党走；开展理想信念教育，需着重明晰党在领导人民创造伟大成就过程中的核心引领作用，引导广大党员干部深刻领悟“两个确立”的决定性意义，增强“四个意识”、坚定“四个自信”、做到“两个维护”，在党的旗帜下团结奋斗，为实现党和国家的宏伟目标不懈努力。

（二）理性爱国主义教育在党校教育中的应用

1．深入了解国家，树立正确认知

在党校教育中，理性爱国主义的弘扬是一项重要而紧迫的任务。为了实现这一目标，首要的工作是引导党员干部深入了解国家，树立对国家全面而正确的认知。

国情教育，作为理性爱国主义教育的重要组成部分，其内容涵盖广泛，包括我国的社会制度、经济发展状况、社会文化特色、科技发展水平、军事力量以及国家整体的发展动态等多个方面。通过系统、深入的国情教育，党校学员能够全面把握我国当前的真实发展状况，深刻理解国家的历史脉络、现实挑战与未来愿景。这种认知不仅有助于学员形成对国家发展的客观评价，更能在全球化背景下，帮助他们以更加理性、开放的心态看待国家与外部世界的关系。

在全球化日益加深的今天，各种社会思潮交织碰撞，特别是消费文化的盛行，对党员干部的思想观念产生了不可忽视的影响。消费文化往往强调个人享受与物质满足，容易使人在追求短期利益的过程中忽视国家的长远发展与整体利益。因此，加强国情教育，帮助学员正确认知我国与世界各国的关系，显得尤为重要。它不仅能够培养学员的理性思考能力，使他们在面对复杂多变的社会政治问题时能够做出正确判断，还能够提升他们的价值判断力，坚定他们的爱国主义信念。

具体而言，国情教育应关注以下五个方面。

（1）深入剖析我国社会制度的优越性，帮助学员理解中国特色社会主义道路的历史必然性和现实合理性。

（2）全面展示我国经济发展的成就与挑战，引导学员正确看待经济增长与社会发展的关系。

（3）挖掘和传承我国优秀的社会文化传统，增强学员的文化自信与民族自豪感。

（4）关注科技发展与军事力量的提升，展现国家实力与国际地位的变化。

（5）分析国家面临的外部挑战与内部问题，培养学员的危机意识与责任感。

通过系统的国情教育，党校学员不仅能够形成对国家全面而正确的认知，更能够在理性思考的基础上，将爱国主义情感转化为实际行动，为国家的繁荣富强贡献自己的力量。这不仅是理性爱国主义教育的目标所在，也是党校教育的重要使命。

2. 强化社会主义核心价值观教育，筑牢思想防线

在全球化浪潮汹涌、文化交流日益频繁的今天，党校教育面临着前所未有的挑战与机遇。其中，如何有效防范西方意识形态渗透，弘扬爱国主义精神，成为党校教育不可忽视的重要课题。强化社会主义核心价值观教育，正是应对这一挑战、筑牢思想防线的关键举措。

社会主义核心价值观，作为马克思主义意识形态的精髓，是中国特色社会主义现代化建设的精神支柱和行动指南。它蕴含着对国家、社会、个人的价值追求与行为规范，是凝聚社会共识、引领社会风尚的强大力量。在党校教育中，将社会主义核心价值观融入教学的每一个环节，不仅是对学员思想政治素质的基本要求，更是培养具有坚定理想信念、高尚道德情操、强烈社会责任感的高素质党员干部的必由之路。

（1）党校教育应不断创新教材内容与课堂教学方式，使社会主义核心价值观的学习更加生动、具体、有效。通过精选典型案例、引入时事热点、开展专题讨论等方式，激发学员的学习兴趣与思考深度，帮助他们在理解、认同社会主义核心价值观的基础上，自觉将其内化为个人的价值追求与行为准则。同时，实习实践环节也是强化社会主义核心价值观教育的重要途径。通过组织学员参与社会调研、志愿服务、红色教育等活动，让他们在实践中感悟社会主义核心价值观的深刻内涵与现实意义，从而更加坚定地走中国特色社会主义道路。

（2）党校还应加强党的思想、政策、方针的宣传教育，引导学员树立坚定的政治立场。通过日常辅导、教育管理等方式，不断创新和发展思想政治教育的新方法、新手段，提高学员的思想政治素质和道德水平。在教育教学过程中，要注重将民族精神、时代精神与社会主义核心价值观有机融合，构建全方位、多层次的思想政治教育体系，形成强大的思想政治教育合力。

综上所述，强化社会主义核心价值观教育、筑牢思想防线是党校教育弘扬爱国主义精神的重要举措。

第二节　党校思政育人体系构建策略

一、强化与党校教育工作者的协同合作

（一）党校教育工作者的角色定位

1．思想政治教育的引领者

党校教育工作者在党校思想政治教育体系中扮演着至关重要的引领者和塑造者的角色。他们不仅是党的理论和路线方针政策的坚定传播者，更是党员干部在思想领域茁壮成长的引路人。通过精心策划的课程体系、深入浅出的理论讲解以及生动实践的教学活动，教育工作者致力于引导党员干部全面而深入地学习党的创新理论，深刻理解党的路线方针政策，从而帮助他们树立正确的世界观、人生观和价值观，为成为一名合格的共产党员奠定坚实的思想基础。

（1）党校教育工作者充分发挥自身的专业优势与丰富经验，注重培养党员干部的理论素养和思维能力。他们不仅传授理论知识，更注重引导学员如何运用这些知识去分析问题、解决问题，特别是如何运用马克思主义的立场、观点和方法去认识世界、改造世界。通过系统的理论学习和实践锻炼，党员干部能够逐渐掌握科学的思维方法，提升个人的政治敏锐性和鉴别力，为在复杂多变

的社会环境中保持清醒头脑、坚定理想信念提供有力支撑。

（2）党校教育工作者注重培养党员干部的独立思考能力和创新精神。他们鼓励学员勇于质疑、敢于创新，不满足于对既有知识的简单接受和机械应用，而是要在理解的基础上进行深入思考和创新探索。这种培养方式有助于激发党员干部的内在潜能和创造力，为他们在未来的工作和生活中勇于担当、敢于创新提供源源不断的动力。

（3）党校教育工作者承担着塑造党员干部良好道德品质的重要使命。他们通过榜样示范、道德引导等方式，引导学员树立正确的道德观念和行为规范，培养良好的道德品质和职业操守。这种道德塑造不仅有助于提升党员干部的个人修养和综合素质，更能够在全党范围内形成风清气正的良好政治生态。

综上所述，党校教育工作者通过精心设计的课程体系、深入浅出的理论讲解以及生动实践的教学活动，引导党员干部深入学习党的创新理论、理解党的路线方针政策、树立正确的世界观、人生观、价值观，提升理论素养和思维能力，培养独立思考能力和创新精神以及塑造良好道德品质。这些努力为培养忠诚干净担当的高素质党员干部队伍奠定了坚实基础。

2．身心健康发展的辅导者

在党校教育这一综合性培养体系中，对党员干部身心健康发展的关注与辅导是不可或缺的一环。党校教育工作者作为这一领域的专业辅导者，承担着促进党员干部身心健康、提升其综合素质的重要职责。他们不仅关注学员在知识获取和能力提升方面的进步，更将目光投向了学员的内心世界，致力于构建一个全面、健康、和谐的发展环境。

（1）党校教育工作者应具备敏锐的洞察力和同理心。他们需要时刻关注党员干部的心理变化和情绪状态，通过细致入微的观察和交流，及时发现学员可能存在的心理困扰或情绪问题。这要求教育工作者不仅要掌握一定的心理学知识，还要具备良好的沟通技巧和倾听能力，以便与学员建立信任关系，为后续的辅导工作打下坚实基础。

为了更准确地了解党员干部的心理需求和困惑，党校教育工作者通常会采用谈心谈话、心理测评等多种方式。谈心谈话是一种直接而有效的沟通方式，它能够让教育工作者深入了解学员的内心世界，帮助他们解决思想上的疑惑和生活中的困扰；而心理测评则是一种更为客观、科学的方法，通过量表、问卷等工具对学员的心理状态进行量化评估，为教育工作者提供更为准确、全面的信息支持。

（2）学校教育工作者应注重提高学员的抗压能力和心理调适能力。在面对工作压力、职务晋升等挑战时，党校教育工作者应成为党员干部坚实的后盾。通过传授压力管理技巧、情绪调节方法等手段，帮助学员学会在压力环境下保持冷静、理智，有效应对各种复杂情况。同时，党校教育工作者需帮助学员建立积极的心态，引导他们以乐观、向上的态度面对生活中的多重挑战。

（3）党校教育工作者应关注党员干部的身体健康状况，鼓励学员养成良好的生活习惯，如规律作息、健康饮食、适量运动等，以保持良好的身体状态。

（4）党校教育工作者还应关注学员的工作环境和生活环境，为他们提供必要的支持和帮助，确保学员能够在舒适、安全的环境中学习和工作。

综上所述，党校教育工作者作为学员身心健康发展的辅导者，在党校教育中发挥着不可替代的作用。他们通过关注学员的心理变化和情绪状态、采用多种方式了解学员的心理需求和困惑、帮助学员建立积极心态和提高抗压能力等手段，为党员干部的身心健康发展提供了有力保障。这些努力不仅有助于提升学员的综合素质和工作能力，更为他们未来的成长和发展奠定了坚实基础。

3. 校园文化建设的推动者

党校校园文化作为党校精神风貌的集中展现，不仅深刻影响着党员干部的思想观念与行为方式，更是党校教育不可或缺的重要组成部分。作为校园文化建设的积极推动者，党校教育工作者承担着策划、组织与实施的重要职责，通过一系列富有创意与深意的活动，为党校营造了一个积极向上、充满活力且富有内涵的学习与成长环境。

（1）党校教育工作者精心策划并组织丰富多彩的文体活动。这些活动不仅涵盖了体育竞赛、文艺汇演等传统形式，还融入了红色文化主题月、党史知识竞赛等具有党校特色的项目。通过这些活动，党员干部增强了体质，陶冶了情操，更重要的是他们在参与过程中深刻感受到了党的光辉历程与伟大成就，进一步坚定了理想信念。

（2）学术讲座是党校校园文化的重要组成部分，也是教育工作者关注的重点。党校通过邀请知名学者、专家及优秀党员干部来校举办讲座，分享前沿理论、研究成果与实践经验。这些讲座不仅拓宽了党员干部的视野，提升了党员干部的理论素养，更激发了党员干部的求知欲与探索精神，为党校营造了浓厚的学术氛围。

（3）党校教育工作者注重通过实践活动来推动校园文化建设。他们组织党员干部参与社会调研、志愿服务、扶贫帮困等实践活动，让党员干部在实践中锻炼能力、增长才干，同时培养其社会责任感和奉献精神。这些实践活动不仅增强了党员干部的实践能力与团队协作精神，也让他们在实践中更加深刻地理解了党的宗旨与使命。

（4）在推动校园文化建设的过程中，党校教育工作者还特别注重培养党员干部的团队精神和集体荣誉感。他们通过组织团队建设活动、集体荣誉评选等方式，让党员干部在集体中感受到归属感与成就感，从而更加珍惜集体荣誉，增强团队凝聚力与向心力。这种团队精神的培养对于提升党校的整体战斗力与凝聚力具有重要意义。

综上所述，党校教育工作者作为校园文化建设的积极推动者，在策划、组织与实施校园文化活动方面发挥着重要作用。他们通过丰富多彩的文体活动、学术讲座和实践活动，为党校营造了一个积极向上、充满活力且富有内涵的学习与成长环境，为党员干部的成长与发展提供了有力支持。

4．学习与生活的管理者与服务者

作为学习与生活的管理者与服务者，党校教育工作者在党员干部的培养过程中扮演着至关重要的角色。他们不仅承担着传授知识的重任，还肩负着对党员干部学习与生活进行全面管理和服务的职责。

（1）在学习管理方面，党校教育工作者应密切关注党员干部的学习进度和学习效果。通过定期的检查、测试和反馈机制，他们能够及时了解党员干部的学习情况，发现存在的问题和困难。针对这些情况，教育工作者会提供个性化的学习指导和支持，帮助党员干部克服学习障碍，提高学习效率。例如，他们可能会根据党员干部的学习特点和需求，制订个性化的学习计划，提供针对性的辅导资料，或者组织小组讨论和互动学习等活动，以促进党员干部的深入学习和思考。

（2）在生活服务方面，党校教育工作者同样发挥着不可替代的作用。他们关心党员干部的生活状况，尽力为其提供必要的生活服务和帮助。从住宿安排到餐饮服务，从校园环境维护到文化活动组织，教育工作者都会倾注大量的心血和精力。党校教育工作者希望确保党员干部在党校期间能够拥有一个舒适、温馨、和谐的学习和生活环境，从而让他们能够安心学习、健康生活。

通过与党校教育工作者的紧密合作，党校可以构建更加完善的思政育人体系。教育工作者作为思政教育的中坚力量，应充分发挥自身专业优势和实践经验，不断创新教育方法和手段，为党员干部的全面发展提供有力保障。例如，他们可以尝试将理论教学与实践教学相结合，通过案例分析、实地考察、模拟演练等方式，增强党员干部的实践能力和解决问题的能力。同时，他们还可以运用现代信息技术手段，如在线教育平台、虚拟现实技术等，为党员干部提供更加便捷、高效的学习方式和资源。

为了不断提升教育工作者的业务能力和综合素质，党校也应加强对他们的培训和支持力度。通过组织定期的培训活动、邀请专家学者举办讲座和交流、提供外出学习和考察的机会等方式，党校可以帮助教育工作者不断更新知识结构，拓宽视野，提升专业素养和教学能力。同时，党校还应建立健全激励机制，鼓励教育工作者积极投身教育事业，为党校教育的持续发展注入新的活力和动力。

综上所述，作为学习与生活的管理者与服务者，党校教育工作者在党员干部的培养过程中发挥着举足轻重的作用。他们通过周到的管理和细致的服务，为党员干部在党校的学习和生活创造了良好的条件和环境，为党校教育的持续发展奠定了坚实的基础。

（二）党校辅导员的威信及影响力

1. 党校辅导员的威信构成及其作用

威信，即威望与信誉。对于党校辅导员而言，它通常表现为学员对其的尊敬、信赖与遵从，是开展党性教育和思想政治工作的前提与切入点，展现出强大的精神感召力。对于思想成熟、理论素养要求较高的党校学员而言，教育者是否具有较高的威信，成为其对教育内容接受程度的关键。党校辅导员的威信构成主要包括以下三类：

（1）专业性因素，涵盖理论素养、党性修养、政策解读能力及党史知识储备。

（2）可信性因素，包括人格魅力、道德品质、公正无私及友爱精神。

（3）智能因素，涉及决策能力、判断能力、组织协调能力以及坚韧不拔、果断敏捷的意志品质。

这三者相辅相成，共同构成辅导员的威信体系，其中前两者尤为重要，见表 2-1。

表 2-1　党校辅导员威信的作用

威信情况	对党性教育和思想政治工作成效的影响	对学员将教育要求内化为自身需求的影响
威信高	教育易被学员接受，效果显著	言行赢得学员信任与效仿，批评建议引发深刻自我反思，促进学员进步
威信低	教育可能事倍功半	言行引发学员怀疑、反感甚至抵触

2. 影响党校辅导员威信形成的因素

崇高的威信是党校教育成功的关键，然而其形成并非一蹴而就，而是受到多种因素的制约。

（1）就客观因素而言，首先是社会的宏观环境与整体评价。党和国家历来重视党校教育，特别是面对新的时代形势，不断推出新举措，加强党校师资队伍建设，提升党校教育地位。这有助于党校辅导员地位的提升和威信的树立。同时，社会对党校教育的认可度与重视程度也直接影响辅导员的威信。其次是党校内部的微观氛围与评价。一个领导重视、管理规范、教育氛围浓厚的党校，其辅导员的责任感与使命感更强，威信也更高。最后，党校学员对辅导员的期望值也是影响威信形成的重要因素。学员期望在辅导员的指导下不断提升党性修养和理论水平，这种期待成为推动辅导员威信的重要动力。

（2）就主观因素而言，辅导员的个人素质是决定其威信形成的核心因素。首先是品德因素，包括政治立场坚定、道德品质高尚、心理素质健康及工作作风扎实。这些因素是辅导员威信形成的基石，品德越高尚，威信越稳固。其次是个人智能水平，包括深厚的理论功底、丰富的实践经验、精湛的教学技艺及卓越的协调能力。一个学识渊博、教学有方的辅导员，必然能在学员中树立良好的形象。最后是辅导员的个人仪表与形象。良好的仪表与形象是辅导员威信形成的起点，一个举止得体、仪表端庄、热情诚恳的辅导员，能在学员心中留下深刻的第一印象，为威信的树立打下良好基础。

综上所述，党校辅导员的威信及影响力是多种因素共同作用的结果。要提升辅导员的威信，既需要改善和优化外部环境，也需要辅导员不断提升自身素质和能力。

（三）党校思政与教育工作者协同育人的策略

1. 加强教育工作者队伍思想政治培训建设

党校教育工作者承担着教育引导、管理分配、服务学员等多元化职责。随着党的事业不断发展，新时期新形势对教育工作者队伍的培训建设提出了更高要求。

（1）确立人才本位的培训理念。人才资源是推动党校教育事业发展的核心动力。确立人才本位的培训理念，意味着我们要从战略高度认识人才资源开发的重要性，将人才视为党校发展的第一资源。这要求教育工作者培训组织不仅要注重基础知识的灌输和短期技能培训，更要构建一个长期的、有效的、系统的培训体系，通过内生培养与外引补充相结合的方式，不断提升教育工作者队伍的整体素质。

（2）建立双向统筹的培训机制。为了确保培训工作的针对性和实效性，培训部门应充分发挥在教育工作者系统培训中的牵头抓总作用。一方面，要做好基层教育工作者的信息征集工作，深入了解他们的培训需求和期望，制定有预见性的培训规划，合理统筹培训周期、班次、内容和人员。另一方面，要赋予学员及教育工作者本人一定的自主权，让他们根据自身需求和实际情况选择适合的参训班次、时间和形式，实现个体需求与社会发展、工作实际的有机结合。

（3）更新现代科技的培训方法。在科技日新月异的今天，我们应充分利用新时代科技优势，创新培训方法，提升培训效果。这不仅要求我们更新培训设备，更要实现培训时间、空间、形式等多层次的创新。例如，我们可以利用网络传输、多媒体设备、远程监控、电化教学等手段，突破时空限制，为在职教育工作者提供灵活多样的学习方式和资源。同时，在专题讲座、名师讲座等传统教学模式的基础上，引入个案分析、场景模拟、小组讨论等新颖方式，丰富授课形式，提升教育工作者的参与度与创造力。

（4）丰富细致全面的培训内容。针对当前党校教育工作者培训内容覆盖面小、知识少、广度窄的问题，我们应着力丰富培训内容，实现细致化、层次化、具体化。对于新入职的教育工作者，我们可以采取“老带新”的模式，通过实践指导、经验分享等方式，帮助他们快速适应工作环境和岗位要求。对于有发展潜力的老教育工作者，我们应注重提升其政治素养与领导能力，构建综合能力提升培训模块，如决策力、领导力、影响力、创新力等，进行全方位培训。此外，我们还可以结合党校教育工作的特点和要求，设计具有针对性和实用性的培训课程，如思政教育理论与实践、学员管理与服务技巧、教学设计与评估方法等，以全面提升教育工作者的专业素养和育人能力。

2．强化教育工作者骨干作用

在党校的思想政治教育体系中，教育工作者扮演着至关重要的角色，不仅是连接党委与学员的桥梁，还是学员工作不可或缺的重要力量。教育工作者必须深刻认识到自身职责的重大意义，紧密围绕党委的部署，有针对性地开展思想政治教育活动，全方位、多层次地指导学员的思想、学习和生活。

（1）教育工作者要明确自身在党校思想政治教育中的核心地位。他们不仅是知识的传播者，更是学员思想的引领者。在日常工作中，教育工作者应密切关注学员的思想动态，及时发现并解决学员在思想上存在的问题和困惑。通过组织专题讨论、开展心理辅导、举办主题党日活动等多种形式，引导学员深入学习党的理论，坚定理想信念，树立正确的世界观、人生观和价值观。

（2）教育工作者要抓好中心工作，促进党校思想政治教育的发展。这要求教育工作者不仅要具备扎实的理论基础和丰富的实践经验，还要具备敏锐的洞察力和创新能力。他们要紧跟时代步伐，不断更新教育观念，改进教育方法，提高教育效果。同时，教育工作者还要积极参与党校的课程改革和教材建设，为党校思想政治教育的发展贡献智慧和力量。

（3）教育工作者还应加强自我教育，不断提升自身的综合素质。他们要用科学的方法指导学员成长，规范学员行为，陶冶学员情操，提升学员道德水平。这要求教育工作者不仅要具备高尚的道德情操和良好的职业操守，还要具备广博的知识储备和精湛的教学技艺。他们要在工作中不断学习、不断进步，以自身的实际行动为学员树立榜样，引领学员走向更加美好的未来。

总之，强化教育工作者骨干作用是提升党校思想政治教育质量的关键所在。只有教育工作者明确自身职责、抓好中心工作、实现自我教育，才能引领党校思想政治教育走向新的高度，为培养更多忠诚干净担当的高素质干部贡献智慧和力量。

3．构建思政教师与教育工作者联合育人的机制

（1）组织教育机构的科学联动。在党校教育的广阔天地里，思政教师与教育工作者如同两支不可或缺的力量，共同肩负着培养高素质、高能力党员干部的重任。为了充分发挥这两支队伍的优势，党校应打破传统的部门壁垒，将思政教师与教育工作者纳入一个统一的系统管理之中，以便于开展丰富多彩的思政实践活动和高效顺畅的沟通交流。

这一科学联动的实现，需要党校管理层的高瞻远瞩与精心部署。管理层应主动作为，积极协调各方资源，确保思政教师归属的教学部门与教育工作者归属的学院工作部门能够紧密联系起来，形成你中有我、我中有你的良好局面。同时，还应团结团委、就业指导中心等相关机构，共同构建一个互动配合、团结协作的有机整体。

在管理机制上，要明确各部门的分工与职责，确保各项工作有序开展、高效推进。同时，还要注重部门间的配合与协作，打破信息孤岛，实现资源共享，共同为党校教育的融合发展贡献力量。

（2）队伍建设的联动。队伍建设是构建思政教师与教育工作者联合育人机制的关键环节。为了打造一支高素质、专业化的教育队伍，我们需要全体成员的共同努力与持续奋斗。

第一，应提高教育工作者的选拔标准，将思想政治理论素养作为首要考核点。这意味着我们不仅要关注教育工作者的专业背景和教学能力，更要重视他们的政治立场、思想品质和理论素养。同时，为了确保教育工作者具备扎实的理论基础和宽广的知识视野，我们应要求他们具备硕士以上学位，并对心理学、法学等相关学科有所了解。

第二，应促进思政教师与教育工作者之间的工作交流，实现工作交叉与深度融合。通过定期组织研讨会、交流会等活动，让思政教师与教育工作者能够面对面地交流思想、分享经验、探讨问题。这种跨领域的交流不仅有助于提升教育工作者的思想素质，还能为思政教师带来新的教学灵感和思路。

第三，应构建团队梯队，确保团队既有活力又有理论和经验厚度。这意味着我们要注重年轻教师的培养与引进，为他们提供广阔的发展空间和成长机会；同时，也要充分发挥老教师的传帮带作用，将他们的宝贵经验和深厚理论知识传授给年轻教师。通过这种梯队建设，我们可以确保教育队伍始终保持旺盛的生命力和创造力。

4. 强化意识、完善素质，充分发挥引领作用

随着党校教育改革的不断深入，传统的思想政治教育模式已难以满足新时代的需求和挑战。面对这一新形势，党校教育工作者必须充分认识到自身在学员心目中的引领作用，并致力于将这种引领作用发挥到极致，以推动党校思想政治教育的创新发展。

（1）强化引领意识是发挥引领作用的前提和基础。党校教育工作者应深刻理解当前教育改革的紧迫性和重要性，准确把握学员心理发展的新特点和新趋势。他们应将塑造和提升引领作用视为改进思想政治教育、提高教育效果的关键环节，时刻保持高度的责任感和使命感。通过不断学习和探索，教育工作者应不断提升自身的引领意识和能力，以更好地适应新时代的要求。

（2）提升个人素质是发挥引领作用的核心要素。党校教育工作者应具备高尚的品德修养、卓越的综合能力、坚定的意志品质、积极的情感态度和务实的工作作风。他们应以身作则，用自己的言行来影响和感染学员，成为学员心中的道德楷模和行为典范。同时，教育工作者还应不断提升自己的专业素养和教学能力，以更好地满足学员的学习需求和发展期望。此外，在提升个人素质的过程中，教育工作者应注重自我反思和自我提升。他们应时刻保持谦虚谨慎的态度，勇于承认自己的不足和错误，并积极寻求改进和提升的途径。通过不断学习和实践，教育工作者应不断完善自己的知识结构和能力体系，以更好地履行引领职责。

（3）讲究技巧是有效发挥引领作用的关键。党校教育工作者应掌握科学的方法和技巧，以更加有效地发挥引领作用。他们应做到平等待人，尊重学员的个性和差异；讲求奉献，以自己的实际行动为学员树立榜样；民主管理，鼓励学员参与决策和管理过程；言行一致，做到言行一致、表里如一；抑扬有度，既不过分严厉也不过分放任；了解学员，关注学员的成长需求和发展状况；坚持原则，坚守道德底线和法律红线；自我解剖，勇于承认自己的不足并寻求改进。

总之，强化引领意识、完善个人素质、讲究技巧是党校教育工作者在思想政治教育中发挥引领作用的重要途径。只有不断提升自身的引领能力和水平，才能更好地适应新时代的要求和挑战，为培养更多忠诚干净担当的高素质干部贡献智慧和力量。

二、加强党校思想政治教育教师队伍建设

党校的思想政治教育教师不仅是知识的传播者，更是思想的引领者。他们自身必须具备深厚的学术功底和广泛的知识储备，包括历史、经济、军事等多方面的知识，这就要求教师要不断学习，深入研究教材，同时不断更新

自己的知识体系，吸收与教材相关的前沿知识。在多元化的社会背景下，人们的价值取向日益复杂多样，党校思想政治教育教师需要具备敏锐的政治洞察力，及时给予学员正确的思想指导，帮助他们树立正确的世界观、人生观和价值观。

对于党校教师而言，育人不仅是职责所在，更是历史赋予的使命。在教学过程中，教师应以身作则，树立道德典范，通过自己的言行影响学员。如果教师能够认真负责、严谨细致地对待工作，自觉遵守社会公德，拥有良好的道德品格，那么将对学员产生积极的影响。反之，则可能削弱教育的效果。因此，教师在生活和教学中必须做到言行一致，树立良好的自身形象，成为学员能够学习的道德榜样。

此外，党校学员虽然多为成年人，但当他们面临各种心理问题时，心理状态仍不稳定。党校思想政治教育教师需要关注学员的心理健康，及时疏导他们的心理问题，帮助他们解决困惑，培养健康的心理素质和自我处理问题的能力，以适应社会发展和个人成长的需要。

为了加强党校思想政治教育教师队伍建设，可以采取以下策略。

（一）提升教师政治水平和理论素养

党校教师应以中国化的马克思主义理论为指导，贯穿整个教学过程。为此，教师需要具备高度的政治敏锐性，确保所传授理论的正确性、准确性和方向性。提升教师政治水平和理论素养的途径包括以下内容。

（1）开展系统培训，针对不同学科和专业的教师，制订不同层次的培训计划，帮助他们快速提高政治水平，将思政元素融入课程内容。

（2）通过专题讲座等形式，深入学习党的最新理论成果，增强教师的理论素养，找到学科知识与思政教育的结合点，引导学员树立正确的政治立场和是非观念。

（3）校党支部应定期开展主题会议、民主生活会等活动，营造良好的政治氛围，坚定教师的政治信仰，提高政治能力。

（二）强化教师师德师风建设

党校教师应注重师德师风建设，以高尚的道德品质和人格魅力影响学员。教师应不断学习新知识，提高自身素质，同时钻研如何更好地推进思政教育，保持教育初心。在教学过程中，教师应积极营造富有感染力的课堂气氛，通过自己的言谈举止为学员树立榜样。学员在与教师的日常交流中，会不自觉地受到教师良好道德品质的影响，这种影响将对学员未来的成长产生深远影响，使他们在保持道德认知的同时，肩负起推动社会进步的职责。

总之，加强党校思想政治教育教师队伍建设是提升党校教育质量的关键。通过提升教师政治水平和理论素养、强化师德师风建设等措施，可以打造一支高素质、专业化的思政教师队伍，为党校培养更多优秀学员提供有力保障。

（三）加强党校教师思政培训

1. 加强理论培训

党校各级党组织应加强对教师的理论培训，充分发挥先锋模范党员的带头作用，将中国共产党的先锋队性质、全心全意为人民服务的宗旨、执政理念、先进性和纯洁性等优良理论深入教授给教师，提高他们的政治觉悟和爱党爱国热情。党校可以邀请知名思政专家、教授为教师举办马克思主义基本理论知识的专题讲座和研修培训，帮助教师学会运用唯物主义历史观和唯物辩证法的观点、立场和方法来正确观察和分析社会问题。同时，要引导教师坚持马克思主义意识形态的领导地位，深刻认识马克思主义的指导作用，明确什么是真正的马克思主义，以及如何正确对待马克思主义知识。

2. 强化马克思主义中国化理论学习

党校应加强教师对马克思主义中国化理论的学习，增强他们的道路自信、理论自信、制度自信、文化自信。通过系统的培训，使教师能够真正学懂、学透、学用相关理论知识，避免将思政教育视为空洞的口号。党校应组织教师参加“课程思政”建设的学习培训和研修活动，紧跟国家和社会热点，思考如何与教学内容相结合，提升教师的观察力和思想政治素质，巩固科学的世界观和人生观。同时，通过培训提高教师的科研能力和教学能力，鼓励他们在集体备课中积极发言，创新教学内容，为党校的思政教育培养一支高素质、有创造力的教师队伍。

3. 提升教育教学能力

以“课程思政”建设为主线，党校在理论学习之后，应组织教师通过实地调研、现场考察、案例分析等方式提升教育教学能力。对理论学习和实践考察均合格的教师发放结业证书，并建立培训档案，由马克思主义学院的思政专业教师担任联络人，负责解答“课程思政”建设中的课程内容疑问。

党校应引导教师加深对社会主义办学方向和高等教育目标的认识，即培养社会主义接班人，确保知识传授与知识运用方向的统一。作为教师，无论是否具有党员身份，都应承担起教育职责，坚定政治立场。党校应关注工作环境对教师观念的影响，既要推进“课程思政”教学改革，又要适当减轻教师繁重的教学科研任务，给予他们足够的时间和空间进行自主思考和探索。

4. 完善培训激励与考核机制

为提升教师的政治素养，党校应规定教师在晋升高级职称时，必须参加至少一周的本校或省级党校、干部学院的学习培训。这种系统化的政治学习培训具有科学性、权威性和严肃性，是教师提升政治素养的重要途径。同时，党校应将“课程思政”纳入教师长期职业发展培训计划，不断加强教师的道德情操，引导他们在备课、授课过程中用心用情用力。

为激发教师参与“课程思政”培训的积极性，党校可采取精神或物质奖励的方式。同时，对培训成果进行抽查和考核，并将其纳入教师的考核和职称评定中，以确保德育意识的培训效果。教师在实施“课程思政”时，除了增强自身的立德树人意识外，还需明确“课程思政”的定位和内容，即习近平总书记在全国教育大会上提到的做人做事的基本道理、社会主义核心价值观的要求以及实现民族复兴的理想和责任。教师应通过有效的方式将这些内容融入课堂，实现专业知识学习与正确价值观引导的有机结合。

（四）发挥思想政治理论课教师引领作用

1. 党校教师的自身要求和引领作用

党校教师肩负着培养具有高素质与高能力的党员干部的重任，首要前提是自身必须具备扎实的理论知识和深厚的党性修养，方能融会贯通地向学员传授正确的价值观，成为他们成长道路上的坚实引路人。作为党性修养深厚、理论功底扎实的党校思想政治理论课教师，更应积极发挥引领作用，增强其他课程教师对党的理论和政策的认同，推动“课程思政”在党校教师队伍中的深入实施。

2. 党校党委和思政理论课教师的具体举措

各党校党委应充分发挥领导作用，引领全体教师深入学习党的最新理论和政策精神，通过专题讲座、研讨会等形式，不断提升教师的理论素养和理想信念。同时，思想政治理论课教师应主动协助其他教师挖掘“课程思政”元素，将党的理论和政策精神融入各学科教学之中。由于不同学科具有独特的特点和内容，授课对象也各有差异，因此，如何准确把握各学科中的思政资源，实现育人与育才的有机结合，需要思政课教师的精心指导和协助。

针对教师所授内容、观点及教学方式，思政课教师应与其他教师进行深入探讨，共同探索在教学过程中如何巧妙渗透思政元素，这既有助于思政课教师学习各专业知识，丰富课程内容的深度，也能促进各门课程之间的协同教学，形成思政教育的合力。

3. 党校思政课师资队伍建设的责任和保障

党中央高度重视党校思政课师资队伍建设，多次强调要加强和改进党校思想政治理论课。根据相关政策精神，党校校长作为思政课建设的第一责任人，应切实承担起领导责任，将稳定教师队伍、提高教师素质作为加强和改进思政课的基础性工作来抓。为确保责任落实，上级部门应加大对各党校执行思政课教师队伍建设政策的检查督导力度，重点解决思政课教师待遇不落实、专项经费被挪用以及思政课师生比不达标等问题。这些问题的解决，不仅能保障思政课教师有足够的经费参与社会实践和学术交流，还能确保他们有充足的时间专注于教学和科研工作，从而不断提升党校思政课师资队伍的整体素质和教学水平。

（五）推动专兼职队伍深度融合

在党校教育体系中，专兼职队伍的深度融合是提升教学质量与效果的重要途径。这一融合平台旨在通过交叉任职的方式，充分利用兼职力量强化专职队伍，促进各方之间的深度合作与交流，从而优化队伍结构，全面提升人员素质。

1. 鼓励党校辅导员兼任思政课程教学任务

推动专兼职队伍深度融合应鼓励并选拔优秀的党校辅导员，特别是那些具备出色教学能力和思政专业背景的辅导员，承担部分思政课程的教学任务。这不仅能让辅导员有机会与学员进行面对面的理论交流，激发学员的学习热情与动力，提高日常教育活动的针对性，还能增强思政课程的时效性与实效性。同时，这一举措也有助于辅导员自身的专业成长与能力提升，实现“1 + 1 > 2”的协同效应。为确保教学质量，应明确辅导员兼任思政课教师的任职标准，实行严格的准入制度，维护思政队伍的纯洁性与专业性。

2. 鼓励思政课教师兼任日常思想教育工作

推动专兼职队伍深度融合应鼓励符合条件的思政课教师兼任日常思想教育工作。思政课教师具备深厚的理论功底，他们的参与能够增强日常思想教育的思想性与教育性，避免形式化、娱乐化倾向。同时，通过兼任班主任、学员导师或兼职辅导员等职务，思政课教师可以获得更多与学员深入交流的机会，增进彼此之间的了解与信任，提升自身的价值认同感与职业成就感。此外，这一举措还能促进思政课程与日常思想教育的有机融合，提升思政教育的整体效果。

3. 提升教师队伍使命感和促进专兼职队伍融合的措施

为提升教师队伍的使命感与阵地意识，应确保教育者自身明道信道，自觉承担起培养高素质党员干部的重任。同时，应将专业教师参与“课程思政”教学纳入辅导员工作职责范畴，包括兼职辅导员在内。应加强对辅导员队伍的管理与培训力度，完善考核制度，充分发挥辅导员的积极作用。此外，应严格执行相关要求，将辅导员或兼职辅导员经历作为教师专业技术职务晋升、党政干部提拔以及学校选留机关行政管理人员的重要条件之一，以此推动专兼职队伍的深度融合与协同发展。

（六）深化教师协同育人的理念与实践

党校教师是党性教育与理论教学的中坚力量，“课程思政”在党校的实际成效，与每位教师对“课程思政”理念的理解与践行息息相关。因此，加强“课程思政”建设，首要任务是深化教师的认识，确保每位教师都能深刻理解立德树人不仅是思政课程的专属任务，而且是所有课程共同承担的使命，每位教师都肩负着育人的重任。

要进一步强化教师协同育人的理念，提升其参与“课程思政”建设的积极性与热情，并将这一理念转化为具体的教学实践。教师应将德育视为首要且基本的教学职责，积极将育人要求融入课堂教学，通过制定具体的教学措施，加强对学员的价值观引导，促进全体教师形成育人合力，共同推动学员的全面发展。

1. 构建专业协同育人的生态系统

打造党校“课程思政”协同育人的生态系统，关键在于顶层设计、组织架构与全面细致的规划。

（1）从顶层设计层面，党校应成立“课程思政”建设领导小组，并设立专门办公室，负责制定协同育人的具体方案，包括育人模式、组织架构、激励与约束机制、沟通协调机制等。例如，在育人模式上，应结合课堂教学与实践教学，通过研讨会、案例分析、实地考察等多种形式，提升学员的理论素养与实践能力。在组织架构上，可尝试设立分片管理，针对不同专业或领域设定专门的联络人，确保信息的畅通与工作的有效推进。

（2）需明确组织架构的职能与边界，避免交叉管理和重复工作，以确保各项工作有序开展。

（3）从全面细致的角度来看，协同育人的生态系统应覆盖党校的各级领导、思政工作者、学员代表、管理人员等，以及包括理论课、实践课、讲座等在内的所有教学环节，同时还应延伸到党校的食堂、图书馆、安保、后勤等各个领域，形成全方位的育人环境。

2. 畅通专业协同育人的沟通渠道

在党校“课程思政”协同育人的实践中，畅通沟通渠道至关重要。这主要体现在课程协同、教师协同以及管理者与教师之间的协同三个方面。

（1）在课程协同上，要确保各门课程之间的思政元素相互协调、相互支撑，避免内容重复或相悖。特别是针对逻辑性较强的课程，更应注重课程内容的衔接与融合。

（2）在教师协同上，一是针对大班授课可能带来的低效问题，建议同专业的教师可以合作开展“课程思政”建设，通过分工细化，将大班课改为小班课或利用线上教学平台，提高教学效果。二是加强不同专业教师之间的交流与合作，推动信息共享与经验交流，共同提升“课程思政”的教学质量。

（3）在管理者与教师协同上，应搭建有效的沟通平台，如线上的互联网平台，涵盖 PC 终端、移动终端等，方便教师与教师、教师与管理者、教师与课程、管理者与课程之间的沟通与协作，确保信息的及时传递与工作的有效推进。通过这些措施，共同推动党校“课程思政”建设的深入发展，为培养高素质、高能力的党员干部提供有力保障。

三、全面构建家庭、社会、党校联动育人体系

在培养高素质、高能力党员干部的重要目标下，构建一个全面、系统且涵盖家庭、社会与党校三方紧密联动的综合育人体系，已成为当前的重要任务。这一精心打造的体系，其核心价值不仅在于通过三方的深度融合、紧密合作与高效协同，汇聚各方力量形成一股强大且持续的教育合力，更在于全方位、多层次地为党员干部的全面发展筑牢根基，从而确保他们在未来复杂多变的工作环境与丰富多彩的生活场景中，都能够充分且出色地发挥先锋模范作用，引领社会不断向前发展。

1．家庭

家庭，作为党员干部成长旅程中最为关键的起点，恰似温暖且充满力量的摇篮，对党员干部价值观塑造及行为习惯养成，发挥着难以估量、潜移默化的深远影响。因此，党校在全力构建联动育人体系的过程中，务必将与家庭的联动机制置于至关重要的位置。

（1）制订科学合理的家长会举办计划，定期开展家长会活动。例如，在家长会上，党校工作人员应与学员家庭展开深入且坦诚的交流，细致入微地了解学员的家庭背景，包括家庭的文化传承、经济状况等；全面掌握学员的成长经历，从幼年的学习生活到青年时期的重要转折点；精准洞察学员的性格特征，是开朗外向、善于沟通，还是沉稳内敛、长于思考等，以此为依据实现更具针对性、精准度的个性化教育。

（2）党校还需积极主动地承担起引导家庭树立正确教育观念的重任。例如，通过定期举办家庭教育讲座，邀请教育领域的专家学者深入浅出地讲解先进的教育理念和科学的教育方法；组织家庭教育分享会，让家长们相互交流成功经验与心得感悟，强化家庭在党员干部成长过程中的正面、积极影响，进而共同营造出温馨和谐、积极向上，洋溢着浓厚学习氛围与正能量的家庭环境。家庭联动措施见表 2-2。

表 2-2　家庭联动措施

家庭联动措施	具体行动	预期效果
定期举办家长会	制订计划，定期开展，深入交流学员家庭背景、成长经历、性格特征	实现个性化教育，提升教育精准度
举办家庭教育讲座、分享会	邀请专家讲解，组织家长交流	引导家庭树立正确教育观念，强化正面影响，营造良好家庭氛围

2．社会

社会，宛如一片广袤无垠、充满机遇与挑战的海洋，是党员干部锻炼自我、积累经验与实现成长的广阔舞台，为学员提供了丰富多样的实践机会与锻炼平台。

（1）党校应充分发挥主观能动性，深度挖掘并合理利用各类社会资源，积极主动地与企事业单位、社区组织等建立起长期稳定、互利共赢的合作关系。基于这些合作关系，为学员精心设计并提供多样化的社会实践项目。例如，组织学员深入企业生产一线，了解企业的运营模式、管理机制以及创新发展路径；安排学员参与社区志愿服务活动，如关爱孤寡老人、环保宣传等，使学员能够深入了解国情、民情，真切体会社会的多元需求。在这一过程中，学员的社会责任感和使命感将得到极大增强，解决实际问题的能力也将在实践锻炼中得到显著提升。

（2）党校还应拓宽视野，广泛邀请社会各界的优秀人士，如成功的企业家、杰出的学者、模范的社区工作者等来校进行专题讲座或担任客座教授。这些优秀人士将结合自身丰富的实践经验与深刻的人生感悟，为学员传授宝贵的经验与智慧，帮助学员拓宽视野、打开思路，激发他们的创新思维与创业精神，助力学员更好地适应社会发展。社会联动措施见表 2-3。

表 2-3　社会联动措施

社会联动措施	具体行动	预期效果
与企事业单位、社区组织合作	建立长期稳定关系，提供多样化社会实践项目	增强学员社会责任感和使命感，提升解决实际问题的能力
邀请社会优秀人士	邀请各界精英来校讲座或任客座教授	拓宽学员视野，激发创新思维与创业精神

3．党校

党校，作为党员干部教育当之无愧的主阵地与核心力量源泉，应充分彰显其独特的专业优势与丰富的资源优势，全力以赴为学员提供高品质、全方位的教育服务。

（1）在课程设置与教学内容方面，党校要时刻保持敏锐的时代洞察力，紧跟时代发展的步伐，依据社会需求与党员干部成长规律，持续优化课程结构。既要确保学员能够扎实掌握马克思主义基本原理、党的理论等基础理论知识，又要及时引入最新的政策解读、社会热点分析等前沿知识，使学员能够站在时代的高度，把握时代发展的脉搏。

（2）党校还需将师资队伍建设视为重中之重。例如，通过制定具有吸引力的人才引进政策，广泛吸纳国内外优秀的教育人才，充实师资队伍；加大在职教师的培训力度，定期组织教师参加各类学术研讨会、教学技能培训等活动，不断提升教师的教学能力与育人水平，打造一支高素质、专业化的教师队伍。

（3）在教学方法与手段上，党校要勇于突破传统，大胆创新。例如，积极引入案例教学，通过真实生动的案例分析，引导学员运用所学理论解决实际问题；开展情境模拟教学，模拟工作场景与社会情境，让学员在实践中锻炼应对复杂问题的能力，增强教学的互动性和实效性，充分激发学员的学习兴趣和积极性，让学员在轻松愉悦的氛围中汲取知识、提升能力。党校教育措施见表 2–4。

表 2–4　党校教育措施

党校教育措施	具体行动	预期效果
优化课程设置	紧跟时代，优化结构，兼顾基础与前沿知识	让学员掌握扎实理论与前沿知识
加强师资队伍建设	引进优秀人才，培训在职教师	提升教师教学与育人水平
创新教学方法	采用案例、情境模拟等教学手段	增强互动性和实效性，激发学习兴趣和积极性

为了确保家庭、社会、党校联动育人体系能够持续、稳定且高效地运行，建立一套科学完善、行之有效的沟通机制与反馈机制至关重要。具体来说，这包括定期召开联席会议，邀请家庭代表、社会合作伙伴与党校领导齐聚一堂，共同商讨育人工作中面临的重大问题。例如，教育目标的调整、教育资源的分配等；有计划地开展问卷调查与访谈活动，运用科学的调研方法，及时、准确地了解学员的学习情况，包括知识掌握程度、学习方法的运用等，以及成长需求，如职业发展规划、个人能力提升方向等；建立高效便捷的信息反馈系统，广泛收集家庭和社会的反馈意见，无论是对教学内容的建议，还是对实践活动的评价等，都能为体系的持续优化提供坚实可靠的科学依据。通过这些措施的全面实施，可以确保联动育人体系始终充满生机与活力，保持高效的运行效率，为党员干部的全面发展提供强有力的保障，助力培养出一批又一批符合时代需求的高素质党员干部。

第三章

党校课程思政工作建设

第一节　党校课程思政的建设要点与保障机制

在新时代教育改革与发展的宏大背景下，党校课程思政建设已成为落实立德树人根本任务的关键环节。党校作为党员干部培养的重要阵地，肩负着提升党员干部思想政治素养、强化党性锻炼的重要使命。习近平总书记强调，要坚持思政课建设与党的创新理论武装同步推进，这为党校课程思政建设提供了根本遵循。党校课程思政旨在将思想政治教育元素有机融入各类课程教学中，构建起一个兼具政治性、思想性与实践性的教育体系，使学员在专业知识学习的同时，受到深刻的思想政治教育，坚定理想信念，增强党性修养。

近年来，随着教育领域对思想政治教育重视程度的不断提高，课程思政建设在各类院校中广泛开展并取得了一定成效。在党校教育中，课程思政建设也逐步受到关注，部分党校积极探索创新，在课程设置、教学方法、师资队伍建设等方面进行了有益尝试。例如，一些党校开发了具有地方特色的红色文化课程，将本地的革命历史、英雄事迹融入教学内容，增强了课程的吸引力和感染力；还有些党校通过开展现场教学、案例教学等方式，引导学员在实践中感悟思想政治理论的内涵，提升了教学效果。然而，整体来看，党校课程思政建设仍处于探索阶段，存在一些亟待解决的问题，如思政元素与课程内容融合不够深入、教学方法创新不足、缺乏有效的保障机制等。

在这样的背景下，深入探讨党校课程思政的建设要点与保障机制具有重要的理论与实践意义。从理论层面看，有助于丰富和完善党校教育理论体系，为课程思政建设提供科学的理论指导；从实践角度而言，能够为党校实际教学工作提供切实可行的策略和方法，提高党校课程思政建设水平，培养出更多政治坚定、素质过硬的党员干部，为党和国家的事业发展提供有力的人才支持。

一、党校课程思政建设要点

（一）课程体系构建：以党的创新理论为核心，筑牢思想根基

课程体系构建是党校课程思政建设的基础，必须以党的创新理论为核心，通过“理论武装＋实践融合＋特色开发”三维路径，打造兼具思想深度与实践温度的课程体系。

1．深化理论武装，贯穿教学全链条

将习近平新时代中国特色社会主义思想作为课程体系的主线，要求教师不仅要系统阐释其核心要义、精神实质和实践要求，更要创新教学方法，将理论转化为解决实际问题的工具。例如，在“习近平经济思想”专题课程中，可结合地方产业转型案例，引导学员运用新发展理念分析区域经济高质量发展的路径；在“习近平生态文明思想”教学中，通过拆解“绿水青山就是金山银山”的实践样本，让学员深刻理解生态保护与经济发展的辩证关系。此外，可开设“理论研读工作坊”，组织学员逐字逐句学习《习近平著作选读》等原著，通过研讨交流深化理论认知，确保理论教育入脑入心。

2．挖掘地方红色资源，打造特色课程矩阵

充分整合地域红色资源，构建“红色基因＋时代价值”的特色课程体系。例如，在河北地区可开发以塞罕坝精神、西柏坡精神为主题的课程，通过实地走访塞罕坝机械林场，邀请老党员讲述造林故事，结合生态治理的现实案例，让学员在沉浸式体验中感悟“牢记使命、艰苦创业、绿色发展”的深刻内涵。同时，可将红色资源转化为互动式教学案例，如设计“重走赶考路”情境模拟课程，让学员在模拟历史场景中思考“两个务必”的当代启示。此外，利用数字化手段建立红色资源数据库，收录革命文物史料、英雄人物事迹等，为课程开发提供丰富素材。

3．实施分层分类设计，精准对接学员需求

针对不同层级、不同领域党员干部的差异化需求，构建“金字塔式”课程体系。对于基层党员干部，重点设计“党性修养＋乡村振兴”课程模块，开设“基层党组织建设实务”“农村产业发展规划”等课程，结合乡村振兴典型案例，提升其服务群众、推动发展的能力；对于中高层党员干部，侧重“政治能力＋廉政建设”课程，如“领导干部政治判断力、政治领悟力、政治执行力提升”“党风廉政建设与反腐败斗争”等专题，通过案例剖析、廉政警示教育基地参观等方式，强化其纪律意识和责任担当。此外，针对不同行业党员干部（如国企、机关、非公领域），开发定制化课程。例如，在国企干部培训中融入“党建引领企业高质量发展”内容，增强课程的精准性。

（二）教学方法创新：以沉浸式体验为抓手，提升育人实效

教学方法创新是党校课程思政建设的关键，必须通过数字化赋能、场景化重构和实践化导向，打造“可感知、可参与、可转化”的沉浸式学习体验。

1．数字化赋能，构建虚实结合的教学场景

运用多媒体技术、虚拟现实技术、增强现实技术等手段，打破传统课堂的时空限制。例如，开发“数字党史馆”，通过3D建模还原中共一大会议场景，让学员“身临其境”感受革命先辈的初心；利用AI技术构建互动问答系统，针对习近平新时代中国特色社会主义思想的核心问题，为学员提供个性化解答。此外，推广“云端课堂”，通过直播、录播等形式实现优质课程资源共享，特别是为偏远地区党员干部提供在线学习平台。例如，浙江省委党校的“红色直播间”邀请专家在线解读党的二十大精神，实时与基层党员互动，扩大了课程的覆盖面和影响力。

2．场景化教学，增强情感共鸣与思想认同

创新“情境党课”“音乐思政课”“行走的课堂”等模式，让学员在具象化场景中感悟理论内涵。例如，在“初心如炬——李大钊的求索路”情境教学中，通过角色扮演、历史场景再现，让学员体验李大钊同志传播马克思主义的艰辛历程；在“红色音乐党课”中，通过解析《黄河大合唱》《没有共产党就没有新中国》等经典作品，引导学员从音乐中汲取精神力量。此外，可结合地方特色打造主题教学场景，如在延安干部学院开展“延安作风”体验教学，通过住窑洞、纺线织布等活动，让学员切身感受自力更生、艰苦奋斗的优良传统。

3．实践化导向，推动理论向实践转化

强化“理论学习＋实地调研＋成果转化”的闭环教学模式。组织学员赴红色教育基地、乡村振兴示范点、改革前沿地区开展现场教学，如在浙江“千村示范、万村整治”工程发源地，通过参观美丽乡村建设成果，研讨“两山理念”的实践路径；在深圳前海自贸区，调研改革开放经验，思考如何在新时代深化改革。此外，开展“课题式调研”，围绕地方经济社会发展的重难点问题，组织学员深入基层开展调研，形成调研报告并提出对策建议，推动学习成果转化为实际工作举措。例如，江苏省委党校的“学员论坛”定期组织学员分享调研成果，为党委、政府决策提供参考。

（三）师资队伍建设：以政治素养与教学能力为双轮，锻造过硬队伍

师资队伍建设是党校课程思政建设的保障，需通过专业化培养、跨学科协同和机制化激励，打造一支政治坚定、业务精湛、充满活力的师资队伍。

1. 实施专业化培养，提升教师政治素养与教学水平

推行“青骑兵”培养计划，为青年教师制定“理论研修＋基层实践＋教学锤炼”的成长路径。

（1）理论研修方面，组织青年教师参加中央党校、高校马克思主义学院的专题培训，系统学习党的创新理论，深化对习近平新时代中国特色社会主义思想的研究。

（2）基层实践方面，安排青年教师到乡镇、社区、企业挂职锻炼，参与乡村振兴、基层治理等工作，积累实践经验，丰富教学案例。例如，山东某市委党校要求青年教师每年不少于3个月在基层蹲点，将实践经历转化为教学素材。同时，通过“名师工作坊”“教学比武大赛”等活动，邀请教学名师传帮带，提升青年教师的课堂讲授技巧和课程思政融合能力。

（3）教学锤炼方面，为青年教师搭建多样化教学实践平台。鼓励他们参与各类精品课程建设项目，从课程大纲制定、教学内容设计到课堂教学实施，全程深度参与，在实践中打磨课程体系，提升课程的系统性与逻辑性。同时，借助在线教学平台，开展线上线下混合式教学试点，要求青年教师根据课程特点设计线上教学资源，如微视频、在线测试题等，并通过线上互动、线下研讨等方式，提升学生学习体验，锻炼自身运用信息技术优化教学的能力。此外，组织青年教师参与教学观摩活动，不仅观摩校内优秀教师的示范课，还安排到教育教学改革成效显著的兄弟院校进行交流学习，学习先进教学理念与方法，并结合自身教学实际加以创新应用，从而全方位提升青年教师的教学实战水平。

2. 强化跨学科协同，整合优质师资资源

打破学科壁垒，建立“党校教师＋高校学者＋实务专家”的跨学科师资库。与高校共建马克思主义学院，邀请哲学、经济学、社会学等领域专家参与党校课程开发，推动多学科理论与实践的融合。例如，在“共同富裕理论与实践”课程中，可邀请经济学教授解析政策内涵，社会学专家分析社会结构，党校教师结合地方案例进行解读，形成立体化教学内容。此外，聘请党政机关领导干部、基层党组织书记、先进模范人物等担任兼职教师，开设“实践讲堂”，分享一线工作经验和真实案例，增强教学的实践性和感染力。

3. 完善激励机制，激发教师创新活力

建立课程思政建设专项激励制度，将教师参与课程思政的成效纳入职称评聘、评优评先的考核体系。例如，设立“课程思政示范课”评选，对优秀课程和教师给予表彰奖励；开展“课程思政教学研究基金”项目，鼓励教师申报相关课题，深化对课程思政规律的研究。此外，营造开放包容的教学创新氛围，支持教师探索“项目式学习”“翻转课堂”等新型教学模式，对勇于创新、成效显著的教师给予资源倾斜，激发教师队伍的内生动力。

通过课程体系、教学方法和师资队伍的系统建设，党校课程思政能够真正实现理论教育与实践教育相结合、知识传授与价值引领相统一，为培养忠诚干净担当的高素质干部队伍提供坚实支撑。

二、党校课程思政保障机制

（一）严密组织保障：压实党委主体责任

1．强化党委主体责任，搭建组织保障架构

于党校课程思政建设进程而言，强化党委主体责任堪称搭建稳固组织保障架构的关键所在。党委应充分发挥展其总揽全局、协调各方的领导核心效能，构建“党委统一指挥、分管领导牵头主抓、教务部门统筹谋划、教研部门具体执行、行政部门全力支持”的协同联动工作模式，打造出一套纵贯上下、横连左右，全方位、无死角的责任落实体系。党委班子务必将课程思政建设郑重列入年度重点工作规划，定期召开专项会议深入研讨、精心部署。拟定详尽的课程思政建设实施规划，清晰界定工作推进的时间节点、实施路径以及具体任务。党委书记兼校长作为首要责任人，须亲自挂帅，牵头组建课程思政建设领导小组，对全校的人力、物力、财力等各类资源进行科学统筹与合理调配，促使课程思政深度融入党校教学改革、学科体系建设、师资队伍培育等各个关键领域，全力营造“一把手亲自抓，抓牢一把手”的高效工作氛围。

2．推进标准化建设，提升工作规范化程度

大力推进标准化建设，乃是提升党校课程思政工作规范化程度的有力手段。

（1）在课程规划环节，要精心编制《课程思政教学指导手册》，针对理论教育课程、党性修养课程、专业化能力课程等不同类别课程，明确思政元素的融入标准，要求每门课程至少精心设计 3 ～ 5 个思政教学板块，切实保障思政教育在课程教学的各个环节得以有效贯穿。

（2）在教材建设方面，构建严格的“三审三校”教材审核机制，组建一支由党史权威专家、资深思政学者以及教学业务骨干构成的教材评审团队，对教材内容展开严谨的政治审查与专业的学术评定，着重筛选能够精准体现习近平新时代中国特色社会主义思想、大力弘扬党的优良传统、充分彰显新时代精神的优质精品教材。

（3）在教学评价维度，构建“三位一体”的综合评价体系，通过学员从思想收获角度进行评价（着重考量思想感悟）、同行从教学设计层面开展互评（聚焦教学设计合理性）、专家从政治方向维度实施督导（严守政治导向正确性），多方位、深层次地对课程思政教学成效予以全面评估，并将评价结果切

实纳入教师绩效考核与职称评聘体系之中，以此激励教师积极投身课程思政建设工作。

3．中央党校的创新探索及示范价值

中央党校在推动“大思政课”课程体系规范化建设方面的创新探索成效斐然，极具示范价值。该校制定的《“大思政课”建设实施细则》明确规定，学员必须修满12学分的思政类课程，其中涵盖4学分的习近平新时代中国特色社会主义思想专题课程、2学分的党史党建课程、2学分的党性修养课程以及4学分的实践教学课程。同时，创立“双导师制”考核模式，每门思政课程配备一名理论导师与一名实践导师协同指导，借助论文答辩、调研报告撰写、实践成果展示等多样化考核方式，确保学员在理论知识掌握、党性修养提升以及实践操作能力锻炼等方面均能实现全方位发展。这一标准化建设模式不仅规范了教学流程，更凭借刚性的制度约束有力保障了思政教育效果，为全国党校系统提供了极具参考意义、可复制、可推广的成功范例。

（二）健全制度保障：构建长效运行机制

党校课程思政建设的长效稳固推进，离不开健全完善的制度保障。党委在这一过程中要充分发挥引领作用，通过细化工作机制，进一步夯实课程思政建设的制度根基。

（1）在制度规划层面，制定《课程思政建设长效规划纲要》，从长远视角明确课程思政建设的战略目标、阶段性任务以及实施步骤，为建设工作提供清晰的行动指南。同时，建立定期评估与动态调整机制，依据党校发展实际、学员反馈以及政策导向变化，对课程思政相关制度进行适时优化，确保制度的科学性与适应性。

（2）在资源保障制度方面，设立课程思政专项建设资金，专款专用，用于支持思政课程开发、教学研究、师资培训以及教学资源建设等工作。同时，完善师资队伍建设制度，制订课程思政教师培养提升计划，通过定期组织教师参加思政教学培训、学术交流活动以及实践锻炼等方式，提升教师的思政教学能力与专业素养。

（3）在激励制度方面，构建多元化激励体系，除了将课程思政教学成果纳入绩效考核与职称评聘，还设立课程思政教学创新奖、优秀课程思政案例奖等专项奖励，对在课程思政建设中表现突出的教师和团队予以表彰和奖励，充分调动教师参与课程思政建设的积极性与创造性。

（4）加强与外部机构的合作交流制度建设，鼓励党校与高校、科研院所、企事业单位等建立合作关系，共同开展课程思政研究与实践，引入外部优质资源，拓宽课程思政建设的视野与思路。通过构建这样一套全面、系统、长效的制度运行机制，为党校课程思政建设提供持续稳定的动力支持，推动课程思政建设不断迈上新台阶，切实发挥党校在培养高素质党员干部中的思政教育主阵地作用。

（三）实践保障：深化校地联动与成果转化

校地合作与社会服务是党校课程思政实践教学的重要载体，通过构建“资源共享、优势互补、协同育人”的校地联动机制，切实提升学员的政治素养与实践能力。

（1）党校应与地方政府、企业、社区建立常态化合作关系，共建多元化实践基地。例如，与乡村振兴重点县合作设立“乡村治理实训基地”，组织学员参与产业规划、基层党建等一线工作；与高新技术企业共建“科技创新实践中心”，引导学员在调研企业发展中理解党的创新政策。临夏州委党校的实践经验具有示范意义，该校通过组织学员参与“一村一品”产业帮扶、社区网格化治理等志愿服务，使学员在解决实际问题中深化对党的群众路线的理解，将理论认知转化为服务群众的行动自觉。

（2）为深化校地联动的实效性，可探索“项目化”合作模式。党校与地方政府联合设立专项课题，如基层治理创新、生态文明建设等，组织学员开展实地调研并形成可行性报告，为地方决策提供智力支持。同时，建立“双向挂职”机制，选派教师到地方部门挂职锻炼，邀请基层干部到党校授课，促进理论与实践的深度融合。这种互动不仅能让学员接触真实的社会场景，还能推动党校教学内容与地方发展需求精准对接。

（3）数字化资源共享是扩大党校课程思政覆盖面的重要引擎。党校应依托现代信息技术，打造“云端思政教育生态圈”。一方面，开发“云课堂”“智慧党校”等平台，整合优质课程资源、案例库和互动工具。例如，河北省委党校“百年风华”党史教育云课堂通过 VR 技术还原革命场景，运用大数据分析学员学习轨迹，实现个性化学习推荐，使思政教育突破时空限制。另一方面，建立跨区域资源共享联盟，推动东西部党校、省市县三级党校之间的课程互通、师资互聘。通过区块链技术实现资源版权保护与共享，鼓励教师上传精品课程，形成全国性的课程思政资源库。

（4）在成果转化方面，党校需建立“教学—研究—应用”的闭环机制。如将课程思政中形成的理论成果转化为政策建议，通过内参、调研报告等形式报送党委、政府；将实践案例转化为教学素材，丰富课程内容；将学员在实践中的创新做法提炼为可推广的经验，通过学术论文、研讨会等方式传播。例如，某党校在乡村振兴课程中形成的“党建引领产业融合”模式，被地方政府采纳并在多个乡镇推广，真正实现了思政教育从“纸上谈兵”到“落地生根”的转变。

面对新时代的挑战，党校课程思政建设需进一步强化实践导向与创新驱动。在数字化转型方面，可探索人工智能在思政教育中的应用，开发智能辅导系统、虚拟学习伙伴，提升学习的互动性与趣味性。在国际交流方面，借鉴国外政党培训机构的有益经验，结合中国实际创新教学方法。同时，建立课程思政效果评估体系，通过跟踪学员毕业后的工作表现、社会贡献等，动态调整教学策略，确保思政教育真正入脑入心、知行合一。

总之，深化校地联动与成果转化，既是党校课程思政建设的实践路径，也是其服务国家战略、赋能地方发展的重要举措。通过构建“实践—理论—再实践”的良性循环，党校能够培养出更多既能深刻理解党的理论，又能在实际工作中担当作为的高素质干部，为全面建设社会主义现代化国家提供坚实的人才支撑。

第二节　党校课程思政建设的实施路径

一、构建多维融合的课程内容体系

（一）红色文化资源深度挖掘与课程转化

党校课程思政建设应充分利用地方红色文化资源，将其转化为生动的教学内容。以河北省委党校开发的“塞罕坝精神”案例教学为例，通过“红绿金”三色维度解析中国式现代化实践，为学员呈现了一幅生动的生态文明建设画卷。“红色”代表着塞罕坝人艰苦奋斗的革命精神，“绿色”象征着生态文明建设的成果，“金色”则寓意着经济发展与生态保护的双赢。这种多维度的解析方式，使学员能够深刻理解中国式现代化的丰富内涵。

同时，党校应整合革命遗址、英雄事迹等素材，构建“理论＋历史＋实践”三维课程框架。例如，通过理论讲解，让学员掌握马克思主义基本原理；通过历史回顾，让学员了解党的光辉历程；通过实践案例分析，让学员学会运用理论知识解决实际问题。在讲解“党的群众路线”时，可以结合延安时期的大生产运动、西柏坡时期的土地改革运动等历史事件，以及新时代脱贫攻坚、乡村振兴等实践案例，使教学内容更加鲜活，增强教学的感染力。

（二）学科思政融合创新机制

推动马克思主义理论与各学科专业深度融合，是党校课程思政建设的重要任务。例如，在自然科学课程中应融入科技伦理教育，引导学员树立正确的科技价值观。在讲解人工智能技术时，可以探讨人工智能对社会伦理、就业结构等方面的影响，培养学员的社会责任感。在哲学社会科学课程中，要强化政治导向，引导学员运用马克思主义的立场、观点、方法分析问题。在讲授经济学课程时，可以结合中国特色社会主义经济制度的优越性，分析我国经济发展的成就与经验。

建立跨学科课程思政研究中心，是促进学科思政融合的有效途径。该中心可以会聚不同学科的专家学者，共同开展课程思政研究与实践。开发“科技创新与社会责任”“乡村振兴中的治理智慧”等交叉课程，将不同学科的知识有机融合，实现知识传授与价值引领的有机统一。在“科技创新与社会责任”课程中，可以邀请科技专家、伦理学家、社会学家等共同授课，从不同角度探讨科技创新带来的社会影响。

（三）实践导向的课程内容重构

围绕党和国家重大战略需求，设计“问题导向＋项目驱动”课程模块，是党校课程思政建设的重要方向。结合脱贫攻坚与乡村振兴战略，设置“基层治理现代化”“数字乡村建设”等专题课程，通过案例研讨、实地调研等方式，引导学员将理论知识转化为解决实际问题的能力。在“基层治理现代化”课程中，可以组织学员深入农村，了解基层治理的现状与问题，提出针对性的解决方案。

通过案例研讨，学员可以分享不同地区的成功经验与失败教训，拓宽视野，提高分析问题和解决问题的能力。实地调研则让学员亲身体验基层工作的复杂性与挑战性，增强对国情、社情的了解。组织学员到农村调研基层党组织建设情况，了解基层党组织在乡村振兴中的领导作用，以及存在的问题与挑战。通过实践导向的课程内容重构，使学员能够更好地适应新时代的发展需求，为党和国家的事业贡献力量。

二、创新多元化教学方法与模式

（一）沉浸式教学与情境化课堂建设

沉浸式教学与情境化课堂建设是党校课程思政建设的重要手段。通过运用多媒体、VR/AR 技术等现代科技手段，可以还原历史场景，让学员身临其境地感受历史氛围，增强学员的情感共鸣与参与感。开发“重走长征路”虚拟体验课程，利用 VR 技术，让学员仿佛置身于长征途中，感受红军战士的艰辛与坚韧。通过这种方式，学员可以更加深刻地理解长征精神的内涵，增强对党的历史的认识和理解。

“音乐党课”“情境模拟”等形式也是增强学员情感共鸣与参与感的有效方式。在“音乐党课”中，通过播放经典的红色歌曲，引导学员回顾党的历史，激发学员的爱国情感。在“情境模拟”中，设置各种场景，让学员扮演不同的角色，通过模拟实际工作中的场景，提高学员的应对能力和解决问题的能力。临夏州委党校“青骑兵”宣讲队采用“故事化叙事+互动问答”模式，将党的理论知识以生动有趣的故事形式呈现给青年学员，同时通过互动问答的方式，引导学员积极参与讨论，提升了青年学员的学习兴趣。这种创新的教学模式，使理论知识不再枯燥乏味，而是变得生动鲜活，让学员在轻松愉快的氛围中学习党的理论知识。

（二）数字化技术赋能思政教学

数字化技术的发展为党校思政教学带来了新的机遇。搭建“智慧党校”平台，整合线上课程、直播讲座、学习社群等资源，可以实现教学资源的共享与优化配置。学员可以通过“智慧党校”平台，随时随地学习党的理论知识，参与线上讨论，与其他学员交流学习心得。平台还可以根据学员的学习情况，为学员推荐个性化的学习内容，提高学习的针对性和实效性。

开发微党课、短视频等轻量化内容，利用“学习强国”“抖音”等新媒体平台扩大传播覆盖面，也是数字化技术赋能思政教学的重要举措。微党课、短视频等轻量化内容具有短小精悍、生动有趣的特点，适合在新媒体平台上传播。通过这些轻量化内容，党校可以将党的理论知识以更加生动形象的方式呈现给广大党员干部，提高党的理论知识的传播效率。中共利川市委党校与武汉大学共建“大思政课”云平台，实现了优质资源共享。该平台汇聚了武汉大学的优质教学资源，为利川市委党校的学员提供了更加丰富的学习内容。同时，平台还通过直播讲座、在线讨论等形式，实现了师生之间的互动交流，提高了教学质量。

（三）互动式与参与式教学实践

互动式与参与式教学实践是党校课程思政建设的重要方式。推行“学员论坛”“案例工作坊”等教学形式，鼓励学员结合工作实际分享经验，可以促进学学相长，提高学员的学习积极性和主动性。例如，在“学员论坛”中，学员可以就自己关心的问题展开讨论，分享自己的见解和经验。通过这种方式，学员可以从其他学员的经验中学习，拓宽自己的视野，提高自己的能力。在“案例工作坊”中，学员可以通过分析实际案例，探讨解决问题的方法，提高自己的实践能力。

中央党校通过“结构化研讨”引导学员围绕“基层治理难点”展开深度交流，促进了学学相长。例如，在“结构化研讨”中，学员被分成小组，围绕“基层治理难点”这一主题展开讨论。每个小组都有一名引导员，负责引导讨论的方向，确保讨论的有序进行。通过这种方式，学员可以充分发表自己的意见和建议，共同探讨解决问题的方法。在讨论过程中，学员可以从其他学员的观点中学习，拓宽自己的思路，提高自己分析问题和解决问题的能力。

三、建立资源整合与协同育人机制

（一）校地合作共建实践教学基地

校地合作共建实践教学基地是党校课程思政建设的重要举措。通过与地方政府、企业、红色景区等合作，可以为学员提供更加丰富的实践教学资源，增强学员的实践能力和社会责任感。武汉大学与利川市委党校合作打造“大思政课”实践教学点，双方充分发挥各自的优势，共同开展乡村振兴案例调研与现场教学。在调研过程中，学员深入了解乡村发展的实际情况，学习乡村振兴的成功经验，为今后的工作提供了有益的参考。通过现场教学，学员可以更加直观地感受乡村振兴的成果，增强对乡村振兴战略的认识和理解。

在实践教学基地的建设过程中，要注重与地方产业发展相结合，为学员提供更加贴近实际的实践机会。可以与当地的农业企业合作，开展农业产业发展调研；与旅游景区合作，开展红色旅游资源开发与利用的研究。通过这些实践活动，学员可以更好地了解地方经济社会发展的需求，提高自己的实践能力和解决问题的能力。同时，校地合作还可以促进地方经济社会的发展，实现互利共赢。

（二）线上、线下教育资源融合平台

整合党校、高校、社会机构资源，构建“云课堂＋实体课堂”联动体系，是实现线上、线下教育资源融合的重要途径。通过这一体系，可以充分发挥线上教育和线下教育的优势，为学员提供更加便捷、高效的学习体验。中共临夏州委党校通过“线上直播＋线下研讨”模式，将党的理论知识以生动有趣的形式呈现给全州青少年群体，同时通过线下研讨，引导青少年积极参与讨论，提升了青少年的学习兴趣。这种模式不仅扩大了思政教育的覆盖面，还提高了教育的实效性。

在构建线上、线下教育资源融合平台时，要注重资源的整合与共享，可以建立统一的资源管理平台，将党校、高校、社会机构的优质教育资源进行整合，实现资源的共享与优化配置。同时，要注重平台的建设与维护，确保平台的稳定性和安全性——通过不断完善平台的功能，提高平台的易用性，为学员提供更加优质的学习服务；利用大数据分析技术，了解学员的学习需求与习惯，为学员推荐个性化的学习内容，提高学习的针对性和实效性。

（三）社会力量参与的协同育人网络

邀请优秀党员、劳动模范等参与课程设计与教学，是构建社会力量参与的协同育人网络的重要举措。这些优秀人物具有丰富的实践经验和高尚的道德品质，他们的参与可以为学员提供更加生动、真实的教学内容，增强学员的学习动力和榜样力量。例如，黄山城投集团“领航党校”邀请“中国好人”开展事迹宣讲，通过讲述“中国好人”的先进事迹，激发了学员的社会责任感和奉献精神。这种方式不仅丰富了教学内容，还提高了教学的感染力和影响力。

引入企业导师、乡贤等参与实践教学，也是构建协同育人网络的重要方式。企业导师具有丰富的实践经验和专业知识，可以为学员提供更加贴近实际的指导。乡贤则对当地的文化和社会情况非常了解，他们的参与可以帮助学员更好地了解地方文化和社会发展情况。通过这些社会力量的参与，可以形成“多方联动、协同育人”的格局，为学员的成长和发展提供更加全面的支持。在实践教学中，企业导师可以带领学员深入企业，了解企业的生产经营情况，学习企业的管理经验和创新精神。乡贤可以带领学员走访乡村，了解乡村的历史文化和风俗习惯，学习乡村的治理经验和发展模式。

四、完善制度保障与评价体系

（一）课程思政建设的政策支持

政策支持宛如党校课程思政建设征程中的坚固基石，是其稳健前行的重要保障。制定《党校课程思政建设实施方案》这一关键举措，能够精准且清晰地明确各参与主体的责任分工，同时妥善安排经费保障，为课程思政建设事业提供极具针对性的指导与坚不可摧的后盾支持。中央党校在这方面发挥了卓越的示范引领作用，率先垂范将课程思政巧妙融入年度工作计划之中，并且专门设立专项经费全力支持精品课程开发。这一前瞻性的行动为全国各地的党校树立了可借鉴、可学习的优秀榜样。

1. 制定实施方案

在制定实施方案过程中，党校内部各部门以及每一位教师的具体职责都得以明确界定。例如，教学管理部门负责整体课程规划与协调，确保课程思政元素在各学科、各课程中的合理融入与有序推进；教研部门则专注于挖掘思政素材，为教师提供丰富且贴合教学实际的内容资源，助力教师将思政教育有机融入专业知识教学。通过上述责任划分，课程思政建设工作得以有条不紊地开展，避免了职责不清导致的推诿与混乱。

2．设立专项经费

设立专项经费更是为课程思政建设注入了强大动力。这笔资金可广泛应用于多个关键领域。例如，在课程开发方面，能够支持教师开展深入的课程研究，探索如何将思政教育与专业课程有机结合，打造具有创新性与吸引力的课程体系；在教学研究领域，可用于资助相关课题研究，鼓励教师探索更有效的思政教学方法与策略；在师资培训方面，借助专项经费邀请思政教育专家来校讲学，组织教师参加各类高水平的培训研讨活动，提升教师的思政教学能力与素养，全方位推动课程思政建设工作不断向纵深方向发展。政策支持的举措与行动见表 3-1。

表 3-1　政策支持的举措与行动

政策支持举措	具体行动	预期效果
制定实施方案	明确各部门及教师职责，教学管理部门规划协调，教研部门挖掘思政素材	保障课程思政建设有序开展
设立专项经费	用于课程开发、教学研究、师资培训，支持教师探索结合方式、开展课题研究、参加培训活动	为课程思政建设提供资金保障，推动课程思政建设深入发展

（二）教学质量评估与反馈机制

建立一套科学合理、行之有效的教学质量评估与反馈机制，无疑是提升党校课程思政教学质量的关键所在。“学员评价＋专家督导＋同行评议”这一创新构建的三维评估体系，宛如一张紧密交织的网络，能够从多个维度、多个视角对课程思政教学效果进行全面且细致的评估。

1．学员评价

学员评价环节具有不可替代的重要意义。学员作为课程思政教学的直接参与者与受益者，他们的切身体会和感受最能直观反映教学的实际成效。通过精心设计的问卷调查、课堂讨论反馈以及课后交流访谈等方式，学员可以充分表达对课程思政教学的满意度，分享自己在学习过程中的收获与感悟，指出教学过程中存在的问题与不足。例如，学员可能反馈某些思政案例讲解不够生动，难以引起共鸣，或者课程思政与专业知识的融合不够自然，存在生硬拼接的情况。这些宝贵的反馈意见能够让教师及时了解教学的实际效果，从而有针对性地调整教学内容与方法。

2．专家督导

专家督导凭借其深厚的专业知识与丰富的教学经验，从专业视角为课程思政教学提供精准的指导与严格的监督。专家们深入课堂听课，对教学内容的准确性、深度与广度进行把关，确保思政教育内容符合党的理论与方针政策要求；同时，对教学方法的合理性与有效性进行评估，如是否运用了恰当的案例分析、小组讨论等互动式教学方法，以增强教学的吸引力与感染力。专家们还会针对教学中存在的问题提出具体的改进建议，帮助教师提高教学水平。

3．同行评议

同行评议为教师搭建了相互交流、相互学习的桥梁。在评议过程中，教师们分享各自在课程思政教学中的成功经验与创新做法，共同探讨教学中遇到的困难与挑战。例如，有的教师在将思政元素融入实践教学环节方面有独特的见解，通过同行评议可以将这些经验推广，促进全体教师共同进步。这种交流与学习能够激发教师的创新思维，推动教学方法的不断改进与优化，进而全面提升课程思政的教学质量。

中共磐石市委党校在这方面做出了积极且富有成效的探索。通过定期开展问卷调查，广泛收集学员对“红色遗址现场教学”课程的意见；组织跟踪访谈，深入了解学员在学习过程中的体验与收获。基于这些反馈，党校动态优化课程设计，如调整教学路线，使学员能够更好地感受红色文化的魅力；丰富讲解内容，增加更多生动的历史故事与案例，提升教学的趣味性与吸引力。通过持续不断地根据学员反馈改进教学内容和方法，该校课程思政教学质量得到显著提高，学员的学习积极性与参与度也大幅提升。教学质量评估反馈主体见表3-2。

表3-2　教学质量评估反馈主体

评估反馈主体	具体行动	预期效果
学员评价	开展问卷调查、课堂讨论反馈、课后交流访谈，收集学员对满意度、收获、问题的反馈	让教师了解教学实际效果，针对性调整教学方式
专家督导	深入课堂听课，把关教学内容，评估教学方法，提出改进建议	从专业角度指导监督教学，提升教学水平
同行评议	教师分享经验，探讨困难，交流创新做法	促进教师交流学习，激发创新思维，优化教学方法

（三）激励机制与长效发展保障

1．设立教学成果奖

激励机制恰似一把钥匙，能够有效开启教师积极参与课程思政建设的热情之门，是激发教师内在动力的重要手段。设立课程思政教学成果奖，对在课程思政教学领域表现卓越、成果突出的教师给予公开表彰与物质奖励，这一举措犹如在教师群体中树立了鲜明的标杆，能够极大地激励教师主动投身课程思政建设工作。受到激励的教师会更加积极地探索创新教学方法，精心设计教学内容，努力实现思政教育与专业教学深度融合，从而不断提高教学质量。

2．纳入绩效考核

将课程思政建设成效纳入党校绩效考核指标体系，更是从制度层面推动形成“全员参与、全程融入”的良好思政教育生态。明确具体的绩效考核指标，如课程思政教学方案的设计合理性、思政元素在课程中的融入程度、学员对课程思政教学的满意度等，使每一位教师都清晰认识到课程思政建设并非额外任务，而是党校教学工作的重要组成部分，关乎自身的职业发展。对于在课程思政建设中表现突出、绩效考核成绩优异的教师，给予表彰奖励，如颁发荣誉证书、提供晋升机会等；而对于工作开展不力、未能达到考核标准的教师，及时进行督促与指导，帮助其改进工作。通过这种赏罚分明的激励机制，在党校内部营造出积极向上、你追我赶的良好氛围，有力地促进课程思政建设工作实现长效、稳定发展。具体激励保障举措见表 3-3。

表 3-3　激励保障举措

激励保障举措	具体行动	预期效果
设立教学成果奖	表彰奖励课程思政教学卓越教师，颁发荣誉证书与物质奖励	激励教师积极创新教学，提高教学质量
纳入绩效考核	明确考核指标，涵盖方案设计、思政融入、学员满意度等，奖惩分明	推动形成全员全程参与的思政教育生态，保障思政教育工作长效发展

第四章

党校思政教育团队建设与能力提升

第一节　党校思政教育队伍建设的理论指导

一、马克思主义理论指导

（一）马克思主义基本原理

马克思主义基本原理是马克思主义理论体系的核心内容，涵盖辩证唯物主义和历史唯物主义、政治经济学以及科学社会主义，为党校思政教育提供了坚实的理论基石与科学的思维方法，在党校思政教育中占据核心地位。

1．辩证唯物主义和历史唯物主义

辩证唯物主义和历史唯物主义是马克思主义最根本的世界观和方法论。辩证唯物主义揭示了自然界、人类社会和思维发展的一般规律，强调世界的物质性、联系的普遍性和发展的永恒性。它指导思政教育工作者以全面、联系、发展的眼光看待问题，深入分析社会现象和思想动态，把握事物的本质和发展趋势。在分析当前社会思潮时，运用辩证唯物主义的观点，剖析其产生的背景、根源和影响，引导党员干部正确认识和对待各种思潮，坚定马克思主义信仰。历史唯物主义则揭示了人类社会发展的客观规律，强调人民群众在历史发展中的主体地位和作用。这要求党校思政教育紧密围绕人民群众的利益和需求，引导党员干部树立正确的群众观，坚持以人民为中心的发展思想，增强为人民服务的意识和能力，在工作中践行党的群众路线，全心全意为人民谋幸福。

2．政治经济学

政治经济学通过对资本主义经济的深入剖析，揭示了资本主义剥削的秘密和资本主义经济危机的根源，阐明了资产阶级社会的经济运动规律，为认识资本主义社会的本质和发展趋势提供了理论依据。在党校思政教育中，运用政治经济学原理，帮助党员干部深刻理解资本主义社会的内在矛盾和局限性，认清资本主义的本质，坚定对社会主义的信心。同时，引导党员干部正确认识我国社会主义市场经济的本质特征和发展规律，把握经济发展的大势，提高领导经济工作的能力和水平，推动我国经济高质量发展。

3. 科学社会主义

科学社会主义是关于无产阶级解放斗争的性质、条件和一般目的的学说，是马克思主义的核心和归宿。它阐明了社会主义代替资本主义的历史必然性，描绘了未来共产主义社会的美好蓝图，为人类社会的发展指明了方向。党校思政教育以科学社会主义理论为指导，引导党员干部坚定共产主义远大理想和中国特色社会主义共同理想，增强为实现中华民族伟大复兴而奋斗的使命感和责任感，激励党员干部在实际工作中积极投身中国特色社会主义建设事业，为实现社会主义现代化强国的目标贡献力量。

（二）马克思主义中国化理论成果

马克思主义中国化理论成果是马克思主义基本原理与中国具体实际相结合的产物，是对马克思主义的继承和发展。这些理论成果包括毛泽东思想、邓小平理论、“三个代表”重要思想、科学发展观以及习近平新时代中国特色社会主义思想，它们不仅在不同历史时期为党校思政教育队伍建设提供了重要的引领，并且深刻融入教学实践中。

1. 毛泽东思想

毛泽东思想是马克思列宁主义基本原理和中国革命具体实际相结合的产物，是中国共产党人集体智慧的结晶。它以独创性的理论丰富和发展了马克思列宁主义，提出了新民主主义革命理论、社会主义革命和社会主义建设理论等，为党校思政教育奠定了坚实的思想基础。在思政教育中，毛泽东思想强调的实事求是、群众路线、独立自主等原则，指导思政教育队伍深入实际、深入群众，了解党员干部的思想状况和实际需求，制定切实可行的教育教学方案。同时，毛泽东思想所蕴含的革命精神和理想信念教育，激励着党员干部坚定为实现民族独立和人民解放而奋斗的决心，传承红色基因，保持艰苦奋斗的作风。

2. 邓小平理论

邓小平理论是以邓小平为主要创立者、以建设有中国特色社会主义为主题的理论，是马克思主义中国化的一大理论成果。它回答了“什么是社会主义、怎样建设社会主义”的重大问题，提出了社会主义初级阶段理论、改革开放理论、社会主义市场经济理论等。在党校思政教育中，邓小平理论为思政教育队伍提供了新的思想观念和教育内容，引导教师关注社会主义现代化建设中的实际问题，将理论教学与改革开放的实践紧密结合，培养党员干部的改革创新意识和市场经济观念，使他们能够适应时代发展的要求，积极投身于社会主义现代化建设。

3．“三个代表”重要思想

“三个代表”重要思想是江泽民同志于2000年2月25日在广东省考察工作时，从全面总结党的历史经验和如何适应新形势新任务的要求出发，首次提出并比较全面地阐述的。具体内容为，中国共产党始终代表中国先进生产力的发展要求、代表中国先进文化的前进方向、代表中国最广大人民的根本利益。“三个代表”重要思想深化了对中国特色社会主义的认识，为党校思政教育注入了新的活力。思政教育队伍以“三个代表”重要思想为指导，注重培养党员干部的先进意识和责任担当，引导他们在工作中积极推动生产力发展，弘扬先进文化，维护人民群众的根本利益，保持党的先进性和纯洁性。

4．科学发展观

科学发展观是胡锦涛同志在2003年7月28日的讲话中提出的理论，要求“坚持以人为本，树立全面、协调、可持续的发展观，促进经济社会和人的全面发展”，按照“统筹城乡发展、统筹区域发展、统筹经济社会发展、统筹人与自然和谐发展、统筹国内发展和对外开放”的要求推进各项事业的改革和发展。科学发展观强调以人为本、全面协调可持续发展，为党校思政教育提供了科学的发展理念和价值导向。在教学实践中，思政教育队伍引导党员干部树立科学发展观，关注经济、社会、环境的协调发展，注重人的全面发展，提高党员干部的科学决策能力和可持续发展意识，推动经济社会的科学发展。

5．习近平新时代中国特色社会主义思想

习近平新时代中国特色社会主义思想是当代中国马克思主义、二十一世纪马克思主义，是中华文化和中国精神的时代精华，实现了马克思主义中国化新的飞跃。它回答了新时代坚持和发展什么样的中国特色社会主义、怎样坚持和发展中国特色社会主义等一系列重大问题，涵盖了新时代坚持和发展中国特色社会主义的总目标、总任务、总体布局、战略布局和发展方向、发展方式、发展动力、战略步骤、外部条件、政治保证等基本问题。在党校思政教育中，习近平新时代中国特色社会主义思想是核心教学内容，思政教育队伍深入学习领会这一思想的精神实质和丰富内涵，将其融入教学的各个环节，通过专题讲座、案例分析、实践教学等多种形式，引导党员干部深刻领悟“两个确立”的决定性意义，增强“四个意识”、坚定“四个自信”、做到“两个维护”，提高党员干部运用习近平新时代中国特色社会主义思想分析和解决实际问题的能力，为实现中华民族伟大复兴的中国梦提供思想指引和行动指南。

二、教育教学相关理论

（一）成人学习理论

成人学习理论由美国教育家马尔科姆·诺尔斯提出，该理论指出成人学习相较于青少年学校教育，具有以下显著的特点。

1. 自我导向性

成人学习者通常具备更强的自我导向性，在学习活动中，他们不再像青少年那样被动依赖教师的教学安排，而是能够更加独立、自主地选择学习内容和制订学习计划。党校学员作为成人，在思政学习中也体现出这一特点，他们能够根据自身的工作需求、思想困惑以及职业发展规划，有针对性地选择学习重点，主动探索相关的思政理论知识。例如，在学习习近平新时代中国特色社会主义思想时，学员会结合自己所在的工作领域，如基层治理、经济发展、文化建设等，深入研究该思想在实际工作中的指导应用，自主查阅相关资料、分析案例，以更好地理解和践行该思想。

2. 问题导向

成人学习具有明显的问题导向。成年人学习的主要目的是更好地完成社会职责，实现自我价值，因此他们的学习更聚焦于解决现实生活和工作中面临的实际问题。党校学员在思政教育中会将学习与工作中的实际问题紧密结合。当面对基层工作中的群众矛盾问题时，学员会从思政教育中的群众路线、社会治理等理论中寻找解决思路，通过学习党的相关政策和工作方法，提升自己解决实际问题的能力。

成人在工作和生活中积累了丰富的经验，这些经验成为他们学习的重要资源。在党校思政教育中，学员能够借助自身的经验更好地理解和掌握思政理论。在党史学习教育时，具有多年工作经验的学员可以将自己在不同历史时期的亲身经历与党史中的重大事件相结合，更深刻地体会党的发展历程和伟大成就，从而增强对党的认同感和使命感。

基于成人学习理论，党校在思政教育中应充分尊重学员的主体地位，鼓励学员积极参与教学过程，分享自己的经验和见解。采用案例教学法，选取具有代表性的实际工作案例，引导学员运用所学思政理论进行分析和讨论，提高学员解决实际问题的能力。还可以开展小组合作学习，让学员在小组中相互交流、共同探讨，促进知识的共享和思想的碰撞，提升学习效果。

（二）教育心理学理论

教育心理学中的动机理论认为，动机是激发和维持个体进行学习活动，并使学习活动朝向一定学习目标的一种内在心理状态。

1．激发学习动机

在党校思政教育中，激发学员的学习动机至关重要。可以通过设置明确的学习目标，让学员了解思政学习对其个人成长和职业发展的重要性，从而激发他们的学习动力。明确指出掌握习近平新时代中国特色社会主义思想能够提升学员的政治素养和领导能力，帮助他们更好地应对工作中的各种挑战，实现个人价值与社会价值的统一。

2．运用激励机制

运用激励机制，对在思政学习中表现优秀的学员给予表彰和奖励，如颁发荣誉证书、给予学习资源奖励等，以激发学员的竞争意识和学习积极性。关注学员的学习需求和兴趣点，将思政教育内容与学员的实际需求相结合，提高学习内容的吸引力，从而增强学员的学习动机。针对从事经济工作的学员，在思政教育中增加经济领域的政策解读和理论分析，使学习内容更具针对性和实用性。

认知发展理论强调个体的认知发展是一个不断构建和完善的过程。在党校思政教育中，了解学员的认知发展水平对于优化教学方法具有重要意义。对于认知水平较高的学员，可以采用启发式教学、问题导向教学等方法，引导他们深入思考和探究思政理论的深层次内涵，培养他们的批判性思维和创新能力。在讲解马克思主义哲学原理时，通过提出开放性问题，引导学员从不同角度进行思考和分析，鼓励他们提出自己的见解和观点。

对于认知水平相对较低的学员，则注重基础知识的讲解和巩固，采用直观教学、案例教学等方法，帮助他们逐步理解和掌握思政理论。在讲解党的基本路线和方针政策时，通过生动的实例，让学员更直观地感受政策的实际应用和效果，降低学习难度，提高学习效果。还可以根据学员的认知发展特点，合理安排教学内容的难易程度和教学进度，使教学内容与学员的认知水平相匹配，促进学员的有效学习。

三、理论指导下的党校思政教育队伍建设策略

（一）基于理论的人才选拔机制

1．明确选拔标准

依据马克思主义理论要求，党校思政教育人才的选拔应将政治素质放在首位。思政教师必须坚定马克思主义信仰，深刻领会马克思主义基本原理和马克思主义中国化理论成果，如习近平新时代中国特色社会主义思想。他们要在思想上政治上行动上同党中央保持高度一致，具备敏锐的政治洞察力，能够准确把握党的路线方针政策，并将其融入教学实践中。在讲解党的最新政策时，教

师应深入剖析政策的理论依据和实践意义，引导学员正确理解和贯彻执行。

（1）业务能力是选拔的重要标准。在政治标准这一首要选拔标准基础上，思政教师应具备扎实的专业知识，包括思想政治教育专业知识、马克思主义理论知识以及相关学科知识，如哲学、政治学、历史学等，以构建全面的知识体系。教师需要掌握教育教学理论和方法，具备良好的教学设计、课堂组织和教学评价能力，能够根据成人学习理论，采用多样化的教学方法，提高教学的针对性和实效性。运用案例教学法，结合实际案例，引导学员深入思考和讨论，提升学员分析问题和解决问题的能力。还应具备较强的科研能力，能够关注学科前沿动态，开展学术研究，将科研成果转化为教学资源，丰富教学内容。

（2）道德品质也是不可或缺的选拔标准。思政教师要以身作则，践行社会主义核心价值观，具备高尚的道德情操和良好的师德师风。他们应诚实守信、敬业奉献、关爱学员，以自己的言行影响和感染学员，成为学员的道德楷模。在日常教学和生活中，教师展现出的敬业精神、责任感和关爱学员的态度，能够潜移默化地影响学员的价值观和行为。

2. 拓宽选拔渠道

结合人力资源管理理论，党校应拓宽思政教育人才的选拔渠道，吸引更多优秀人才加入。可以加强与高校的合作，建立人才输送机制。高校拥有丰富的人才资源，尤其是思想政治教育、马克思主义理论等相关专业的毕业生，他们具备系统的专业知识和较强的学习能力。党校可以与高校建立长期合作关系，通过校园招聘、实习基地建设等方式，选拔优秀的应届毕业生和在读研究生。为高校学生提供实习机会，让他们在实习过程中了解党校教育工作，同时也便于党校发现和选拔潜在的人才。

从党政机关选拔具有丰富实践经验的干部充实到党校思政教育队伍中也是一种有效的途径。党政机关干部在实际工作中积累了大量的实践经验，对党的政策执行和社会实际情况有深入的了解。他们能够将实践经验融入教学中，使教学内容更加贴近实际，增强教学的说服力。选拔具有基层工作经验的干部，他们不仅可以分享在基层工作中遇到的问题和解决方法，帮助学员更好地理解党的政策在基层的落实情况与实践逻辑，还可以邀请党政机关领导干部作为兼职教师，定期到党校授课，分享最新的政策动态和工作经验。

面向社会公开招聘优秀的思政教育人才，打破体制和地域限制，吸引更多具有不同背景和专业知识的人才加入。在招聘过程中，制定科学合理的招聘流程和标准，注重对应聘者综合素质的考查，确保选拔出的人才能够满足党校思政教育的需求。通过网络招聘平台、媒体宣传等方式，广泛发布招聘信息，吸引更多优秀人才报名。在面试环节，设置多样化的考核方式，如试讲、案例分析、面试问答等，全面考查应聘者的教学能力、专业知识和综合素质。

（二）以理论为导向的培训体系构建

1. 制定培训规划

依据成人学习理论，党校应制定分层分类的培训规划，以满足不同教师的学习需求。

（1）对于新入职的教师，培训重点应放在教育教学基本理论和技能上，帮助他们尽快适应党校教学工作。例如，开设教育学原理、教育心理学、教学方法与技巧等基础课程，通过系统的理论学习和实践操作，使新教师掌握教学的基本流程和方法，了解成人学习的特点和规律，能够运用合适的教学方法激发学员的学习兴趣。邀请经验丰富的教师进行示范课教学，让新教师观摩学习，然后通过模拟教学、教学反思等环节，提升新教师的教学实践能力。

（2）对于有一定教学经验的教师，培训应注重学科前沿知识的更新和教学能力的提升。例如，定期组织教师参加学术研讨会、专题讲座等活动，邀请国内外知名专家学者介绍学科最新研究成果和发展动态，拓宽教师的学术视野。开展教学创新方法培训，如案例教学、情境模拟教学、项目式教学等，旨在引导教师将新的教学理念和方法应用到实际教学中，提高教学的吸引力和实效性。鼓励教师参与教学改革项目，通过实践探索，不断改进教学方法和课程内容。

（3）针对骨干教师，培训应侧重领导力和团队建设能力的培养，使其能够在思政教育队伍中发挥引领作用。例如，组织骨干教师参加领导力培训课程，学习团队管理、沟通协调、决策制定等方面的知识和技能，提升他们的领导能力和管理水平。鼓励骨干教师开展教学团队建设，通过团队合作的方式，共同开展课程开发、教学研究等工作，促进教师之间的交流与合作，提高团队整体教学水平。还可以选派骨干教师到国内外高校或研究机构进行访问学习，了解先进的教育理念和教学模式，为党校思政教育改革提供借鉴。

培训规划还应涵盖政治理论、教学技能、科研能力等多方面内容。

（1）在政治理论培训方面，深入学习马克思主义基本原理、马克思主义中国化理论成果，特别是习近平新时代中国特色社会主义思想，不断提高教师的政治素养和理论水平。通过专题讲座、理论研讨、党性教育等形式，引导教师深刻领会党的理论和方针政策，增强政治意识、大局意识、核心意识、看齐意识。

（2）在教学技能培训方面，除了教学方法和技巧的培训外，还应注重教学评价、教学设计、课堂管理等方面的能力提升。开展教学评价培训，让教师了解教学评价的标准和方法，学会运用多元化的评价方式对学员进行全面、客观的评价，以促进教学质量的提高。

（3）在科研能力培训方面，开设科研方法、学术论文写作、课题申报等课程，邀请科研专家进行指导，帮助教师掌握科研的基本方法和流程，提高科研能力和水平。鼓励教师结合教学实践开展科研工作，将科研成果转化为教学资源，实现教学与科研的相互促进。

2．创新培训方式

运用教育技术理论，党校应采用多样化的培训方式，增强培训效果。

（1）线上培训具有便捷、高效的特点，能够突破时间和空间的限制，为教师提供丰富的学习资源。可以建立线上学习平台，整合各类优质培训课程资源，如学术讲座视频、教学案例库、在线课程等，供教师自主学习。利用该平台，开展线上直播课程、在线讨论、在线测试等活动，增强教师的学习互动性和参与度。教师可以根据自己的时间和学习进度，随时随地进行学习，提高学习的灵活性和自主性。还可以利用社交媒体平台，如微信公众号、微博等，定期推送思政教育相关的资讯、研究成果和教学经验分享，方便教师及时获取最新信息。

（2）线下培训注重面对面的交流和实践操作，能够更好地促进教师之间的互动和学习。开展集中授课培训，邀请专家学者、优秀教师进行专题讲座和培训课程，系统地传授知识和技能。例如，在集中授课过程中，设置互动环节，鼓励教师提问、发言，分享自己的经验和见解，促进教师之间的思想碰撞和交流。组织教学实践培训，通过教学观摩、教学反思、教学研讨等活动，让教师在实践中提升教学能力。教师可以观摩优秀教师的示范课，学习他们的教学方法和技巧，然后进行教学实践，通过反思和研讨，不断改进自己的教学。党校还可以开展实地考察培训，组织教师到其他党校、高校、企业等进行实地考察，了解不同单位的思政教育经验和做法，拓宽教师的视野。

（3）实践锻炼是提高教师综合素质的重要途径。党校可以安排教师到基层单位挂职锻炼，让教师深入了解实际工作，积累实践经验。在挂职锻炼期间，教师可以参与基层单位的各项工作，如政策执行、社会调研、群众工作等，了解基层工作的实际情况和需求，为教学提供更多的实际案例和素材。教师还可以在挂职锻炼中锻炼自己的沟通协调能力、解决问题的能力和团队协作能力，提高自身的综合素质。鼓励教师参与社会实践活动，如志愿服务、社会调研等，增强教师的社会责任感和使命感，同时也能够丰富教师的教学内容。组织教师参与社区志愿服务活动，了解社区居民的需求和问题，将这些实际情况融入教学中，使教学更加贴近生活、贴近实际。

（三）基于激励理论的体系建立

依据激励理论，党校为充分激发思政教育教师的工作积极性与创造力，构建全面且科学的激励体系势在必行，具体见表 4-1。

表 4-1　激励体系

激励类型	具体措施	实施细节
物质激励	教学优秀奖	多维度教学评价，学员评价与专家观摩结合
	科研成果奖	严格评审流程，依据论文期刊与项目级别评定
	科研项目启动资金	教师申请，专家评审后资助
精神激励	职业发展通道建设	职业规划师定制规划，优先晋升表现优异者
	教师荣誉制度	多环节评选，多渠道宣传表彰
	培训与学习机会	选派人员参会，组织课程，鼓励交流合作

1．物质激励

（1）教学优秀奖。党校精心制定详细的教学评价标准，涵盖教学内容的准确性与深度、教学方法的创新性与有效性、课堂互动的活跃度、教学效果的显著程度等多个维度。通过定期组织学员进行匿名评价、邀请资深教学专家进行课堂观摩打分等方式，综合评估教师教学表现。对于在教学工作中脱颖而出，教学效果优异、学员评价名列前茅的教师，授予教学优秀奖。除颁发荣誉证书外，还给予丰厚的奖金奖励。

（2）科研成果奖。在科研成果评定方面，党校设立了严格的评审流程。对于发表在国内外顶尖学术期刊、具有较高学术影响力的论文，以及成功承担国家级、省部级重要科研项目的教师，给予科研成果奖。除了提供科研经费支持外，还给予额外的奖金。

（3）科研项目启动资金。为鼓励教师开展创新性研究，党校专门设立科研项目启动资金。教师可根据自身研究方向和兴趣，提交科研项目申请书，经校内专家评审通过后，成功立项的项目将获得一定数额的资金资助。

2．精神激励

（1）职业发展通道建设。党校为教师量身定制职业发展规划指导方案。组织专业的职业规划师与教师进行一对一沟通，结合教师的教学能力、科研成果、个人兴趣等因素，为其制定个性化的职业发展路径。对于在教学和科研方面表现卓越、能力突出的教师，在职称评定、职务晋升等方面给予优先考虑。例如，某教师在教学中不断创新教学方法，所授课程深受学员喜爱，同时在科研上也成果丰硕，发表多篇高质量论文。在职称评定时，党校依据其出色表现，优先将其晋升为副教授，为其职业发展提供了更广阔的空间。

（2）教师荣誉制度。设立“优秀思政教师”“教学名师”等荣誉称号，并制定严格的评选标准。每年组织评选活动，通过教师自荐、同事推荐、学员投票、专家评审等多环节选拔。对获得荣誉称号的教师，在全校范围内进行隆重表彰，并通过校园网、校报、宣传栏等多渠道进行广泛宣传。

（3）培训与学习机会。党校高度重视教师的个人成长和发展需求，积极为教师提供丰富多样的培训和学习机会。每年选派优秀教师参加国内外知名高校举办的学术会议，与国内外顶尖学者交流前沿学术观点。此外，鼓励教师参与学术交流活动，支持教师与其他党校或高校的同行专家开展合作研究，促进教师的专业成长。

（四）管理机制完善

运用组织行为学理论，党校着力完善思政教育队伍的管理制度，提升队伍整体素质与效能，具体制度见表 4-2。

表 4-2　思政教育队伍的管理制度

管理措施	具体内容	实施方式	示例
教师考核评价制度	考核内容全面化	多方式评估教学质量，量化科研成果，多主体评价师德师风与学员意见收集	某教师因各方面表现优秀获薪酬上调与评优
	考核结果挂钩机制	与薪酬、晋升、评优紧密关联，奖励优秀，督促不合格	某教师因考核优秀获多项奖励，不合格教师受教育改进
	教师退出机制	依法依规处理连续不合格与严重违规教师	某教师因学术造假被解除聘用合同
日常管理与服务	建立教师工作档案	记录教学、科研、培训、荣誉等多方面信息	为教师考核与职业发展提供全面依据
	关注工作生活需求	解决教学资源问题，关心教师身心健康与生活困难	及时更新教学设备，援助困难教师
	开展团队建设活动	组织拓展训练、教学竞赛、座谈会与沙龙	户外拓展提升团队协作，学术沙龙促进交流

1．教师考核评价制度

（1）考核内容全面化。考核内容涵盖教学质量、教学录像分析、科研成果、师德师风、学员评价等多个关键方面。教学质量考核通过多种方式进行，课堂教学观摩邀请教学经验丰富的专家组成观摩团，对教师的教学方法是否灵活多样、教学内容是否逻辑清晰且与时俱进、教学组织是否有序高效等进行细致评估；教学录像分析则借助专业软件，从教师的教态、语言表达、教学节奏把控等细节入手，全面评价教学表现；科研成果考核严格按照教师发表论文的数量、所在期刊的影响因子、承担科研项目的级别与完成情况等进行量化评价；师德师风考核通过学员评价、同事互评、领导评价相结合的方式，了解教师在教学过程中的职业道德、敬业精神、关爱学员等方面的表现；学员评价采用匿名问卷调查、座谈会等形式，广泛收集学员对教师教学态度、教学方法、知识传授效果等方面的意见和建议。

（2）考核结果挂钩机制。党校将考核结果与教师的薪酬待遇、职称晋升、评优评先紧密挂钩。对于考核优秀的教师，除了给予物质奖励外，在薪酬调整时优先考虑提高薪资水平；在职称晋升中，考核结果作为重要依据，同等条件下考核优秀者优先晋升；在评优评先活动中，优先推荐考核优秀的教师。对于考核不合格的教师，党校及时进行批评教育，组织专业培训帮助其提升教学与科研能力，督促其改进工作。

（3）教师退出机制。为保证思政教育队伍的质量，党校建立教师退出机制。对于连续多年考核不合格、严重违反师德师风，如出现学术不端行为、对学员存在不当言行等问题的教师，依法依规进行严肃处理，包括警告、停职或解除聘用合同等。

2．日常管理与服务

（1）建立教师工作档案。党校为每位教师建立详细的工作档案，全面记录教师的教学工作情况，包括所授课程、教学评价结果、教学改革实践等；科研工作成果，如论文发表、项目承担与完成情况；参加培训与学习活动记录；获得的荣誉与奖励等。这些档案为教师的考核评价提供了全面客观的依据，同时也成为教师职业发展历程的重要记录，有助于教师回顾自身成长，明确未来发展方向。

（2）关注工作生活需求。党校注重关注教师的工作和生活需求。在工作方面，及时为教师解决教学资源短缺问题，如根据教学需要更新教材、补充教学设备等。例如，当教师反映多媒体教学设备老化影响教学效果时，党校迅速投入资金更新设备，为教师教学创造良好条件。在生活方面，关心教师的身心健康，组织定期体检、举办心理健康讲座等。当教师遇到家庭困难时，党校积极提供帮助，如为家中突发变故的教师提供经济援助和心理支持等。

（3）开展团队建设活动。为增强教师的团队合作意识和凝聚力，党校定期组织开展团队建设活动。例如，举办户外拓展训练，通过团队协作游戏，提升教师之间的沟通与信任；组织教学技能竞赛，鼓励教师以团队形式参赛，共同探讨教学方法、分享教学经验。此外，开展教师座谈会、学术沙龙等活动，为教师提供思想交流和经验分享的平台。在学术沙龙中，教师们围绕思政教育热点问题展开深入讨论，碰撞出思想火花，营造了良好的学术氛围和工作氛围。

第二节　党校思政教育队伍素质能力构成

一、政治素质

政治素质是党校思政教育队伍的核心素质，它贯穿于思政教育工作的始终，对教育者的思想和行为起着根本性的指导作用。在复杂多变的国际国内形势下，党校思政教育工作者肩负着传播党的理论、培养党员干部政治素养的重要使命，因此，具备过硬的政治素质显得尤为关键。

（一）坚定的政治立场

1．忠诚于党和人民的政治原则

党校思政教育工作者必须始终坚定不移地站在党和人民的立场上，将忠诚于党和人民作为自己的首要政治原则。这意味着他们要深刻认识到党的事业与人民的利益息息相关，党的奋斗目标就是为了实现人民的幸福和国家的繁荣昌盛。在日常工作中，思政教育工作者要以高度的政治自觉，坚决维护党中央权威和集中统一领导，在思想上政治上行动上同党中央保持高度一致。无论是在课堂教学、学术研究还是与学员的交流互动中，都要时刻体现出对党和人民的忠诚，确保党的理论和方针政策得到准确、全面地传达。

2．坚定马克思主义信仰和中国特色社会主义信念

坚定马克思主义信仰和中国特色社会主义信念是党校思政教育工作者的灵魂所在。马克思主义作为科学的世界观和方法论，为人类社会的发展指明了方向。中国特色社会主义是马克思主义基本原理与中国实际相结合的产物，中国特色社会主义是实现中华民族伟大复兴的必由之路。思政教育工作者要深入学习马克思主义经典著作，深刻领会马克思主义的精神实质，不断增强对马克思主义的信仰。同时，要全面了解中国特色社会主义的发展历程、伟大成就和光明前景，坚定对中国特色社会主义的信念。只有自己信仰坚定，才能在教育教学中引导学员树立正确的世界观、人生观和价值观，坚定学员对马克思主义和中国特色社会主义的信仰和信念。

3．批判和抵制错误思潮

在面对各种错误思潮和观点时，党校思政教育工作者要保持清醒的头脑，敢于亮剑，坚决予以批判和抵制。随着全球化的深入发展和信息技术的飞速进步，各种思想文化相互激荡，一些错误思潮不断涌现，试图侵蚀人们的思想，动摇党的执政基础。思政教育工作者要增强政治敏锐性和政治鉴别力，及时发现和识别这些错误思潮，运用马克思主义的立场、观点和方法进行深入分析

和批判。通过摆事实、讲道理，揭示错误思潮的本质和危害，引导学员明辨是非，坚定正确的政治方向。在批判错误思潮的过程中，要注重方式方法，以理服人，避免简单粗暴，做到有理有据、有力有效。

（二）敏锐的政治洞察力

1．具备敏锐的政治洞察力

在当今全球化进程不断加速、国际形势复杂多变的时代背景下，国际政治格局深刻调整，各种政治力量之间的博弈日益激烈。同时，国内社会处于转型期，社会结构深刻变动，利益格局深刻调整，思想观念深刻变化。在这样的环境中，党校思政教育工作者需要具备敏锐的政治洞察力，以便准确把握国内外政治形势的发展趋势。这要求他们密切关注国际政治舞台上的重大事件，如国际关系的演变、国际组织的动态、各国政治制度的变革等，深入分析这些事件背后的政治、经济、文化等因素，从中洞察国际政治形势的走向。在国内方面，要关注国家政策的调整、社会热点问题的出现、民生改善的进展等，了解国内政治形势的变化对党员干部思想和工作的影响。

2．准确把握政治方向

准确把握政治方向是党校思政教育工作的根本要求。思政教育工作者要深刻理解党的路线方针政策的精神实质，明确党在不同时期的中心任务和奋斗目标，始终保持对政治方向的敏锐感知。在教学过程中，要将党的政治方向贯穿于课程内容的始终，引导学员深刻认识到党的政治方向的正确性和重要性，使学员在思想上和行动上自觉与党保持一致。通过对党的理论和方针政策的深入解读，帮助学员理解党的决策部署的背景和意义，提高学员的政治站位，增强学员贯彻落实党的政治方向的自觉性和坚定性。

3．学员的思想动态和政治倾向

学员的思想动态和政治倾向是党校思政教育工作的重要关注点。思政教育工作者要善于观察学员在学习、生活和实践中的表现，通过课堂讨论、课后交流、社会实践等多种渠道，及时了解学员的思想变化和政治倾向。对于学员中出现的思想问题和困惑，要及时给予关注和引导，帮助学员树立正确的思想观念和政治态度。如果发现学员存在错误的政治倾向，要及时进行纠正和教育，通过耐心细致的思想工作，帮助学员回到正确的政治轨道上来。要关注学员对社会热点问题的看法和态度，引导学员运用马克思主义的立场、观点和方法分析问题，培养学员的政治思维能力和政治鉴别能力。

（三）高度的政治责任感

党校作为培养高素质党员干部的重要阵地，在党的事业中发挥着不可替代的作用。党校思政教育工作者肩负着培养具有坚定政治信仰、高尚道德品质、扎实理论基础和较强实践能力的党员干部的重任，他们的工作直接关系到党的执政能力的提升和党的事业的发展。党员干部是党的事业的中坚力量，他们的思想政治素质直接影响着党的决策部署的贯彻落实和社会主义事业的发展进程。党校思政教育工作者通过传授党的理论和知识，培养学员的政治素养和党性修养，为党输送高素质的干部人才，为党的事业发展提供坚实的人才支撑。

以高度的政治责任感履行教育职责，要求党校思政教育工作者认真对待每一次教学任务，精心备课，深入研究教学内容，确保教学质量。

（1）在教学过程中，要注重教学方法的选择和运用，根据学员的特点和需求，采用多样化的教学方法，激发学员的学习兴趣和积极性，提高教学效果。思政教育工作者不仅要关注学员的学习情况和反馈意见，及时调整教学策略，满足学员的学习需求，还要积极参与教学改革和创新，不断探索适合新时代党校教育的教学模式和方法，提高党校思政教育的针对性和实效性。

（2）在教育过程中，党校思政教育工作者要以身作则，发挥模范带头作用，以自己的言行影响和带动学员。他们要严格遵守党的政治纪律和政治规矩，做到言行一致、表里如一。在工作中，要展现出敬业精神和奉献精神，认真负责地完成各项工作任务，为学员树立良好的榜样。要注重自身的党性修养和道德修养，不断提高自己的思想政治素质和业务能力，以更好地履行教育职责。通过自身的示范作用，引导学员树立正确的价值观和职业观，培养学员的责任感和使命感，使学员在今后的工作中能够始终保持对党和人民的忠诚，为党的事业贡献自己的力量。

二、思想素质

思想素质是党校思政教育队伍素质能力的重要组成部分，它直接影响着思政教育工作者的思维方式、工作方法和价值取向，进而对思政教育的效果产生深远影响。在新时代背景下，党校思政教育工作者面临着诸多新的挑战和机遇，具备良好的思想素质尤为关键。

（一）先进的思想观念

1．创新发展理念

在当今时代，科技进步日新月异，社会变革深刻复杂，党校思政教育工作者必须树立与时俱进的思想观念，以适应时代发展的需求。创新发展理念是先进思想观念的核心之一，它要求思政教育工作者打破传统思维定式，勇于探索新的教学方法、内容和模式。例如，在教学方法上，积极引入案例教学、小组讨论、情境模拟等互动式教学方法，激发学员的学习兴趣和主动性，提高教学效果。在教学内容上，紧密结合时代热点和党的最新理论成果，及时更新教学素材，使教学内容更具实效性和针对性。

2. 开放包容理念

开放包容理念也是思政教育工作者应具备的重要思想观念。随着全球化的深入发展，不同文化、思想之间的交流与碰撞日益频繁。党校思政教育工作者要以开放的心态接纳不同的思想和观点，尊重学员的个性差异和多元需求。在教学过程中，鼓励学员发表不同的见解，营造民主、平等的教学氛围，促进学员之间的思想交流和碰撞。要积极借鉴国内外先进的教育理念和经验，不断丰富自己的教学资源和方法，提升教学水平。通过与国际教育机构的交流合作，了解国际前沿的教育动态，学习先进的教学技术和管理经验，为党校思政教育注入新的活力。

3. 服务学员理念

思政教育工作者还应树立服务学员的理念，将学员的需求作为工作的出发点和落脚点。关注学员的思想动态和学习需求，及时提供个性化的指导和帮助。通过开展问卷调查、个别访谈等方式，了解学员的学习困惑和实际问题，针对性地调整教学内容和方法，提高教学的实效性。要关心学员的生活和成长，帮助学员解决实际困难，增强学员的归属感和认同感，使学员能够全身心地投入到学习中。

（二）科学的思想方法

辩证唯物主义和历史唯物主义是马克思主义最根本的世界观和方法论，也是党校思政教育工作者分析问题、解决问题的有力武器。

1. 辩证唯物主义

辩证唯物主义强调事物的普遍联系和发展变化，要求思政教育工作者用全面、联系、发展的眼光看待问题。例如，在分析社会热点问题时，不能孤立地看待某一事件，而要将其放在社会发展的大背景中，分析其与其他事物之间的内在联系，以及其产生的原因、发展趋势和可能带来的影响。在讲解经济发展问题时，要引导学员认识到经济发展与政治、文化、社会等方面的相互关系，以及经济发展过程中各种因素之间的相互作用，帮助学员树立全面、系统的思维方式。

2. 历史唯物主义

历史唯物主义则揭示了人类社会发展的客观规律，要求思政教育工作者从历史的角度看待问题，把握事物发展的历史脉络和趋势。例如，在教学中，通过讲述历史事件和人物，引导学员了解人类社会的发展历程，认识到历史发展的必然性和曲折性。在讲解党的历史时，要让学员了解党在不同历史时期的奋斗历程和取得的伟大成就，以及党在实践中不断探索和总结的经验教训，使学员深刻认识到党的领导是历史和人民的选择，坚定学员对党的信念和信心。

运用科学的思想方法引导学员正确认识世界和改造世界是党校思政教育的重要任务。思政教育工作者要帮助学员掌握辩证唯物主义和历史唯物主义的基本原理，培养学员的科学思维能力。通过课堂教学、实践活动等方式，引导学员运用科学的思想方法分析和解决实际问题。组织学员开展社会调研活动，让学员深入了解社会现实，运用所学的思想方法分析社会问题，提出解决方案，提高学员的实践能力和社会责任感。要引导学员树立正确的世界观、人生观和价值观，使学员能够在复杂的社会环境中保持清醒的头脑，坚定正确的人生方向。

（三）严谨的思想作风

实事求是是马克思主义的精髓，也是党校思政教育工作者应具备的首要思想作风。思政教育工作者在教学和研究中，要尊重客观事实，一切从实际出发，理论联系实际。例如，在讲解党的理论和方针政策时，要结合实际案例，让学员深刻理解其内涵和实践意义。在研究社会问题时，要深入实际进行调查研究，掌握第一手资料，避免主观臆断和片面性。要敢于直面问题，勇于揭示问题的本质，为学员提供真实、准确的信息和观点。

1. 理论联系实际

理论联系实际是党校思政教育的根本方法，也是严谨思想作风的重要体现。思政教育工作者要将理论知识与实际工作、生活相结合，引导学员运用所学理论解决实际问题。在教学中，引入实际案例，让学员运用理论知识进行分析和讨论，提高学员的理论应用能力。鼓励学员将所学理论运用到工作实践中，通过实践加深对理论的理解和掌握。组织学员开展实践教学活动，如参观考察、挂职锻炼等，让学员在实践中感受理论的力量，提高解决实际问题的能力。

2. 批评与自我批评

批评与自我批评是我们党的优良传统和作风，也是党校思政教育工作者保持思想纯洁、提高自身素质的重要手段。思政教育工作者要敢于开展自我批评，勇于承认自己的不足和错误，及时进行反思和改进。要虚心接受他人的批评和建议，不断完善自己。在教学团队中，定期开展批评与自我批评活动，促进团队成员之间的相互学习和共同进步。要引导学员开展批评与自我批评，帮助学员发现自身存在的问题，提高学员的思想觉悟和认识水平。通过批评与自我批评，营造良好的思想氛围，增强思政教育工作者和学员的自我约束和自我提高能力。

三、道德素质

道德素质是党校思政教育队伍素质能力的重要组成部分，它不仅关系到思政教育工作者自身的形象和声誉，更对学员的道德观念和行为准则产生深远的影响。在党校思政教育中，思政教育工作者肩负着培养学员高尚道德品质和良好职业道德的重要使命，因此，具备优秀的道德素质显得尤为关键。

（一）高尚的道德品质

1．诚实守信

诚实守信是做人的基本准则，也是党校思政教育工作者应具备的重要道德品质。思政教育工作者在教学和科研中，要做到言行一致、表里如一，不弄虚作假、不欺上瞒下。在学术研究中，要秉持严谨的治学态度，尊重他人的研究成果，不抄袭、不剽窃，确保研究成果的真实性和可靠性。在与学员的交流中，要做到诚实守信，承诺的事情要努力做到，树立良好的榜样。如果思政教育工作者在教学中承诺为学员提供相关的学习资料，却未能兑现，这不仅会损害自己的信誉，也会让学员对其产生不信任感，影响教学效果。

2．正直善良

正直善良是思政教育工作者的道德底线。在面对各种利益诱惑和复杂的社会现象时，思政教育工作者要坚守道德原则，保持正直的品格，不随波逐流、不趋炎附势。要关心学员的成长和发展，以善良之心对待学员，关注学员的身心健康，帮助学员解决学习和生活中遇到的困难。当学员在学习中遇到挫折时，思政教育工作者要给予鼓励和支持，引导学员正确面对困难，树立克服困难的信心；当学员在生活中遇到问题时，要耐心倾听学员的心声，提供合理的建议和帮助，让学员感受到温暖和关怀。

3．敬业奉献精神

敬业奉献精神是党校思政教育工作者应有的职业操守。思政教育工作者要热爱自己的工作，对教育事业充满热情，全身心地投入到教学和科研工作中。要认真备课、精心授课，不断提高教学质量，为学员提供优质的教育服务。要积极参与科研工作，深入研究党的理论和方针政策，为党校教育事业的发展贡献自己的智慧和力量。思政教育工作者还要具有奉献精神，不计较个人得失，为了学员的成长和党的事业的发展，愿意付出时间和精力。有些思政教育工作者为了准备一堂精彩的课程，放弃休息时间查阅资料、精心设计教学方案；有些思政教育工作者在学员遇到紧急情况时，毫不犹豫地伸出援手，牺牲自己的时间和利益，这些都是敬业奉献精神的体现。

（二）良好的职业道德

1. 热爱教育事业

热爱教育事业是党校思政教育工作者的首要职业道德规范。思政教育工作者要深刻认识到党校教育的重要性和神圣性，将教育事业视为自己的终身追求。要对教育工作充满热情，积极主动地承担教学任务，不断探索教育教学的新方法和新途径，努力提高教育教学质量。只有热爱教育事业，才能在工作中保持高度的责任感和使命感，全身心地投入到教育教学工作中。

2. 关爱学员

关爱学员是思政教育工作者职业道德的核心。思政教育工作者要尊重学员的个性差异和人格尊严，平等对待每一位学员，不歧视、不偏袒。要关注学员的学习和生活情况，了解学员的需求和困惑，及时给予帮助和指导。在教学中，要根据学员的实际情况，因材施教，激发学员的学习兴趣和积极性；在生活中，要关心学员的身心健康，帮助学员解决生活中的困难，让学员感受到温暖和关爱。关爱学员不仅能够建立良好的师生关系，还能提高学员的学习效果和综合素质。

3. 严谨治学

严谨治学是思政教育工作者应具备的重要职业道德。思政教育工作者要树立正确的治学态度，严谨认真、一丝不苟。在教学中，要准确传授知识，避免出现错误和误导；在科研中，要深入研究，不断探索真理，为党校教育提供坚实的理论支持。要注重学术规范，遵守学术道德，不抄袭、不剽窃，保证学术研究的真实性和可靠性。严谨治学能够提高思政教育工作者的专业水平和教学质量，为学员树立良好的榜样。

（三）道德示范与引领作用

党校思政教育工作者的道德行为对学员具有直接的示范作用。学员在党校学习期间，会密切关注思政教育工作者的言行举止，并在一定程度上加以模仿。因此，思政教育工作者要时刻注意自己的言行，做到言行一致、以身作则。在课堂上，要以良好的精神面貌和严谨的教学态度为学员树立榜样；在生活中，要遵守社会公德、职业道德和家庭美德，展现出高尚的道德品质。如果思政教育工作者在课堂上强调诚实守信的重要性，但在生活中却经常失信于人，这会让学员对其教育内容产生怀疑，降低教育效果。

通过自身的道德行为，党校思政教育工作者能够引领学员树立正确的道德观念和行为准则。思政教育工作者要积极传播社会主义核心价值观，弘扬正能量，引导学员树立正确的世界观、人生观和价值观。在教学中，要结合实际案例，深入浅出地讲解道德规范和行为准则，让学员深刻理解其内涵和重要性；在实践中，要组织学员参与道德实践活动，如志愿服务、公益活动等，让学员在实践中体验和践行道德规范，提高道德素养。思政教育工作者还可以通过与学员的交流互动，及时纠正学员的错误观念和行为，引导学员走向正确的道德方向。

在日常教学和生活中，党校思政教育工作者可以通过多种方式发挥道德示范与引领作用。在课堂教学中，思政教育工作者可以讲述道德模范的故事，让学员从榜样身上汲取力量；在与学员的交流中，要注重引导学员思考道德问题，培养学员的道德判断能力和选择能力；在校园文化建设中，思政教育工作者可以积极参与组织各种道德教育活动，营造良好的道德氛围，让学员在潜移默化中受到道德的熏陶。

四、业务素质

业务素质是党校思政教育队伍素质能力的核心要素之一，它直接关系到思政教育的质量和效果。在党校教育中，思政教育工作者肩负着传授党的理论、培养党员干部政治素养和思想觉悟的重要使命，因此，具备扎实的业务素质显得尤为关键。

（一）扎实的理论基础

1. 深入学习精通马克思主义基本理论

马克思主义基本理论是党校思政教育的核心内容，思政教育工作者必须深入学习并精通这一理论。马克思主义哲学为思政教育提供了科学的世界观和方法论，使教育者能够运用辩证唯物主义和历史唯物主义的观点和方法分析问题、解决问题。马克思主义政治经济学揭示了资本主义经济的本质和规律，以及社会主义经济的发展方向，为思政教育提供了坚实的经济理论基础。科学社会主义理论则指明了人类社会发展的最终目标和实现路径，使思政教育工作者能够引导学员坚定共产主义信仰和中国特色社会主义信念。

2. 全面掌握中国特色社会主义理论体系

中国特色社会主义理论体系是马克思主义中国化的最新成果，是指导中国特色社会主义建设的行动指南。思政教育工作者要全面掌握这一理论体系，包括邓小平理论、“三个代表”重要思想、科学发展观以及习近平新时代中国特色社会主义思想。

（1）邓小平理论提出了改革开放的伟大战略，推动了中国经济的快速发展。

（2）“三个代表”重要思想强调了中国共产党始终代表中国先进生产力的发展要求、代表中国先进文化的前进方向、代表中国最广大人民的根本利益，为党的建设提供了重要指导。

（3）科学发展观坚持以人为本，全面、协调、可持续的发展理念，对中国经济社会的科学发展起到了重要推动作用。

（4）习近平新时代中国特色社会主义思想是当代中国马克思主义、二十一世纪马克思主义，是中华文化和中国精神的时代精华，实现了马克思主义中国化新的飞跃。

思政教育工作者要深刻领会这些理论的内涵和精神实质，将其融入教学和科研中，引导学员深入理解中国特色社会主义的发展道路和伟大成就。

3. 广泛涉猎相关学科知识

除了马克思主义理论和中国特色社会主义理论体系，思政教育工作者还应广泛涉猎党史、党建、政治学、社会学等相关学科知识。

（1）党史知识能够帮助教育者了解党的发展历程和奋斗历程，从中汲取经验教训，更好地传承红色基因，培养学员的历史责任感和使命感。

（2）党建知识则有助于教育者深入研究党的建设理论和实践，提高对党的建设规律的认识，为学员提供关于党的建设方面的专业知识和指导。

（3）政治学知识能够帮助教育者从政治角度分析社会现象和问题，把握政治发展的趋势和规律，增强学员的政治意识和政治素养。

（4）社会学知识则使教育者能够更好地理解社会结构、社会变迁和社会问题，从社会层面分析和解决学员的思想问题，培养学员的社会责任感和社会适应能力。

通过学习这些相关学科知识，思政教育工作者能够拓宽自己的知识面，丰富教学内容，提高教学的深度和广度，为学员提供更加全面、系统的思政教育。

（二）丰富的教学经验与方法

多样化的教学方法是提高党校思政教育质量的关键。

1. 案例教学法

案例教学法是一种行之有效的教学方法，它通过引入实际案例，将抽象的理论知识与具体的实践相结合，使学员更容易理解和接受。思政教育工作者可以选取具有代表性的政治、经济、社会等领域的案例，如某地区的脱贫攻坚案例、某企业的党建工作案例等，引导学员运用所学理论进行分析和讨论。在案例教学过程中，教育者要精心设计问题，引导学员深入思考，鼓励学员发表自己的见解，培养学员分析问题和解决问题的能力。

2. 互动教学法

互动教学法能够激发学员的学习兴趣和主动性，增强教学效果。互动教学法包括课堂提问、小组讨论、角色扮演等形式。

（1）课堂提问可以及时了解学员的学习情况和思想动态，引导学员积极思考。

（2）小组讨论能够促进学员之间的思想交流和碰撞，培养学员的团队合作精神和沟通能力。

（3）角色扮演则让学员在模拟的情境中体验和感受，增强学习的代入感和实效性。

在组织小组讨论时，思政教育工作者要合理分组，明确讨论主题和要求，引导学员围绕主题展开深入讨论，并在讨论结束后进行总结和点评，帮助学员深化对问题的认识。

3．实践教学法

实践教学法也是党校思政教育中不可或缺的教学方法。实践教学法通过组织学员参与社会实践活动，如参观红色教育基地、开展社会调研、参与志愿服务等，让学员在实践中学习和成长。

（1）参观红色教育基地能够让学员亲身感受革命先辈的奋斗精神和崇高理想，增强学员的爱国主义情感和党性修养。

（2）开展社会调研可以让学员深入了解社会现实，运用所学理论分析和解决实际问题，提高学员的实践能力和社会责任感。

（3）参与志愿服务则能够培养学员的奉献精神和社会服务意识，促进学员的全面发展。

思政教育工作者在组织实践教学活动时，要精心策划，明确实践目标和任务，加强对学员的指导和管理，确保实践教学活动的顺利开展并取得实效。

（三）较强的科研能力

科研工作对于党校思政教育工作者具有重要意义。

1．深化对理论知识的理解和认识

开展科研工作能够深化思政教育工作者对理论知识的理解和认识。在科研过程中，教育者需要对马克思主义理论、中国特色社会主义理论体系以及相关学科知识进行深入研究，探索其内在联系和发展规律。通过对习近平新时代中国特色社会主义思想的研究，思政教育工作者能够更加深刻地理解这一思想的时代背景、理论内涵和实践要求，从而在教学中更好地传达给学员。科研工作者能够帮助教育者发现理论知识中的新问题和新观点，为教学内容的更新和完善提供依据。

2．推动教学改革

推动教学改革也是科研工作的重要作用之一。科研成果可以为教学改革提供理论支持和实践经验。思政教育工作者通过研究教学方法、教学模式、教学内容等方面的问题，探索适合党校教育的教学改革路径。研究发现，互动教学法能够提高学员的学习积极性和参与度，思政教育工作者就可以在教学中积极推广这种教学方法，优化教学过程，提高教学质量。科研工作还能够促进教育者之间的学术交流和合作，推动教学改革的深入开展。

3．提升教育质量

提升教育质量是科研工作的最终目标。通过科研工作，思政教育工作者能够不断提高自己的专业水平和综合素质，为学员提供更加优质的教育服务。科研成果可以丰富教学内容，使教学更加生动、有趣、富有深度。教育者在科研过程中取得的新成果、新观点可以及时融入教学中，让学员接触到最前沿的理论知识和研究动态。科研工作还能够培养教育者的创新精神和实践能力，提高教育者解决实际问题的能力，从而更好地满足学员的学习需求，提升党校思政教育的质量和水平。

五、能力素质

（一）教学组织与管理能力

教学组织与管理能力是党校思政教育工作者的核心能力之一，直接关系到教学活动的顺利开展和教学目标的有效实现。在党校教学中，思政教育工作者需要根据教学内容和学员特点，制订合理的教学计划，明确教学目标、教学内容、教学方法和教学进度。其中，教学计划应科学、全面以及具有可行性。教学目标应具有明确性、可衡量性和可实现性，能够准确反映教学的预期效果。教学内容要紧密围绕党的理论和方针政策，结合社会热点问题和学员的实际需求，做到理论联系实际，具有针对性和实效性。

1．教学方法

在选择教学方法时，思政教育工作者要综合考虑教学内容、学员特点和教学条件等因素，灵活运用多种教学方法，如讲授法、讨论法、案例教学法、实践教学法等，以激发学员的学习兴趣和积极性，提高教学效果。

（1）讲授法能够系统地传授知识，但要注意避免满堂灌，注重与学员的互动。

（2）讨论法可以促进学员之间的思想交流和碰撞，培养学员的批判性思维和团队合作能力。

（3）案例教学法通过具体案例的分析，使抽象的理论知识变得更加生动形象，易于学员理解和掌握。

（4）实践教学法让学员在实践中锻炼能力，增强对理论知识的应用能力。

2. 课堂管理

课堂管理是教学组织与管理的重要环节，思政教育工作者要营造良好的课堂氛围，建立和谐的师生关系，确保课堂秩序井然。要尊重学员的主体地位，鼓励学员积极参与课堂教学，发表自己的见解和观点。当学员提出不同意见时，思政教育工作者要耐心倾听，给予充分的肯定和鼓励，引导学员进行深入思考和讨论。通过组织课堂讨论、小组活动等方式，激发学员的学习兴趣和主动性，提高课堂参与度。

有效的沟通是课堂管理的关键，思政教育工作者要及时了解学员的学习情况和思想动态，关注学员的学习需求和困惑，给予及时的指导和帮助。定期与学员进行交流，了解他们对教学内容和教学方法的反馈意见，根据学员的反馈及时调整教学策略，优化教学过程。对于学习有困难的学员，要给予特别关注，帮助他们分析原因，制订个性化的学习计划，鼓励他们克服困难，提高学习成绩。

3. 学习效果评估

思政教育工作者还要对学员的学习效果进行科学评估，及时反馈评估结果，为教学改进提供依据。评估方式应多样化，包括考试、作业、课堂表现、小组项目等，全面、客观地评价学员的学习成果。

（1）考试可以检验学员对知识的掌握程度，但要注重考试内容的科学性和合理性，避免死记硬背。

（2）作业可以考查学员对知识的应用能力和独立思考能力。

（3）课堂表现可以反映学员的学习态度和参与度。

（4）小组项目可以培养学员的团队合作能力和沟通能力。

通过综合评估，全面了解学员的学习情况，发现学员的优点和不足，为教学改进提供有针对性的建议。

（二）沟通与协调能力

沟通与协调能力是党校思政教育工作者必备的重要能力，对于提高教学质量、促进学员成长以及推动党校教育事业的发展具有重要意义。

1. 与学员沟通的重要性及方式

思政教育工作者与学员之间的有效沟通是教学活动顺利开展的基础。通过沟通，教育者能够深入了解学员的学习需求、兴趣爱好、思想动态和困惑问题，从而有针对性地调整教学内容和方法，满足学员的个性化学习需求。在与学员沟通时，思政教育工作者要尊重学员的个性差异，以平等、真诚的态度倾听学员的心声，建立良好的师生关系。采用多种沟通方式，如课堂交流、课后谈心、在线交流等，及时解答学员的疑问，给予学员鼓励和支持，激发学员的学习积极性和主动性。

2．与同事协作沟通的意义和体现

思政教育工作者与同事的协作沟通也是其不可或缺的能力。在党校教学中，思政教育工作者往往需要与其他教师共同完成教学任务，如开展集体备课、组织教学研讨活动等。通过与同事的协作沟通，能够实现教学资源的共享，相互学习教学经验和方法，共同解决教学中遇到的问题，提高教学质量。在集体备课过程中，教师们可以分享自己的教学思路和教学资源，共同探讨教学重点和难点，优化教学设计。在教学研讨活动中，教师们可以交流教学心得，分享教学成果，相互启发，共同提高教学水平。

3．与领导沟通协调的关键作用和要点

思政教育工作者与领导的沟通协调能力对于思政教育工作来说也至关重要。思政教育工作者需要及时向领导汇报教学工作进展和成果，反映教学中存在的问题和困难，争取领导的支持和指导。同时，要认真领会领导的工作要求和指示精神，积极落实相关工作任务，确保教学工作与党校的整体发展目标相一致。当教学工作需要资源支持或政策保障时，思政教育工作者要与领导进行有效的沟通，说明情况，提出合理的建议，争取领导的理解和支持。在执行领导的工作指示时，要积极主动，认真负责，及时反馈工作进展情况，确保工作任务的顺利完成。

4．与社会各界沟通协调的价值和途径

思政教育工作者还需要与社会各界进行沟通协调，拓展教学资源，提升党校思政教育的影响力。与政府部门、企事业单位、科研机构等建立合作关系，邀请专家学者来校讲学，组织学员开展社会实践活动，使教学内容更加贴近实际，增强学员的实践能力和社会责任感。通过与社会各界的沟通协调，能够为学员提供更多的学习机会和实践平台，拓宽学员的视野，提高学员的综合素质。同时，也能够提升党校思政教育的社会认可度和影响力，为党校教育事业的发展营造良好的社会环境。

5．提高沟通与协调能力的方法

为了提高沟通与协调能力，思政教育工作者要注重自身沟通技巧的培养，学会倾听、表达和理解他人的观点和需求。

（1）要注意语言表达的准确性和清晰性，避免使用模糊、有歧义的语言。

（2）要学会倾听他人的意见和建议，尊重他人的观点，不轻易打断他人的发言。

（3）要善于理解他人的立场和感受，站在对方的角度思考问题，增强沟通的效果。

（4）要不断提高自己的协调能力，学会在复杂的人际关系和工作环境中协调各方利益，解决矛盾和问题，促进工作的顺利开展。

（三）创新与应变能力

在当今复杂多变的社会环境和教育形势下，创新与应变能力已成为党校思政教育工作者不可或缺的重要素质。随着时代的快速发展，社会思潮日益多元化，信息技术飞速进步，这些变化给党校思政教育带来了前所未有的机遇和挑战。思政教育工作者必须具备创新意识，积极探索新的教育教学方式，以适应时代发展的需求，提高思政教育的实效性。

1. 教学内容创新

创新教育教学方式是党校思政教育工作者创新能力的重要体现。在教学内容方面，思政教育工作者要紧密结合时代热点和党的最新理论成果，及时更新教学内容，使教学内容更具针对性和实效性。关注国内外政治、经济、文化等领域的新动态，将其融入教学中，引导学员运用马克思主义的立场、观点和方法分析问题，培养学员的创新思维和解决实际问题的能力。在讲解党的政策时，结合实际案例，深入分析政策的背景、目标和实施效果，使学员更好地理解政策的内涵和意义。

2. 教学方法创新

在教学方法上，思政教育工作者要勇于突破传统教学模式的束缚，积极采用多样化的教学方法。通过引入案例教学、小组讨论、情境模拟、项目式学习等互动式教学方法，激发学员的学习兴趣和主动性，提高教学效果。案例教学法通过真实案例的分析，让学员在实际情境中运用所学知识解决问题，培养学员的分析能力和决策能力；小组讨论法促进学员之间的思想交流和碰撞，培养学员的团队合作精神和沟通能力；情境模拟法让学员在模拟的情境中体验和感受，增强学习的代入感和实效性；项目式学习法让学员通过完成具体项目，综合运用所学知识和技能，培养学员的创新能力和实践能力。

3. 应变能力的体现与提升途径

面对复杂多变的社会环境和教育形势，思政教育工作者还需具备较强的应变能力。例如，在教学过程中，可能会遇到各种突发情况，如学员提出尖锐问题、教学设备出现故障、教学计划临时调整等。思政教育工作者要保持冷静，迅速做出反应，灵活调整教学策略，确保教学活动的顺利进行。当学员提出尖锐问题时，思政教育工作者要以开放的心态和专业的知识进行解答，引导学员深入思考，避免简单回避或敷衍了事；当教学设备出现故障时，要及时采取措施进行修复或调整教学方式，如改用板书教学、进行口头讲解等；当教学计划临时调整时，要迅速调整教学内容和进度，合理安排教学活动，确保教学目标的实现。

此外，思政教育工作者还要关注社会发展的新趋势和教育改革的新要求，及时调整自己的教育教学理念和方法，以适应不断变化的教育环境。积极参加培训和学习活动，不断更新自己的知识结构和教育教学技能，提高自己的综合素质和应变能力。关注教育领域的新技术、新方法，如在线教学、人工智能辅助教学等，积极探索将其应用于党校思政教育的途径和方法，提升教学效果和教育质量。

第三节　党校思政教育队伍素质能力的提升与发展

一、党校思政教育队伍素质能力的提升策略与实践路径

（一）人才引育与师资结构优化

1. 人才引进策略

（1）为吸引优秀思政人才加入党校思政教育队伍，应制定具有吸引力的政策。在薪酬待遇方面，结合当地经济发展水平与人才市场行情，制定合理的薪酬体系，确保党校思政教师的薪酬具有竞争力。提供具有吸引力的福利待遇，如住房补贴、交通补贴、健康体检、带薪休假等，解决人才的生活后顾之忧。对于高层次人才，可给予特殊的薪酬待遇和科研启动资金，如为学科带头人提供 50 万元的科研启动资金，以支持其开展科研工作。

（2）制定明确的人才引进标准，确保引进人才的质量。在政治素质方面，要求应征者具有坚定的政治立场，忠于党的事业，能够坚决贯彻党的路线方针政策。在专业能力方面，对于思政专业背景的人才，应具备扎实的专业知识，如在马克思主义理论、思想政治教育等领域有深入的研究，能够熟练讲授相关课程；对于跨学科人才，须具备多学科知识融合的能力，能够运用多学科方法开展教学与科研工作。在科研能力方面，要求应征者具备一定的科研成果，如在核心期刊上发表过一定数量的学术论文，或主持、参与过省部级以上科研项目。

（3）优化人才引进流程，提高引进效率。建立科学的招聘机制，明确招聘的各个环节与时间节点，确保招聘工作的有序进行。拓宽招聘渠道，除传统的校园招聘、网络招聘外，还可通过人才推荐、学术会议等方式，广泛挖掘优秀人才。加强与高校、科研机构的合作，建立人才输送渠道，吸引高校优秀毕业生和科研人员加入党校思政教育队伍。在招聘过程中，简化手续，提高服务质量，为应聘者提供便捷、高效的应聘体验。

2. 内部培养体系构建

建立分层分类的教师培训体系，是促进教师专业成长的重要举措。

（1）对于新入职教师，应开展入职培训，帮助他们尽快适应党校教学工作。入职培训内容包括党校的历史、使命、教学理念与方法，以及思想政治教育的基本理论与实践。通过集中授课、导师指导、教学观摩等方式，使新教师了解党校教学的特点与要求，掌握基本的教学技能。在入职培训中，邀请资深教师分享教学经验，指导新教师进行教学设计和课堂教学实践。

（2）对于有一定教学经验的教师，可提供专业提升培训，帮助他们深入研究专业领域知识，提高教学水平。专业提升培训可包括参加学术研讨会、高级研修班、国内外访学等。例如，鼓励教师参加学术研讨会，了解学科前沿动态，与同行交流研究成果；组织教师参加高级研修班，深入学习专业知识，提升教学能力；支持教师到国内外知名高校或科研机构访学，拓宽学术视野，学习先进的教学理念和方法。在专业提升培训中，为教师提供充足的培训经费和时间保障，确保培训效果。

（3）针对骨干教师，应开展骨干培训，培养学科带头人。骨干培训内容包括教学创新能力培养、科研项目申报与管理、团队建设与领导能力提升等。例如，通过举办教学创新工作坊，鼓励骨干教师探索新的教学方法和模式；组织科研项目申报培训，提高骨干教师的科研项目申报能力；开展团队建设与领导能力培训，培养骨干教师的团队协作和领导能力。在骨干培训中，为骨干教师提供更多的科研资源和发展机会，支持他们开展教学改革和科研创新工作。

（二）教学创新与能力提升

1．教学理念更新

在新时代背景下，党校思政教育应积极更新教学理念，以适应时代发展的需求和学员的学习特点。传统的以教师为中心的教学理念，侧重知识的单向传授，学员处于被动接受的地位，这种理念已难以满足现代思政教育的要求。因此，党校思政教育应树立以学员为中心的教学理念，将学员的需求和发展作为教学的出发点和落脚点。

（1）以学员为中心的教学理念强调学员在学习过程中的主体地位，尊重学员的个性差异和学习需求。思政教育工作者应深入了解学员的工作背景、知识水平和思想动态，根据学员的实际情况设计教学内容和教学方法，使教学更具针对性和实效性。在教学过程中，鼓励学员积极参与课堂讨论、案例分析、小组合作等活动，激发学员的学习兴趣和主动性，培养学员的自主学习能力和创新思维。例如，在讲解党的政策时，可以结合学员所在地区或部门的实际情况，引导学员分析政策在当地的实施效果和面临的问题，让学员提出自己的见解和建议，从而加深学员对政策的理解和认识。

（2）注重培养学员的实践能力和创新思维是党校思政教育教学理念更新

的重要内容。思政教育不仅要传授理论知识，更要引导学员将理论知识运用到实际工作中，提高学员解决实际问题的能力。通过组织学员参与社会实践、调研考察、模拟决策等活动，让学员在实践中锻炼自己的能力。在社会实践活动中，组织学员深入基层，了解群众的需求和实际困难，运用所学的思政理论知识为群众提供帮助和服务，增强学员的社会责任感和使命感。

（3）创新思维是推动社会发展的重要动力，也是新时代党员干部必备的素质。党校思政教育应注重培养学员的创新思维，鼓励学员敢于突破传统思维的束缚，提出新的观点和方法。在教学中，设置开放性的问题和案例，引导学员从不同的角度思考问题，培养学员的发散思维和批判性思维。组织创新实践活动，如开展创新项目研究、创业实践等，为学员提供创新的平台和机会，激发学员的创新潜能。

2．教学方法改革

（1）案例教学法是一种以实际案例为基础的教学方法，通过引入真实的案例，让学员在分析和解决问题的过程中，加深对理论知识的理解和应用。在党校思政教育中，案例教学法具有独特的优势。它能够将抽象的理论知识与具体的实际案例相结合，使教学内容更加生动、形象，易于学员理解和接受。通过分析实际案例，学员能够更好地了解社会现实，提高分析问题和解决问题的能力。在讲解党的群众路线时，可以引入一些基层党组织在开展群众工作中取得成功的案例，如某社区通过建立居民议事会制度，广泛听取群众意见，解决了社区环境整治、公共设施建设等问题，赢得了群众的信任和支持。组织学员对这些案例进行分析和讨论，引导学员思考如何在自己的工作中践行群众路线，提高为人民服务的能力。

（2）互动教学法强调师生之间、学员之间的互动与交流，通过课堂讨论、小组合作、角色扮演等方式，激发学员的学习兴趣和主动性，促进学员之间的思想碰撞和经验分享。例如，在课堂讨论中，教师提出一些具有争议性的问题，引导学员发表自己的观点和看法，组织学员进行辩论和交流，培养学员的批判性思维和表达能力。小组合作学习可以让学员在团队中发挥各自的优势，共同完成学习任务，培养学员的团队协作能力和沟通能力。在讲解党的建设时，可以组织学员进行小组合作学习，每个小组围绕一个党建主题（如基层党组织建设、党员干部作风建设等）进行调研和分析，形成小组报告，并在课堂上进行汇报和交流。

（3）实践教学法是将理论教学与实践活动相结合的教学方法，通过组织学员参与社会实践、调研考察、志愿服务等活动，让学员在实践中加深对理论知识的理解，提高实践能力和综合素质。其中，社会实践活动可以让学员深入了解社会现实，增强社会责任感和使命感。组织学员深入农村、社区、企业等基层单位开展调研活动，了解基层的发展现状和存在的问题，为基层发展提供建议和帮助。调研考察活动可以让学员拓宽视野、增长见识。组织学员到革命圣地、先进地区等进行考察，学习先进经验，传承红色基因。志愿服务活动可以培养学员的奉献精神和服务意识。组织学员参与环保、扶贫、助老等志愿服务活动，为社会做出贡献。

（三）科研激励与成果转化

1. 科研激励机制建立

建立健全科研激励机制，对于激发党校思政教育工作者的科研积极性与创造性具有重要意义。

（1）设立科研项目资助，为思政教育工作者提供开展科研工作的资金支持。根据科研项目的性质、难度和预期成果，划分资助等级。例如，对于具有重大理论创新和实践价值的国家级科研项目，给予 50 万元的资助；对于省部级科研项目，资助金额为 20 万元；对于校级科研项目，资助金额为 5 万元。通过合理的资助额度，确保科研项目能够顺利开展，为科研工作提供坚实的物质保障。

（2）设立科研成果奖励，对在科研工作中取得突出成绩的思政教育工作者给予表彰和奖励。奖励可分为多个等级，如一等奖、二等奖、三等奖以及优秀奖等。根据科研成果的影响力和学术价值确定奖励等级。例如，在国内外顶尖学术期刊上发表的高质量论文，或获得省部级以上科研成果奖的成果，可评为一等奖，给予 10 万元的奖励；在核心期刊上发表的优秀论文，或获得地市级科研成果奖的成果，可评为二等奖，奖励金额为 5 万元；在省级期刊上发表的具有一定学术价值的论文，或获得校级科研成果奖的成果，可评为三等奖，奖励 3 万元。通过明确的奖励标准，激励思政教育工作者积极开展科研工作，追求高质量的科研成果。

（3）除了物质奖励，还应注重精神激励。对科研成果突出的教师，在职称评定、评优评先等方面给予优先考虑。例如，在职称评定中，同等条件下，科研成果丰富的教师可优先晋升；在评优评先活动中，将科研成果作为重要的评选指标，对科研工作表现优秀的教师进行表彰，授予"科研标兵""优秀科研工作者"等荣誉称号，增强教师的职业荣誉感和社会认可度，进一步激发教师的科研热情。

2. 科研与教学融合

促进科研与教学的深度融合，是提升党校思政教育质量的关键环节。鼓励思政教育工作者将科研成果转化为教学内容，丰富教学素材，使教学更具时代性和前沿性。在讲解马克思主义中国化理论时，教师将自己在科研中对中国特色社会主义理论体系创新的研究成果融入教学，详细阐述理论创新的背景、内涵和实践意义，让学员了解党的最新理论动态。将科研中对社会热点问题的研究成果，如对乡村振兴战略实施中遇到的问题及解决对策的研究，作为案例引入课堂教学，组织学员进行分析和讨论，提高学员分析问题和解决问题的能力。

建立科研与教学互动机制，使教学实践中发现的问题能够及时反馈到科研工作中，为科研提供方向和动力。思政教育工作者在教学过程中，应关注学员的学习需求和对知识的理解难点，并将这些问题作为科研选题的重要依据。针对学员在学习党的政策时存在的理解偏差和疑惑，开展相关的科研项目，深入研究政策的制定背景、实施效果和存在的问题，为教学提供更准确、深入的讲解内容。通过教学与科研的互动，实现教学与科研的相互促进、共同提高。

为推动科研成果在教学中的应用，党校可组织开展科研成果交流活动，如学术研讨会、教学经验分享会等。例如，在学术研讨会上，思政教育工作者分享自己的科研成果，探讨科研成果在教学中的应用方法和效果；在教学经验分享会上，教师交流如何将科研成果融入教学，以及在教学过程中遇到的问题和解决方法。通过这些交流活动，促进教师之间的学习与合作，提高科研成果的转化率，提升教学质量。

（四）激励保障与职业发展

1. 激励机制完善

建立科学合理的绩效考核机制，是激励党校思政教育工作者的关键。绩效考核应全面、客观地评价教师的工作表现，不仅关注教学成果，还应涵盖科研成果、学员反馈、教学创新等多个方面。其中，在教学成果方面，考查教师的教学质量、教学效果，通过课堂观察、学员成绩评估等方式进行评价；科研成果则包括论文发表、科研项目完成情况、科研成果的影响力等；学员反馈可通过问卷调查、座谈会等形式收集，了解学员对教师教学内容、教学方法、教学态度等方面的评价。

在绩效考核指标中，应合理设置各方面的权重。教学成果可占 40%，科研成果占 30%，学员反馈占 20%，教学创新占 10%。通过明确的权重设置，引导教师全面发展，避免片面追求某一方面的成绩。

在职称晋升方面，建立公平、公正、透明的晋升机制至关重要。明确职称晋升的标准和条件，包括教学业绩、科研成果、师德师风等方面的要求。其中，教学业绩要求教师具备较高的教学水平，教学效果得到学员和同行的认可；科研成果要求教师在核心期刊上发表一定数量的高质量论文，主持或参与省部级以上科研项目；师德师风方面，要求教师具有良好的职业道德，遵守教师行为规范。

为确保晋升过程的公平公正，应成立由专家、同行和学员代表组成的评审委员会。专家负责对教师的科研成果进行评审，同行对教学业绩进行评价，学员代表则从学员的角度提供反馈意见。评审过程应公开透明，接受全体教师的监督，确保晋升结果的公信力。

2. 职业发展规划

为党校思政教育教师制定个性化职业发展规划，是促进教师成长与发展的重要举措。根据教师的专业背景、教学经验、科研能力和职业兴趣，为每位教师量身定制职业发展路径。对于具有深厚马克思主义理论功底、教学经验丰富的教师，可引导其向学科带头人方向发展，鼓励他们开展教学改革和创新研究，引领学科发展；对于科研能力较强的教师，可支持他们在科研领域深入探索，承担高层次科研项目，提高学术影响力。

为教师提供多样化的职业晋升通道，满足教师不同的职业发展需求。除了传统的教学职称晋升通道外，还可设立管理岗位晋升通道、科研岗位晋升通道等。在管理岗位晋升方面，选拔具有管理能力和经验的教师担任教学管理、科研管理等岗位职务，参与学校的管理决策；科研岗位晋升则根据教师的科研成果和学术影响力，给予相应的职称和待遇，激励教师专注于科研工作。

定期对教师的职业发展规划进行评估和调整，确保规划的有效性和适应性。每学年对教师的职业发展情况进行评估，根据教师的实际发展情况和学校的发展需求，对规划进行调整和完善。当教师在科研方面取得重大突破时，可及时调整职业发展路径，为其提供更多的科研资源和发展机会；当教师在教学中表现出色，有潜力担任教学管理职务时，可引导其向管理岗位发展。

二、长效机制与未来展望

（一）长效发展机制构建

1. 制度建设

制度建设是党校思政教育队伍长效发展的基石，涵盖教师管理、教学质量监控、科研管理等多个关键领域。

（1）在教师管理方面，应建立健全教师聘用制度，明确聘用标准与程序，确保选拔出政治素质高、业务能力强的优秀人才。制定科学的教师考核制度，从教学质量、科研成果、师德师风等多维度进行全面考核，将考核结果与教师的薪酬待遇、职称晋升、评优评先等挂钩，激励教师积极进取。例如，对于教学质量高、科研成果突出的教师，给予相应的奖励和晋升机会；对于教学质量不达标的教师，进行针对性的培训和指导，若仍无改进，则予以相应的处罚。

（2）教学质量监控方面，建立全过程、全方位的监控体系。在教学过程中，通过课堂观察、学员评教、同行互评等方式，及时了解教学情况，发现问题并及时解决。定期开展教学质量评估，对教学目标的达成情况、教学内容的合理性、教学方法的有效性等进行全面评估，根据评估结果调整教学策略，不断提高教学质量。建立教学质量反馈机制，将学员和同行的意见及时反馈给教师，促进教师改进教学。

（3）科研管理方面，完善科研项目申报、立项、实施、结项等环节的管理制度。规范科研项目申报流程，明确申报条件和要求，确保申报项目的质量；加强对立项项目的跟踪管理，定期检查项目进展情况，提供必要的支持和指导，确保项目按时完成；严格科研成果的审核和评价，注重成果的创新性和实用性，推动科研成果的转化和应用。

2．组织保障

成立专门的管理机构，是保障党校思政教育队伍长效发展机制运行的关键。该机构应负责统筹规划思政教育队伍的建设与发展，制定相关政策和措施，协调各方资源，为思政教育队伍提供全方位的支持。明确管理机构的职责分工，使其在教师管理、教学质量监控、科研管理等方面各司其职、协同合作。例如，在教师管理方面，负责教师的招聘、培训、考核等工作；在教学质量监控方面，组织开展教学检查、教学质量评估等活动；在科研管理方面，管理科研项目、促进科研成果转化等。

为确保管理机构的有效运行，应配备专业的管理人员，提高管理水平和效率。管理人员应具备丰富的教育管理经验、较强的组织协调能力和专业的知识背景，能够准确把握思政教育队伍的发展需求，制定科学合理的管理策略。加强管理机构与其他部门的沟通协作，形成工作合力。例如，与组织人事部门合作，共同做好教师的招聘和晋升工作；与财务部门合作，保障教学和科研经费的合理使用；与教学部门合作，共同提高教学质量。

3．资源支持

提供充足的教学资源，是促进党校思政教育队伍发展的重要支撑。加大对教学设施设备的投入，完善教室、实验室、图书馆等教学场所的硬件设施，配备先进的多媒体教学设备、网络教学平台等，为教学活动的开展提供良好的条件。建设丰富的教学资源库，整合各类教学资料，包括教材、课件、案例、试题等，为教师的教学和学员的学习提供便捷的资源支持。积极引入优质的在线课程资源，拓展教学的时空范围，满足学员多样化的学习需求。

科研经费是开展科研工作的物质基础，应加大对科研的投入，设立专项科研基金，支持思政教育工作者开展科研项目。根据科研项目的性质、难度和预期成果，合理分配科研经费，确保经费使用的效益最大化。除科研经费外，还应提供科研设备、实验场地等资源支持，为科研工作的顺利开展创造良好的条件。加强与其他科研机构、高校的合作，共享科研资源，拓宽科研渠道，提高科研水平。通过合作，思政教育工作者可以参与更多的科研项目，学习先进的科研方法和经验，提升自身的科研能力。

（二）发展趋势展望

1. 数字化发展

在信息技术飞速发展的当下，数字化技术已成为推动党校思政教育变革的重要力量，为教学、科研和管理工作带来了新的机遇与挑战。在教学方面，数字化技术为党校思政教育提供了更加丰富的教学资源和多样化的教学手段。在线课程的广泛应用，使学员能够突破时间和空间的限制，随时随地进行学习。通过搭建在线学习平台，整合各类优质思政教育课程，学员可以根据自己的学习进度和需求，自主选择课程进行学习。利用多媒体资源，如视频、音频、动画等，将抽象的思政理论知识转化为生动形象的教学内容，增强教学的吸引力和感染力。在讲解党史时，可以播放相关的历史纪录片，让学员更加直观地感受历史事件的背景和意义，加深对党史的理解。

数字化技术还支持开展虚拟教学活动，如虚拟课堂、虚拟实践等。其中，虚拟课堂通过虚拟现实和增强现实技术，为学员营造沉浸式的学习环境，使学员仿佛置身于真实的教学场景中，提高学习的参与度和体验感。虚拟实践则为学员提供了模拟实际工作场景的机会，让学员在虚拟环境中运用所学的思政理论知识解决实际问题，提升实践能力。在开展廉政教育时，可以利用虚拟现实技术创建虚拟的廉政教育基地，让学员在虚拟环境中参观廉政展览、听取案例分析，增强廉政教育的效果。

在科研工作中，数字化技术为思政教育研究提供了强大的支持。大数据分析技术能够帮助思政教育工作者收集和分析大量的教育数据，挖掘数据背后的规律和趋势，为科研决策提供依据。通过分析学员的学习行为数据、考试成绩数据等，了解学员的学习特点和需求，为个性化教学提供参考；分析社会舆情数据，了解社会公众对思政教育的关注热点和态度，为科研选题提供方向。利用数字化技术，还可以实现科研资源的共享与合作。通过建立科研数据库和学术交流平台，思政教育工作者可以方便地获取国内外的科研成果和学术动态，与同行进行交流与合作，共同推动思政教育科研的发展。

数字化技术在党校思政教育管理工作中也发挥着重要作用。利用信息化管理系统，实现教学管理、学员管理、师资管理等工作的数字化和智能化。在教学管理方面，通过教学管理系统，实现课程安排、教学进度跟踪、教学质量评估等工作的自动化和信息化，提高教学管理的效率和准确性。在学员管理方面，利用学员管理系统，实现学员信息的录入、查询、统计等功能，方便对学员的学习和生活进行管理。在师资管理方面，通过师资管理系统，实现教师信息的管理、教学工作量的统计、教师考核评价等工作，为教师的职业发展提供支持。

2．专业化提升

随着社会的发展和进步，对党校思政教育的要求越来越高，思政教育队伍向专业化方向发展成为必然趋势。

（1）专业化提升首先体现在思政教育工作者对专业知识的深入研究和掌握上。他们需要不断深化对马克思主义理论、中国特色社会主义理论体系的研究，把握理论的精髓和实质，能够准确、深入地传授给学员。在研究马克思主义哲学时，不仅要掌握基本的哲学原理，还要关注哲学理论在当代社会的应用和发展，将其与现实问题相结合，为学员提供具有现实指导意义的教学内容。

对党史党建、思想政治教育方法论等专业领域的研究也需要不断深入。通过对党史党建的研究，了解党的发展历程和历史经验，为学员提供全面、系统的党史教育；研究思想政治教育方法论，探索更加有效的教学方法和手段，提高思政教育的实效性。思政教育工作者还应关注学科前沿动态，不断更新知识结构，拓宽学术视野。参加学术研讨会、阅读学术文献，了解国内外思政教育领域的最新研究成果和发展趋势，将其融入教学和科研工作中。

（2）在教学能力方面，专业化的思政教育工作者应具备精湛的教学技能，能够根据教学目标和学员特点，设计合理的教学方案，运用多样化的教学方法，激发学员的学习兴趣，提高教学效果。熟练掌握案例教学法、问题导向教学法、小组讨论法等教学方法，并依据不同的教学内容和学员需求，灵活运用这些方法。在讲解党的政策时，可以通过引入实际案例，组织学员进行小组讨论，引导学员分析政策的实施效果和存在的问题，提高学员对政策的理解和应用能力。

（3）具备良好的教学评价能力也是专业化的重要体现。思政教育工作者需能够对教学效果进行准确、客观的评价，及时发现教学中存在的问题，进而采取相应的改进措施。通过课堂观察、考试成绩分析、学员评价等方式，全面掌握教学效果，为教学改进提供依据。

（4）专业化提升还要求思政教育工作者具备较强的科研能力。他们能够独立开展科研项目，撰写高质量的学术论文和研究报告。例如，在科研选题上，具有敏锐的洞察力，能够关注社会热点问题和思政教育领域的前沿问题，选择具有重要理论和实践价值的课题进行研究。在研究过程中，运用科学的研究方法，收集和分析数据，确保研究结果的可靠性和有效性。将科研成果转化为教学内容，促进教学与科研的相互促进和共同发展。

3. 协同化发展

在新时代背景下，加强与其他党校、高校及社会机构的合作，实现协同发展，已成为党校思政教育队伍发展的重要趋势。

（1）与其他党校的合作能够促进资源共享和优势互补。不同地区的党校在教学资源、师资力量、科研成果等方面存在差异，通过合作，可以实现资源的优化配置。共享优质的教学课件、案例库、科研成果等资源，避免重复建设，提高资源利用效率。开展师资交流活动，选派教师到其他党校进行讲学、进修，学习先进的教学经验和方法，提升教师的教学水平。在科研方面，合作开展课题研究，整合各方的研究力量，共同攻克重大科研难题，提高科研成果的质量和影响力。

（2）与高校的合作可以拓展党校思政教育的视野和思路。高校拥有丰富的学术资源和专业的研究团队，在学科建设、人才培养等方面具有优势。党校与高校合作，可以邀请高校专家学者到党校讲学，为学员带来前沿的学术观点和研究成果，拓宽学员的学术视野。开展学术交流活动，组织党校教师与高校教师进行学术研讨，分享研究经验和心得，促进双方的学术交流与合作。在人才培养方面，合作开展研究生培养、教师培训等项目，充分利用高校的教育资源，提高党校人才培养的质量。

（3）与社会机构的合作能够增强党校思政教育的实践性和针对性。社会机构在社会服务、行业发展等方面具有丰富的经验和资源。例如，党校与社会机构合作，可以建立实践教学基地，组织学员到社会机构进行实践锻炼，了解社会实际情况，提高学员的实践能力。邀请社会机构的专家、企业家到党校授课，分享行业发展动态和实践经验，使学员更好地了解社会需求，增强教学的针对性。合作开展社会调研活动，共同研究社会热点问题，为社会发展提供智力支持。

第五章

党校思政工作实现路径

第一节　坚持党的教育理念

一、理想信念教育

新时代的中国共产党必须切实做到“打铁必须自身硬”，一定要有新气象新作为，一定要政治过硬、本领高强，这就要增强学习意识和本领，营造学习氛围，建设马克思主义学习型政党，从多个方面加强对党员的教育。

中国特色社会主义进入了新时代。新时代要有新气象，更要有新作为，关键是我们党要全面增强政治领导力、思想引领力、群众组织力、社会号召力，永葆旺盛生命力和强大战斗力。毫不动摇把党建设得更加坚强有力，就要认真落实七个方面重要任务。党的二十大报告做出了具体部署、提出了明确要求，我们要结合实际全面贯彻，尤其要注重政治建设和思想建设这两个方面。

（一）理想信念的地位和作用

对马克思主义的信仰，对社会主义和共产主义的信念，是共产党人的政治灵魂，是共产党人经受住任何考验的精神支柱，必须用理想之光照亮奋斗之路，用信仰之力开创美好未来。

1. 理想信念是最高的价值追求，发挥支配统摄的作用

理想是人们对未来社会和自身发展目标的向往与追求，是人们的世界观、人生观和价值观在奋斗目标上的集中表现，是推动人们创造美好生活的巨大力量，而信念是人们在一定的认识基础上确立的对某种思想或事物坚信不疑并身体力行的心理态度和精神状态，是人们追求理想目标的强大动力。在很多情况下，理想亦是信念，信念亦是理想，因此常将理想与信念合称为理想信念。

理想信念对人而言，就好比身体的脊梁。脊梁垮了，人就会倒下；脊梁歪了，人就会不走正道。对一个人来说，没有正确的理想信念，就会失去人生的意义和价值。同样，对一个政党来说，倘若没有正确坚定的理想信念，就会失去奋斗的目标、偏离前进的方向，就会丧失先进性和存在的依据。

2．理想信念是方向，发挥精神支柱的作用

理想信念对人生历程起着导向作用，是人的思想和行为的定向器。因为理想信念一旦确立，就可以使人方向明确、精神振奋，就意味着以理想为指引去改造自然和社会，进而塑造和成就自身。即使困难众多、道路曲折，也能不忘初心，坚定前进方向和必胜信念。

3．理想信念是核心，发挥民族凝聚的作用

有了共同的理想信念，就有了共同的价值目标和共同的利益，就能使人们在共同利益的基础上团结起来，形成强大的民族凝聚力，凝聚民族感情，激发民族的自信和自立，推动民族成员追求民族整体的生存与发展，进而引导人们为了共同的目标而奋斗。

4．理想信念是灵魂，发挥内在驱动的作用

理想信念是激励人们向既定人生目标奋斗前进的动力。一个人有了崇高而坚定的理想信念，才会以惊人的毅力和不懈的努力成就事业。无数杰出人物之所以能在平凡的岗位上做出不平凡的业绩，在极其困难的条件下创造奇迹，一个重要的原因就在于具有崇高坚定的理想信念，从而具有锲而不舍的动力。崇高的理想信念能使人的精神生活的各方面统一起来，使人内心充实和安宁，避免空虚迷茫，进而提升精神境界，塑造高尚人格。

（二）理想信念教育是共产党人终身的必修课

1．共产主义理想信念是共产党保持先进性的思想基础和根本保证

理想指引人生方向，信念决定事业成败，“革命理想高于天”生动反映了崇高信仰对共产党人的巨大激励和鞭策作用，因此从严管党治党，首先要坚定党员干部的理想信念。坚定理想信念，坚守共产党人精神追求，始终是共产党人安身立命的根本。有了坚定的理想信念，站位就高了，眼界就宽了，心胸就开阔了，就能坚持正确的政治方向，在胜利和顺境时不骄傲、不急躁，在困难和逆境时不消沉、不动摇，经受住各种风险和困难考验，自觉抵制各种腐朽思想的侵蚀，永葆共产党人政治本色。任何一名在党旗下宣过誓的共产党员都必须铭记“为共产主义奋斗终身”的誓词，为了理想信念，就应该去拼搏、去奋斗、去献出全部精力乃至生命。

2．党员理想信念教育在新时代显得更加紧迫

当前，广大党员、干部的理想信念总体坚定，政治上可靠。同时，我们也要清醒认识到，在党员、干部队伍中，信仰缺失问题仍需引起高度重视。有的党员对共产主义心存怀疑，认为那是虚无缥缈、难以企及的幻想；有的党员是非观念模糊、原则立场动摇、正义感缺失，糊里糊涂当官，浑浑噩噩过日子；有的党员盲目推崇西方社会制度和价值观念，对社会主义前途命运丧失信心；有的党员甚至在涉及党的领导和中国特色社会主义道路等原则性问题的政治挑衅面前态度暧昧、消极躲避、不敢亮剑，甚至故意模糊立场、耍滑头。事实表明，理想信念动摇是最危险的动摇，理想信念滑坡是最危险的滑坡。

这些问题的存在将严重削弱党的创造力、凝聚力、战斗力，严重损害党同人民群众的血肉联系，严重影响党的执政地位的巩固和执政使命的实现，必须引起全党警醒，抓紧加以解决。

（三）新时代党员理想信念教育的路径

1．加强理论学习

要组织广大党员认真学习马克思列宁主义、毛泽东思想、邓小平理论、“三个代表”重要思想、科学发展观，当前尤其要学习习近平新时代中国特色社会主义思想，学习和运用马克思主义立场、观点、方法观察问题、分析问题、解决问题，牢固树立正确的世界观、人生观、价值观，不断提高对重大、复杂问题的认识水平。

马克思主义科学理论，是开展共产党员理想信念教育的理论支撑，因此切实加强党的思想理论教育，提高党员干部的思想理论素质，最根本的是要加强辩证唯物主义和历史唯物主义教育，推动全党同志真正把理想信念牢固地建立在马克思主义的科学基础之上。

目前，最重要的是深入学习习近平新时代中国特色社会主义思想，深刻领会党的理论创新成果，做到真学真懂真信真用，用马克思主义中国化最新成果武装全党，以全新的视野深化对共产党执政规律、社会主义建设规律、人类社会发展规律的认识，提高运用科学理论分析和解决实际问题的能力。

2．加强思想教育

注重思想引导，把深层次理论问题和复杂的道理用朴实而简洁的语言讲清楚，要紧密结合社会发展实际和党员、领导干部思想实际，结合各项工作的开展，帮助党员站稳政治立场，分清是非界限。认真总结改革开放的成功经验，用事实回答长期困惑人们的理论和实践问题，使党员干部正确看待当前社会的消极现象，坚定广大党员干部拥护和支持改革的决心和信心，在纷繁复杂的社会生活现象面前不迷惘，在各种思潮的冲击和影响面前不失节，始终保持政治上的坚定清醒，牢固树立马克思主义的世界观、人生观、价值观和共产主义远大理想，进一步坚定广大共产党员对马克思主义的信仰、共产主义的信念和中国特色社会主义的信心，积极投身全面建设社会主义现代化国家的伟大事业中，投入第二个百年奋斗目标和中国梦的伟大实践中去，全面、正确、积极地贯彻执行党的基本路线和基本纲领，奋力开拓中国特色社会主义更为广阔的发展前景。

3. 保持思想政治工作常态化

党员不是生活在真空之中，无论在工作、学习还是生活中，都难免会遭遇困惑、烦恼、担忧等。党组织要及时发现问题苗头，通过耐心细致、有针对性地开展思想工作，帮助党员解疑释惑、理顺情绪、端正认识，不给错误思想以可乘之机。

特别要正确看待党员的正当利益需求。作为具有共产主义觉悟的共产党员，应当坚持党和人民的利益高于一切，个人利益服从党和人民的利益。既要从党的需要出发，也要从党员的需要出发，使党员正确处理追求个人正当利益与为党和人民利益忘我奋斗、无私奉献之间的关系，使个人利益服从党和人民的利益。

4. 严肃党内政治生活

坚持“三会一课”制度、民主生活会和组织生活会制度、谈心谈话制度、民主评议党员制度等各项制度，通过健全有效的组织生活，使党员强化党员意识、增强党的观念、提高党性修养。要开展积极健康的党内思想斗争，让党员定期接受思想上的“政治体检”，及时清扫思想灰尘，让信仰之基更加牢固。

要严明党的政治纪律和政治规矩，对于理想信念动摇、背离党的性质和宗旨的党员，要依纪依规进行教育和处理，以维护党员队伍的纯洁性。要进一步建立健全党员民主权利保障制度，落实党员知情权、参与权、选举权和监督权，各党组织在严肃党内政治生活方面积累的先进经验要以制度的形式落实并进行推广，实现党员主体地位保障的制度化，从党规党纪上保障党员的主体地位；建立和优化用人机制，让德才兼备的党员走上重要的工作岗位，实现其自身价值和社会价值。

5. 开拓教育新平台

新时代理想信念教育的内容、任务、环境和方式都发生了很大的变化，教育中不能简单地重复过去的老办法，要结合新形势、新要求，主动适应新环境下党员队伍结构的变化，坚持正确的教育原则，不断探索理想信念教育的新方式、新手段，充分利用多种教育资源，努力拓宽理想信念教育的空间和渠道，增强党员理想信念教育的有效性。不思改革创新，安于现状，就难以适应时代的新要求，甚至会制造种种障碍。新世纪新阶段的教育应该充分利用现代信息技术，将现代技术与传统的学习方法相结合，利用互联网这个新阵地和传播的制高点，创新理想信念教育的形式，开拓理想信念教育工作的新局面。

具体来说，要采取以下新举措：

（1）要把理想信念教育纳入“网络党建”的范畴，高度重视现有网络资源的开发和利用，不断提高主流媒体的综合实力和竞争力。

（2）建立以党员干部为主体的QQ群、微信群，搭建手机、电脑等现代化的学习平台。

（3）大力加强网上评论员队伍建设，积极发展健康向上、丰富多彩的网络文化生活，进一步加强对互联网的监管，为理想信念教育进网络提供可靠保障，真正建立起一个覆盖范围广、影响力大的马克思主义网络传播阵地，突破传统学习方式的时间和空间的制约，使学习更有实用性、趣味性，推进理想信念教育的现代化、信息化。

二、党的先进性教育

保持党的先进性和纯洁性，巩固党的执政基础和执政地位，是党的建设面临的根本问题和时代课题。一个政党过去先进不等于现在先进，现在先进不等于永远先进，因此必须高度重视党的先进性建设，把党的先进性建设摆在突出位置。新阶段党的先进性教育活动，要按照立党为公、执政为民的要求，坚持党要管党、全面从严治党的方针，紧密联系改革发展稳定工作的实际和党员队伍建设现状，坚定理想信念，坚持党的宗旨，增强党的观念，发扬优良传统，认真解决党员和党组织在思想、组织、作风以及工作方面存在的突出问题，不断增强党员队伍和党组织的创造力、凝聚力、战斗力，为实现宏伟目标提供坚强的政治保证和组织保证。

（一）党的先进性教育的提出及其内涵

1．党的先进性教育的提出

保持共产党员先进性教育活动是中国共产党在新的历史条件下用发展着的马克思主义武装全党的一项重大举措，是加强党的执政能力建设和先进性建设的一次成功实践。

全党要增强紧迫感和责任感，牢牢把握加强党的执政能力建设、先进性和纯洁性建设这条主线，坚持解放思想、改革创新，坚持党要管党、全面从严治党，全面加强党的思想建设、组织建设、作风建设、反腐倡廉建设、制度建设，增强自我净化、自我完善、自我革新、自我提高的能力，建设学习型、服务型、创新型的马克思主义执政党，确保党始终成为中国特色社会主义事业的坚强领导核心。

全党要更加自觉地坚定党性原则，勇于直面问题，敢于刮骨疗毒，消除一切损害党的先进性和纯洁性的因素，清除一切侵蚀党的健康肌体的病毒，不断增强党的政治领导力、思想引领力、群众组织力、社会号召力，确保我们党永葆旺盛生命力和强大战斗力。

2. 党的先进性教育的内涵

党的先进性是历史的、具体的，时代的发展和实践的深入总是不断赋予党的先进性以新的内涵。我们党要始终保持先进性，就必须顺应时代的发展和人民的要求，自觉、主动、持续地推进先进性教育，努力使党的全部理论和工作实践体现时代性、把握规律性、富于创造性，使我们党始终与时代发展同步伐、与人民群众共命运。

先进性教育是党对自身各项先进性素质的提升，主要包括以下三点。

（1）党的指导思想和理论纲领应当反映时代要求、符合本国国情、体现人民根本利益和共同愿望。

（2）党的组织系统应当有利于党发挥自身的政治优势和组织优势，即党的各级领导班子发挥领导核心作用，党的基层组织发挥战斗堡垒作用，对基层社会能够有效发挥影响力和带动力。

（3）党的规章制度应当随着社会发展而不断完善，能够使党的领导与决策规范化、程序化，使党内民主生活实现民主与集中、自由与纪律、个人心情舒畅与统一意志的有机统一。

先进性教育是对党自身先进形象的新塑造。党的自身形象不仅要通过党的性质、宗旨、纲领、路线体现出来，还要通过党的整体行为来体现，主要包括以下三点。

（1）党的中央领导集体需保持坚定政治信念，具有高度的马克思主义理论素养和中华优秀传统文化素养，拥有敏锐的政治洞察力和应变能力，展现力挽狂澜和坚韧不拔的意志力，善于开拓创新与破解难题。

（2）党的干部队伍应能够与人民群众保持密切联系，能够成为群众的楷模，具有开阔的眼界和胸襟，有凝聚力，有引领群众投身中国特色社会主义事业的能力。

（3）党员队伍需在工作、学习和社会生活中发挥先锋模范作用。

加强党的先进性教育，就是要通过推进党的各方面建设，特别是党的政治建设、思想建设、组织建设、作风建设、纪律建设、制度建设、反腐倡廉建设，使党的理论、路线、方针、政策顺应时代的潮流和我国社会发展的要求，反映全国各族人民的利益和愿望，使各级党组织不断提高创造力、凝聚力、战斗力，始终发挥领导核心和战斗堡垒作用，使广大党员不断提高自身素质、始终发挥先锋模范作用，使党永葆与时俱进的品质、始终走在时代前列。

（二）共产党员先进性教育的基本要求

要深刻理解和准确把握新时期共产党员保持先进性的基本要求：一是要坚持理想信念，坚定不移地为建设中国特色社会主义而奋斗；二是要坚持勤奋学习，扎扎实实地提高实践“三个代表”重要思想的本领；三是要坚持党的根本宗旨，始终不渝地做到立党为公、执政为民；四是要坚持勤奋工作，兢兢业业地创造一流的工作业绩；五是要坚持遵守党的纪律，身体力行地维护党的团结统一；六是要坚持“两个务必”，永葆共产党人的政治本色。

1．坚持用与时俱进的科学理论武装头脑，在思想上保持先进性

理论上的成熟是政治坚定的基础，思想上的先进是其他各方面先进的根基，保持思想先进的关键在于用与时俱进的科学理论武装头脑。每一个共产党员都要加强理论学习，用中国化的马克思主义理论武装头脑，努力提高理论素养，提升思想境界，掌握先进文化，提高自身素质。要发扬理论联系实际的学风，善于把马克思主义基本原理同改革开放和现代化建设的实践结合起来，自觉运用科学理论去研究新情况、解决新问题，不断解放思想、转变观念，始终保持昂扬斗志和进取精神。

2．坚持理想信念、组织纪律和民主集中制原则，在政治上保持先进性

在政治上保持先进性是指在政治上要清醒、成熟、坚定，即明确政治方向，站稳政治立场，遵守政治纪律，提高政治鉴别力，增强政治敏锐性和政治责任感，在大是大非面前保持清醒的头脑，在关键时刻不迷失方向，主要体现在以下三点。

（1）共产党员要坚持共产主义理想和社会主义信念，坚持党在社会主义初级阶段的基本路线和基本纲领不动摇，在各种风浪中，做到任何时候、任何情况下都不动摇，始终坚持正确方向，脚踏实地，把胸怀共产主义远大理想同建设中国特色社会主义的伟大实践统一起来，形成齐心协力干事业、凝心聚力谋发展的生动局面。

（2）共产党员要坚持党的原则，严守党的纪律，增强党组织观念，做遵纪守法的模范。

（3）共产党员要坚持民主集中制原则，坚决维护党中央权威，严格服从组织决定，自觉维护党的团结和统一，坚决反对自由主义、宗派主义和小团体主义等不良倾向。同时，每一名共产党员都要为党的事业和党的工作着想，发扬民主，出谋划策，担负起应有的责任。

3．坚持推进社会发展和全心全意为人民服务，在工作上保持先进性

履行岗位职责，做好本职工作，是共产党员保持先进性的基本要求。共产党员要保持工作上的先进性，需要做到以下两点。

（1）要解放思想，勇于开拓，积极投身到经济建设和社会发展事业中，坚定地站在改革开放的前列，立足本职工作，身体力行，埋头苦干，党员干部尤其要在实现现代化过程中勇挑重担，担当骨干，带领人民群众在科学发展观的指导下，努力实现经济的可持续发展，实现经济社会的协调发展。

（2）要认真实践为人民服务的宗旨，密切联系群众，尊重群众的创造，倾听群众的呼声，做人民群众的贴心人，维护好、实现好和发展好最广大人民群众的根本利益，时刻以是否符合人民利益，是否反映人民要求和愿望，是否受到群众的欢迎和拥护，作为检验与衡量自己行为的标准，提高组织群众、教育群众、服务群众的本领，进一步密切党群、干群关系。

4．坚持开拓创新、廉洁奉公和艰苦奋斗，在作风上保持先进性

作风建设是共产党员党性的重要体现，优良的作风是中国共产党保持先进性的有力保证。党员的先进性是能够看得见、摸得着、感受得到的，它体现在为人民群众办实事、做好事、破难题的具体实践中。党员要努力按照人民利益标准衡量自己、要求自己，自觉提高党性修养，把共产主义道德作为自己的行为规范，继承和发扬党的优良传统作风，带头树立社会主义新风尚。作为一名党员，尤其是党的领导干部，不仅要有好的思想作风、工作作风和生活作风，而且要树立正确的权力观、地位观和利益观，严于律己、防微杜渐，夯实精神支柱，筑牢思想防线，真正做到心胸开阔、无私奉献、持正守直、拒腐防变，永葆共产党人的先进本色。

新时期保持党的先进性应注意如下问题：

（1）必须坚持用发展着的马克思主义武装全党，不断巩固全党全国人民团结奋斗的共同思想基础，始终保持党在思想上理论上的先进性。

（2）必须把党的建设新的伟大工程与党领导的伟大事业紧密结合起来，紧紧围绕党和国家的中心任务加强党的先进性建设。

（3）必须以人民群众是否满意为根本标准，把实现好、维护好、发展好最广大人民群众的根本利益作为加强党的先进性建设的出发点和落脚点。

（4）必须牢牢抓住党员队伍这个主体，坚持正面教育和自我教育为主的方针，注重增强广大党员的党员意识，激发内在动力，保证党的先进性建设健康顺利开展。

（5）必须构建保持党的先进性建设的长效机制，将其作为加强和改进党的建设的长期任务和永恒课题，把做好经常性工作与适当的集中教育结合起来，不断加以推进。

（三）新时期党员先进性教育的途径和方法

1．切实抓好党员主体，贯彻“六个必须坚持”

党员是党的肌体的细胞和党的活动的主体，党员队伍的先进性是党的先进性的重要基础。因此，加强党的先进性建设，一定要始终抓好党员队伍的先进性建设这个基础工程，始终抓住党员队伍这个主体。

广大党员想要更好地在贯彻党的理论、路线、纲领，坚持党的根本宗旨，巩固党的执政地位和完成党的执政使命中，充分发挥先锋模范作用，就要使自己的思想和行为符合党的先进性要求，在新时期下，在先进性建设中要做到以下“六个必须坚持”。

（1）要坚持理想信念，坚定不移地为建设中国特色社会主义而奋斗。

（2）要坚持勤奋学习，扎扎实实地提高实践本领。

（3）要坚持党的根本宗旨，始终不渝地做到立党为公、执政为民。

（4）要坚持勤奋工作，兢兢业业地创造一流的工作业绩。

（5）要坚持遵守党的纪律，身体力行维护党的团结统一。

（6）要坚持“两个务必”，永葆共产党人的政治本色。

2．强化党的经常性与集中性教育

把做好经常性工作与开展适当的集中教育活动结合起来，通过集中教育解决党员队伍中存在的一些突出问题，通过经常性工作巩固和发展集中教育的成果，这是中国共产党加强党员队伍先进性建设、提高党员素质的一条重要经验。

（1）把先进性教育活动中坚持的以正面教育、自我教育为主的原则，确定为党员经常性教育的一条重要原则。

（2）把广泛开展谈心活动、深入开展党性分析评议、积极开展主题实践活动等成功做法，作为加强党员经常性教育的基本方法。

（3）把党员承诺、设岗定责、结对帮扶等确定为党员联系和服务群众的主要方式。

（4）开展适当的集中学习教育活动，如党员干部通过理论学习中心组、论坛、读书会、专题报告会等多种形式带头学、深入学，并主动到基层宣讲。

（5）加强宣传引导，紧扣教育活动各个阶段、各个环节的重点，充分运用各种媒体推出先进典型、总结鲜活经验，为教育活动营造良好的舆论氛围。

（6）坚持开门搞教育，通过民主恳谈、群众点评、社会监督等措施，广泛征求群众意见，积极接受群众监督。

（7）探索建立领导领学、专家讲学、典型引学、讨论促学、考核查学等行之有效的学习方法和学习制度。

3．以实际行动诠释党的先进性

始终把实现好、维护好、发展好最广大人民的根本利益作为检验党的先进性和纯洁性的试金石，在时时刻刻为群众排忧解难、造福人民的实践中体现党的先进性。

（1）坚持党的群众路线，树立马克思主义群众观点，教育广大党员以群众利益为重，长期同人民群众保持血肉联系，一心当好人民群众的勤务员，进一步密切党群、干群关系。

（2）积极研究和把握新形势下群众工作的新特点、新规律，经常性组织广大党员特别是党员领导干部深入基层、深入一线，多体察民情，多倾听民声，多了解民意，用创新的思路、科学的方法、务实的作风，认真破解群众关心的热点和难点问题，做到取信于民、惠及于民。

（3）坚持群众利益无小事，想群众之所想，急群众之所急，大力推进和实施惠民工程，不断创新“双联双带”“结对帮扶”活动的方式方法，组织广大党员进农村、进社区，为困难家庭办实事、做好事，将组织的温暖送至千家万户，让老百姓真正感受到党的关怀。

4. 在夯实组织基础上加强党的先进性建设

加强党的先进性建设，应当高度重视抓基层、打基础，不断强化党员与基层党组织的主体地位，把抓基层、打基础作为一项长期的战略任务坚持不懈地抓下去，不断提高基层党建工作科学化水平，充分发挥基层党组织的战斗堡垒作用和党员的先锋模范作用。

（1）要探索全方位、多层次关心和爱护党员的机制，不断增强党员对党组织的归属感。

（2）坚持和健全民主集中制，扩大党内民主，激发党员参与党内事务的热情。

（3）采取各种措施提高党员队伍的整体素质，激发党员干事创业的热情，教育引导广大党员立足岗位发挥先锋模范作用。

（4）创新基层党建工作的内容、形式、手段和机制，不断增强基层党组织的创造力、凝聚力和战斗力。

（5）要抓好基层党建工作责任制落实，充分借鉴“流动党员找党组织、党组织找流动党员”的经验，对流出地、流入地党组织和流动党员分别提出要求。

（6）明确地方和部门党委（党组）全面负责、主要领导为第一责任人、基层党组织书记为直接责任人的做法，建立督查制度和群众监督评价制度等成功做法加以总结，作为抓基层党建工作责任制文件的重要内容。

5. 切实建立健全保持党员先进性教育的长效机制

重视党的制度建设，通过完善以党章为核心的党内法规制度体系，使党的先进性教育获得更稳定、更长期、更根本的制度保证。党中央高度重视党的先进性教育的制度保障，并及时总结全党的集体智慧和集体创新，将具体成功经验系统化、理性化，上升为党内法规。在保持共产党员先进性教育活动中，党中央制定了《关于加强党员经常性教育的意见》《关于做好党员联系和服务群众工作的意见》《关于加强和改进流动党员管理工作的意见》《关于建立健全地方党委、部门党组（党委）抓基层党建工作责任制的意见》等制度性文件，在全党贯彻执行，进一步推动了党建工作的制度化和规范化建设，既回答和解决了当前党建工作中面临的一些新问题，又为巩固和发展先进性教育活动成果、进一步加强党的先进性建设提供了重要的制度保障。

同时，要注意制度的系统性和可操作性，做到系统配套、相互衔接、务实管用，避免抽象笼统，避免单纯追求数量，力戒形式主义。要积极发动广大党员群众参与长效机制的建立，广泛听取党员群众的意见，把党员群众是否满意作为衡量建立健全保持共产党员先进性长效机制工作成效的重要标准。

三、党的纯洁性教育

（一）党的纯洁性教育的主要内容

加强党的纯洁性建设，就是要通过推进党的各方面建设，使党的各级组织和广大党员在思想和行动上符合党的宗旨要求，保持纯粹清正的状态。党的纯洁性，体现在党的思想、政治、组织和作风各个方面。

1．思想纯洁的教育

党的纯洁性体现在思想上，就是坚持把马克思主义及其中国化的理论成果作为指导思想，坚定理想信念，坚持实事求是的思想路线，树立正确的世界观、人生观、价值观，始终站在党和人民的立场上，永葆共产党人的政治本色。通过对党员思想纯洁的教育，各级党组织和广大党员、领导干部必须坚持把马克思主义及其中国化的理论成果作为指导思想，坚持把为社会主义、共产主义奋斗作为理想信念，坚持马克思主义实事求是的思想路线，坚决抵制各种反马克思主义的思想倾向，坚决同各种违背马克思主义的错误思想作斗争。

2．政治纯洁的教育

党的纯洁性体现在政治上，就是要求各级党组织和广大党员、党的领导干部必须坚决执行党的纲领、章程和路线、方针、政策，在社会主义初级阶段必须坚持以经济建设为中心、坚持四项基本原则、坚持改革开放的基本路线，坚决抵制和反对一切违背党的基本路线的错误政治倾向。通过政治纯洁的教育，提高党员的政治操守，忠诚于党和人民，这是马克思主义政党纯洁性的本质要求，是党保持正确政治方向、提高领导水平和执政能力、完成领导和执政使命的政治前提。

3．组织纯洁的教育

党的纯洁性体现在组织上，就是坚决贯彻党的民主集中制原则，遵守党的组织纪律的要求，自觉维护党的团结统一，坚决反对一切危害和分裂党的行为，坚决把蜕化变质分子和腐败分子清除出党。通过组织纯洁的教育，各级党组织和广大党员、领导干部能够学习、坚持和贯彻党的民主集中制原则和遵守党的组织纪律，在实际行动中自觉维护党的团结统一，同一切危害党的行为作斗争。同时，在组织纯洁教育活动中坚决把背离党纲党章、危害党的事业、已经丧失共产党员资格的蜕化变质分子和腐败分子清除出党。

4. 作风纯洁的教育

党的纯洁性体现在作风上，就是坚持发扬党的理论联系实际、密切联系群众、批评与自我批评以及谦虚谨慎、不骄不躁、艰苦奋斗等优良作风，坚持贯彻党的从群众中来、到群众中去的工作路线和调查研究的工作方法，坚决反对形式主义、官僚主义、享乐主义和奢靡之风。

执政党的作风关系党的形象和人心向背。保持党在作风上的纯洁性，主要是保持党员、干部的语言、行为习惯的优良，核心是密切党群、干群关系。

（二）党的纯洁性教育的重要意义

党的纯洁性教育就是要通过“内修”来树立共产党员应有的、坚定的无产阶级思想、立场和共产主义信念。

保持党的纯洁性是我们党保持先进性和凝聚力、战斗力的重要基础。在新的历史条件下，我们党只有始终保持纯洁性，才能赢得人民群众的信任和拥护，巩固执政基础，推进中国特色社会主义伟大事业。

1. 党的纯洁性教育始终是建设马克思主义政党的根本要求

马克思主义政党的一个重要特征就在于其始终高度重视自身的纯洁性，纯洁性本身就包含于马克思主义政党建设之中。

马克思主义是与时俱进的，马克思主义政党的纯洁性不是固定不变的，而是与时俱进、随着形势和任务的发展变化而不断丰富与发展的；也不是一劳永逸的，而是必须通过坚持不懈地加强党的自身建设才能保持与发展的。中国共产党作为马克思主义政党，在中国革命、建设、改革各个历史时期，始终把保持党的纯洁性作为党的建设的根本问题和重要目标，党的纯洁性教育是建设马克思主义政党的根本要求。

2. 加强党的纯洁性教育与党的先进性紧密相连

党的纯洁性同先进性在本质上是一致的，两者相辅相成、密不可分。纯洁性是先进性的前提和基础，先进性是纯洁性的体现和保证。中国共产党是以其先进性的面貌登上历史舞台的，作为具有“先锋队”性质的组织，共产党必须永远站在时代的前列，保持其先进性。先进性必然要求党的纯洁，先进性也表现在纯洁性上。而纯洁性是先进性的保证，党的思想、组织、作风不纯洁，就无法实现党的先进性。

3. 加强党的纯洁性教育有利于巩固执政地位、提升应对风险挑战的能力

在新的历史条件下，执政考验、改革开放考验、市场经济考验、外部环境

考验，以及精神懈怠的危险、能力不足的危险、脱离群众的危险、消极腐败的危险等，更加尖锐地摆在全党面前。

面对世情、国情、党情的深刻变化，党只有不断保持纯洁性，才能提高党在群众中的威信，才能赢得人民的信赖和拥护，不断巩固执政基础，从而实现党和国家的兴旺发达、长治久安。党的纯洁性教育，对于我们全面加强党的建设，提高党的执政能力，不断开创中国特色社会主义新局面具有重大意义。

正所谓“无欲则刚”，共产党人只有做到自身纯洁，才能一身正气。保持党的纯洁性，加强党的纯洁性教育是新形势下加强党的建设的必然要求，也是党员干部加强自身建设的重大课题。党员同志要重视党的纯洁性教育，把保持党的纯洁性要求贯穿到各个方面，为党和人民的事业做出应有的贡献。

四、社会主义核心价值体系教育

建设和发展中国特色社会主义，需要有一个能够被全社会共同接受和认同的社会主义核心价值体系和社会主义核心价值观来引领。而社会主义核心价值观是在社会主义核心价值体系基础上提出来的，所以要理解把握社会主义核心价值观就必须了解社会主义核心价值体系，特别是其基本内容。

（一）社会主义核心价值体系的基本内容

社会主义核心价值体系是对全社会统一的指导思想、共同的理想信念、强大的精神支柱和基本的道德规范等问题的回答，其基本内容体现在如下四个方面。

1．马克思主义指导思想是社会主义核心价值体系的灵魂

马克思主义是我们立党立国的根本指导思想和理论基础，是社会主义意识形态的旗帜和灵魂。在社会主义核心价值体系中，马克思主义提供的是科学的世界观，是认识世界和改造世界的立场、观点、方法，具有鲜明的实践性、科学性。如果动摇马克思主义的指导地位，就会动摇中国特色社会主义的理论根基，动摇全党全国人民团结一致走中国特色社会主义道路的决心和信心。

2．中国特色社会主义共同理想是社会主义核心价值体系的主题

在中国共产党领导下，走中国特色社会主义道路是实现中华民族伟大复兴的必由之路，这是现阶段中国各族人民的共同理想。这个共同的价值追求，把党在社会主义初级阶段的目标、国家的发展、民族的振兴与个人的幸福紧密联系在一起，把各个阶层、各个群体的共同愿望有机结合在一起，经过实践的检验，有着广泛的社会共识，具有令人信服的必然性、广泛性和包容性，具有强大的感召力、亲和力和凝聚力，是保证全体人民在政治上、道义上、精神上团结一致，凝聚智慧和力量，克服任何困难、创造美好未来的强大精神纽带和动力。

3．以爱国主义为核心的民族精神和以改革创新为核心的时代精神是社会主义核心价值体系的精髓

以爱国主义为核心的伟大民族精神，已经深深地融入我们的民族意识、民族品格、民族气质之中，成为各族人民团结一心、共同奋斗的价值取向。以改革创新为核心的时代精神，是马克思主义与时俱进的理论品格、中华民族富于进取的思想品格与改革开放和现代化建设实践相结合的伟大成果，已经深深地融入中国经济、政治、文化、社会建设的各个方面，成为各族人民不断开创中国特色社会主义事业新局面的强大精神力量。

4．社会主义荣辱观是社会主义核心价值体系的基础

社会主义荣辱观旗帜鲜明地指出了在社会主义市场经济条件下，应当坚持和提倡什么、反对和抵制什么，为全体社会成员提供了基本的价值准则和行为规范。它既具有深刻的思想性，又具有实践性；既具有内在的逻辑性，又具有现实针对性，是社会主义核心价值体系的具体化。

（二）社会主义核心价值观的基本内容

1．培育和践行社会主义核心价值观的总体要求

要培育和践行社会主义核心价值观，就要以培养担当民族复兴大任的时代新人为着眼点，强化教育引导、实践养成、制度保障，发挥社会主义核心价值观对国民教育、精神文明创建、精神文化产品创作生产传播的引领作用，把社会主义核心价值观融入社会发展各方面，转化为人们的情感认同和行为习惯。坚持全民行动、干部带头，从家庭做起，从娃娃抓起。深入挖掘中华优秀传统文化蕴含的思想观念、人文精神、道德规范，结合时代要求继承创新，让中华文化展现出永久魅力和时代风采。

2．社会主义核心价值观国家层面内涵

富强、民主、文明、和谐是我国社会主义现代化国家的建设目标，也是从价值目标层面对社会主义核心价值观基本理念的凝练，在社会主义核心价值观中居于最高层次，对其他层次的价值理念具有统领作用。

（1）富强即国富民强，是社会主义现代化国家经济建设的应然状态，是中华民族梦寐以求的美好夙愿，也是国家繁荣昌盛、人民幸福安康的物质基础。

（2）民主是人类社会的美好诉求。我们追求的民主是人民民主，其实质和核心是人民当家作主。它是社会主义的生命，也是创造人民美好幸福生活的政治保障。

（3）文明是社会进步的重要标志，也是社会主义现代化国家的重要特征。它是社会主义现代化国家文化建设的应有状态，是对面向现代化、面向世界、面向未来的，民族的科学的大众的社会主义文化的概括，是实现中华民族伟大复兴的重要支撑。

（4）和谐是中国传统文化的基本理念，集中体现了学有所教、劳有所得、病有所医、老有所养、住有所居的生动局面。它是社会主义现代化国家在社会建设领域的价值诉求，是经济社会和谐稳定、持续健康发展的重要保证。

3．社会主义核心价值观社会层面内涵

自由、平等、公正、法治是对美好社会的生动表述，也是从社会层面对社会主义核心价值观基本理念的凝练。它反映了中国特色社会主义的基本属性，是我们党矢志不渝、长期实践的核心价值理念。

（1）自由是指人的意志自由、存在和发展的自由，是人类社会的美好向往，也是马克思主义追求的社会价值目标。

（2）平等指的是公民在法律面前的一律平等，其价值取向是不断实现实质平等。它要求尊重和保障人权，人人依法享有平等参与、平等发展的权利。

（3）公正即社会公平正义，它以人的解放、人的自由平等权利的获得为前提，是国家、社会应然的根本价值理念。

（4）法治是治国理政的基本方式，依法治国是社会主义民主政治的基本要求。它通过法律制度建设来维护和保障公民的根本利益，是实现自由平等、公平正义的制度保证。

4．社会主义核心价值观个人行为内涵

爱国、敬业、诚信、友善是公民基本道德规范，是从个人行为层面对社会主义核心价值观基本理念的凝练。它覆盖社会道德生活的各个领域，是公民必须恪守的基本道德准则，也是评价公民道德行为选择的基本价值标准。

（1）爱国是基于个人对自己祖国依赖关系的深厚情感，也是调节个人与祖国关系的行为准则。它同社会主义紧密结合在一起，要求人们以振兴中华为己任，促进民族团结、维护祖国统一、自觉报效祖国。

（2）敬业是对公民职业行为准则的价值评价，要求公民忠于职守、克己奉公、服务人民、服务社会，充分体现了社会主义职业精神。

（3）诚信即诚实守信，是人类社会千百年传承下来的道德传统，也是社会主义道德建设的重点内容，它强调诚实劳动、信守承诺、诚信待人。

（4）友善强调公民之间应互相尊重、互相关心、互相帮助，和睦友好，努力形成社会主义的新型人际关系。

（三）社会主义核心价值观与社会主义核心价值体系的关系

1．社会主义核心价值观与社会主义核心价值体系具有内在一致性

社会主义核心价值体系和社会主义核心价值观方向一致，都体现了社会主义意识形态的本质要求，体现了社会主义制度在思想和精神层面的质的规定性，凝结着社会主义先进文化的精髓，是中国特色社会主义道路、理论、制度和文化的价值表达，是实现中华民族伟大复兴的中国梦的价值引领。社会主义核心价值观和社会主义核心价值体系都坚持重在建设，都要弘扬共同理想、凝聚精神力量，建设道德风尚。

2．社会主义核心价值观与社会主义核心价值体系差异侧重

两者各有侧重，相比社会主义核心价值体系，社会主义核心价值观更加突出核心要素、更加注重凝练表达、更加强化实践导向。社会主义核心价值观把涉及国家、公民、社会的价值要求融为一体，既体现了社会主义本质要求，继承了中华优秀传统文化，也吸收了世界文明有益成果，体现了时代精神，回答了我们要建设什么样的国家、建设什么样的社会、培育什么样的公民的重大问题。

（四）社会主义核心价值观教育的必要性和重要性

建设和发展中国特色社会主义，需要有一个能够被全社会共同接受和认同的社会主义核心价值观来引领，它是决定文化性质和方向的最深层次要素，是一个国家的重要稳定器，社会主义核心价值观是当代中国精神的集中体现，凝结着全体人民共同的价值追求，见表 5-1。

表 5-1　社会主义核心价值观教育的必要性和重要性

类别	具体内容	阐述
必要性	价值观的统一和引导作用	在多元化社会背景下，能凝聚社会共识、增强民族凝聚力、建设和谐社会，有助于形成思想共鸣与行动合力，维护社会稳定与推动国家发展
必要性	促进国家长期稳定发展	培养公民社会责任感与历史使命感，引导树立正确三观，为国家长期稳定和持续发展提供精神动力与道德支撑
必要性	提升公民素质	提高公民道德素质，引导其遵守社会、职业、家庭美德，促进精神文明建设，形成良好社会风尚
必要性	法治是社会治理的基础	是构建中国特色社会主义法治体系的价值基础，强化法治观念，提升公民守法自觉性，是推进国家治理现代化的内在要求
必要性	国家软实力的体现	弘扬它有助于展示国家文化软实力，提升文化影响力，构建积极的国际形象，为国际交流合作奠定道德文化基础
必要性	应对社会变迁挑战	在全球化和信息时代，帮助公民（尤其青少年）识别多元价值观的积极成分，抵御不良文化侵蚀，确保社会主流价值观稳定
必要性	青少年成长的指导	为青少年种下正确价值观的种子，引导其健康成长，成为社会主义建设者和接班人

续表

类别	具体内容	阐述
重要性	中国共产党的精神旗帜	改革开放后，为与中国特色社会主义制度相适应，需构建与之匹配的主导价值体系。随着社会发展，人们思想活动特性增强，培育和践行社会主义核心价值观愈发迫切，它是引领社会思潮、凝聚社会共识的不可动摇的旗帜
重要性	全党全国人民团结奋斗的共同思想基础	共同思想基础是党、国家、民族存在发展的根本前提。社会主义核心价值观是全民族奋发向上的动力与团结和睦的纽带，重视其建设能维护共同思想基础
重要性	引导全社会在思想道德上共同进步	社会思想观念和价值取向多元，社会主义核心价值观是先进文化精髓、意识形态本质体现，反映制度精神价值的根本要求，兼具先进性与广泛性，能整合引领不同群体阶层，是精神纽带

（五）党员要努力培育和践行社会主义核心价值观

1．把教育引导作为基础性工作，区分层次、突出重点

（1）充分发挥榜样的力量。广大党员干部要带头学习和弘扬社会主义核心价值观，用自己的模范行为和高尚人格感召群众、带动群众。

（2）从娃娃抓起，从学校抓起。青少年儿童要从小学习做人，扣好人生第一粒扣子，争当学习和实践社会主义核心价值观的小模范。广大青年要勤学、修德、明辨、笃实，做践行社会主义核心价值观的模范。广大教师要把社会主义核心价值观的基本内容和要求渗透到学校教育教学之中，用自己的学识、阅历、经验点燃学员对真善美的向往，使社会主义核心价值观的种子在祖国下一代心中生根发芽，真正培育起来。

（3）做到春风化雨、润物无声。运用各类文化形式，生动具体地表现社会主义核心价值观，用栩栩如生的作品形象告诉人们，什么是应该肯定和赞扬的，什么是必须反对和否定的。

2．立足中华优秀传统文化

牢固的核心价值观，都有其固有的根本。中华文明绵延数千年，有其独特的价值体系。中华优秀传统文化已经成为中华民族的基因，植根在中国人内心，潜移默化影响着中国人的思想方式和行为方式。提倡和弘扬社会主义核心价值观，必须从中汲取丰富营养，否则就不会有生命力和影响力。要利用好中华优秀传统文化蕴含的丰富思想道德资源，使其成为涵养社会主义核心价值观的重要源泉。

3．大力弘扬爱国主义精神

在社会主义核心价值观中，最深层、最根本、最永恒的是爱国主义。

（1）必须把爱国主义教育作为永恒主题，贯穿国民教育和精神文明建设全

过程。

（2）必须坚持爱国主义和社会主义相统一，始终围绕实现民族富强、人民幸福而发展，最终汇流于中国特色社会主义。

（3）必须维护祖国统一和民族团结，旗帜鲜明反对分裂国家的图谋、破坏民族团结的言行。

（4）必须尊重和传承中华民族历史和文化，不断增强中华民族的归属感、认同感、尊严感、荣誉感。

（5）必须坚持立足民族又面向世界，善于从不同文明中寻求智慧、汲取营养，增强中华文明生机活力。

4. 突出道德价值的作用

国无德不兴，人无德不立。要持续深化社会主义思想道德建设，传承和弘扬我国人民在长期实践中培育和形成的传统美德，加强社会公德、职业道德、家庭美德、个人品德建设，激发人们形成善良的道德意愿、道德情感，培育正确的道德判断和道德责任，提高道德实践能力尤其是自觉践行能力。道德模范是有形的正能量，是鲜活的价值观，是道德实践的榜样。要深入开展道德模范宣传学习活动，创新形式，注重实效，把道德模范的榜样力量转化为亿万群众的生动实践，在全社会形成崇德向善、见贤思齐、德行天下的浓厚氛围。

5. 在落细、落小、落实上下功夫

要使社会主义核心价值观的影响像空气一样无所不在、无时不有。培育和践行社会主义核心价值观，要与人们日常生活紧密联系起来，使人们在实践中感知它、领悟它，达到“百姓日用而不知”的程度，使之成为人们日常工作生活的基本遵循。建立和规范礼仪制度，组织开展形式多样的纪念庆典活动，传播主流价值，增强人们的认同感和归属感。把社会主义核心价值观的要求融入各种精神文明创建活动之中，利用各种时机和场合，形成有利于培育和弘扬社会主义核心价值观的生活情景和社会氛围。

五、党规党纪教育

各级党组织和全体党员要带头尊法、学法、守法、用法，任何组织和个人都不得有超越宪法法律的特权，绝不允许以言代法、以权压法、逐利违法、徇私枉法。要尊崇党章，严格执行新形势下党内政治生活若干准则，增强党内政治生活的政治性、时代性、原则性、战斗性，自觉抵制商品交换原则对党内生活的侵蚀，营造风清气正的良好政治生态。完善和落实民主集中制的各项制度，坚持民主基础上的集中和集中指导下的民主相结合，既充分发扬民主，又善于集中统一。

（一）深刻认识学习党规党纪的重要性

党内法规既是管党治党的重要依据，也是建设社会主义法治国家的有力保障。

1．学习党规党纪，是加强党的纪律的需要

共产党员必须牢记党对党员的要求和党内各种法规，懂得党的纪律与党的路线的关系，明确纪律是实现路线的保证，党内如果没有严格的纪律，就会丧失战斗力、凝聚力，党的各项任务便无法完成。共产党员要认真学习党规党纪，学习相关准则，增强遵守纪律的自觉性，积极同违纪违法行为作斗争。只有将党规党纪学习落到实处，党风纯正、党纪严明的目标才有可靠的保证。

2．学习党规党纪，是加强党性修养的需要

进行党规党纪教育，必须把提高党员素质、增强党性作为出发点和落脚点。一个真正树立了共产主义理想的人，才会时时处处按共产党员的标准严格要求自己，才会自觉遵守党的纪律，严格按照党规宪法规范自己的言行。共产党员必须加强党性修养，学习马克思主义基本理论，掌握马克思主义的立场、观点和方法，树立正确的人生观、世界观，牢记党的根本宗旨，把党规党纪作为自己的行动准绳。

3．学习党规党纪，是改进机关作风的需要

党和国家机关是执行党的路线、方针、政策的部门，每个党员、国家工作人员能不能严格执行党规党纪，关系着中国共产党的路线、方针、政策能否在一个单位、一个部门得到贯彻执行，关系到机关的思想作风是否符合党的要求。衡量一个党员是否遵守党规党纪，唯一的标尺是其实际行动。共产党员必须言行一致、表里如一，不能言不由衷、阳奉阴违，必须经常地、认真地对照检查自己，找出差距，总结经验教训，不断提高遵守党规党纪的自觉性。

（二）自觉遵守党规党纪，保持党的纯洁性

我们党的党内规矩是党的各级组织和全体党员必须遵守的行为规范和规则。党的规矩总体上包括五点：一是党章是全党必须遵循的总章程，也是总规矩。二是党的纪律是刚性约束，政治纪律更是全党在政治方向、政治立场、政治言论、政治行动方面必须遵守的刚性约束。三是国家法律是党员干部必须遵守的规矩，法律是党领导人民制定的，全党必须模范执行。四是党在长期实践中形成的优良传统和工作惯例，经过实践检验，约定俗成、行之有效，需要全党长期坚持并自觉遵循。五是用铁的纪律维护党的团结统一，党的纪律是党内规矩。对违反党规党纪的行为必须严肃处理，对苗头性、倾向性问题必须抓早抓小，防止小错酿成大错、违纪走向违法。

必须依纪依法反对和克服形式主义、官僚主义、享乐主义和奢靡之风，形成严密的长效机制。要完善和严格执行领导干部政治、工作、生活待遇方面的各项制度规定，着力整治各种特权行为。要深入开展党风廉政建设和反腐败斗争，严格落实党风廉政建设党委主体责任和纪委监督责任，对任何腐败行为和腐败分子，必须依纪依法予以坚决惩处，决不手软。

1. 严格遵守党章

党章就是党的根本大法，是全党必须遵循的总规矩。完善党内法规制定的体制机制，加大党内法规备案审查和解释力度，形成配套完备的党内法规制度体系。注重党内法规同国家法律的衔接和协调，提高党内法规执行力，运用党内法规把党要管党、全面从严治党落到实处，促进党员、干部带头遵守国家法律法规。

每一个共产党员特别是领导干部都要牢固树立党章意识，自觉用党章规范自己的一言一行，在任何情况下都要做到政治信仰不变、政治立场不移、政治方向不偏。要把学习党章作为必修课，自觉遵守党章、贯彻党章、维护党章，做认真学习党章、严格遵守党章的模范。要加强对遵守党章、执行党章情况的督促检查，对党章意识不强、不按党章规定办事的要及时提醒，对严重违反党章规定的行为要坚决纠正，全党共同来维护党章的权威性和严肃性。

2. 用制度治党

用制度治党，就是要依法依规治党。法律是治国理政最大最重要的规矩，任何人都没有法律之外的绝对权力。党领导人民制定宪法和法律，党领导人民执行宪法和法律，党自身必须在宪法和法律范围内活动，真正做到党领导立法、保证执法、带头守法。坚持依规治党，必须一手抓制定完善，一手抓贯彻执行。要深化党的法规建设制度改革，继续制定完善党内法规，注重党内法规同国家法律的衔接和协调，构建以党章为根本、若干配套党内法规为支撑的党内法规制度体系，做到前后衔接、左右联动、上下配套、系统集成。要坚持制度面前人人平等、执行制度没有例外，不留暗门、不开“天窗”，坚决维护制度的严肃性和权威性，坚决纠正有令不行、有禁不止的行为，使制度成为硬约束而不是“橡皮筋”。

3. 用制度管权

用制度管权，就是要把权力关进制度的笼子里。权力是一把双刃剑，在法治轨道上行使可以造福人民，在法律之外行使则必然祸害国家和人民。要抓住治权这个关键，编密、扎紧制度的笼子，按照决策、执行、监督既相互制约又相互协调的原则区分和配置权力，构建严密的权力运行制约和监督体系。要让人民监督权力，努力形成科学有效的监督体系，增强监督合力和实效。要推进权力运行公开化、规范化，完善党务公开、政务公开、司法公开和各领域办事公开制度，让人民监督权力，让权力在阳光下运行。要建立权力清单、实行权责对应，什么权能用，什么权不能用，什么是公权，什么是私权，要分开，不能公权私用，坚持有权就有责，失职要问责。要反对特权思想、特权现象，自觉遵守《中国共产党廉洁自律准则》，决不允许以权谋私，决不允许搞特权。

4. 用制度治吏

用制度治吏，就是要用制度从严管理干部。从严管理干部就是要从思想教育上严起来，从制度设计和执行上严起来，着力解决失之于宽、失之于软的问题。要根据形势变化完善干部管理规定，既重激励又重约束。要严格执行干部管理各项规定，讲原则不讲关系，坚持以严的标准要求干部，以严的措施管理干部，以严的纪律约束干部，使干部心有所畏、言有所戒、行有所止。要引导广大干部牢固树立法治意识、制度意识、纪律意识，形成尊崇制度、遵守制度、捍卫制度的良好氛围。要加强对领导干部特别是“一把手”的监督和管理，将其作为从严治吏的重中之重。

5. 用铁的纪律维护党的团结统一

党规党纪严于国家法律，党的各级组织和广大党员干部不仅要模范遵守国家法律，而且要按照党规党纪以更高标准严格要求自己，坚定理想信念，践行党的宗旨，坚决同违法乱纪行为作斗争。

（1）严明党的纪律，必须严明政治纪律。党的纪律是多方面的，但政治纪律是最重要、最根本、最关键的纪律，遵守党的政治纪律是遵守党的全部纪律的重要基础。一个政党如果没有政治纪律约束，允许党的组织和党的重要干部在政治主张、政策主张上各有一套、我行我素，允许广大党员在政治和行动上与党离心离德、为所欲为，那么这个党就不可能有号召力、影响力、战斗力，在政治上也就没有作为。遵守党的政治纪律，最核心的就是坚持党的领导，坚持党的基本理论、基本路线、基本纲领、基本经验、基本要求，同党中央保持高度一致，自觉维护中央权威。要防止和克服地方和部门保护主义、本位主义，决不允许上有政策、下有对策，决不允许有令不行、有禁不止，决不允许在贯彻执行中央决策部署上打折扣、做选择、搞变通。

（2）严明党的纪律，必须严明组织纪律。党的力量来自组织，组织能使力量倍增。我们党是按照马克思主义建党原则建立起来的政党，我们党以民主集中制为根本组织制度和领导制度，组织严密是党的光荣传统和独特优势。改革开放和发展社会主义市场经济，给党内生活带来不可低估的影响，组织观念薄弱、组织涣散就是其中一个需要严肃对待的问题。增强组织纪律性，必须切实增强党性，切实执行组织制度，切实加强组织管理，切实遵守组织纪律。要强化党的意识，强化组织意识，始终把党放在心中最高位置，任何时候都与党同心同德，相信组织、依靠组织、服从组织。要严格执行民主集中制、党内组织生活制度等党的组织制度。要正确对待组织，对组织忠诚老实，言行一致、表里如一。

（3）制定纪律是要执行的，必须使纪律真正成为带电的高压线。执行党的纪律不能有任何含糊，不仅要严格执行党的政治纪律、组织纪律，还要严格执行党的政治纪律、组织纪律、廉洁纪律、群众纪律、工作纪律、生活纪律，不能让党规党纪成为“纸老虎”“稻草人”，造成“破窗效应”。遵守党的纪律是无条件的，要说到做到，有纪必执，有违必查，而不能合意的就执行，不合意的就不执行，不能把纪律作为一个软约束或是束之高阁的一纸空文。领导干部要在严守党的纪律方面为广大党员作表率。党的各级组织要自觉担负起执行和维护党的纪律的责任，敢抓敢管。

六、反腐倡廉教育

（一）加强反腐倡廉教育的重要性

人民群众最痛恨腐败现象，腐败是我们党面临的最大威胁。只有以反腐败永远在路上的坚韧和执着，深化标本兼治，保证干部清正、政府清廉、政治清明，才能跳出历史周期率，确保党和国家长治久安。

1．反腐倡廉教育是全面从严治党的重要一环

中国共产党是中国工人阶级的先锋队，全心全意为人民服务是中国共产党的根本宗旨。社会主义的本质是解放和发展生产力，消灭剥削，消除两极分化，最终达到共同富裕。社会主义制度作为区别于历史上任何剥削制度的崭新的社会制度，为从根本上消除腐败创造了条件。中国共产党自成立以来，在领导中国革命、建设和改革的过程中，始终注意加强自身建设，不断地同剥削阶级影响和消极腐败现象作斗争，努力保持党的纯洁性，重视加强廉政建设。新时期，党中央将反腐败斗争定性为“严重的政治斗争”“特殊形式的阶级斗争”，强调在党内绝不允许腐败分子有藏身之地，充分表现了党的领导集体反腐倡廉的坚强决心。

加强廉政建设和反腐败斗争是全面从严治党的重中之重。反对腐败、建设廉洁政治，保持党的肌体健康，始终是我们党一贯坚持的鲜明政治立场，是广大干部群众始终关注的重大政治问题，必须坚持以零容忍态度惩治腐败，以坚决的态度重拳反腐。

2．加强反腐倡廉教育是构建惩治和预防腐败体系的一项基础性工作

反腐倡廉教育是党的思想政治工作的重要组成部分，是反腐倡廉的基础性工作，是建设预防腐败体系的重要内容，是有效惩治腐败的重要手段。

反腐倡廉教育对党员干部廉政行为的养成有着潜移默化的作用。只有坚持不懈地开展反腐倡廉教育，才能使党员干部树立科学的世界观、人生观、价值观和正确的权力观、地位观、利益观，自觉遵守党风廉政建设的各项规定，增强拒腐防变和抵御风险的能力；才能使党员干部适应改革开放和发展社会主义市场经济的新形势，坚定理想信念，加强道德修养，牢记宗旨，廉洁从政，真正做到权为民所用、情为民所系、利为民所谋。

因此，我们要注重发挥反腐倡廉教育在反腐败工作中的基础作用，将教育、制度、监督有效结合起来，根据形势的变化和任务的需求，在教育对象、教育内容、教育方式等方面不断进行创新，积极构筑“惩防体系”，有效地防止和治理腐败。

3．反腐倡廉教育是保持党的先进性和纯洁性的内在要求

加强党风廉政建设，深入开展反腐败斗争，是保证党的组织纯洁性、保持党的先进性、增强党的战斗力的迫切需要，是改革开放和经济建设顺利进行的重要保证，是密切党群关系、巩固党的执政地位的关键所在。只有深入开展党风廉政建设和反腐败斗争，才能为中国特色社会主义现代化建设事业提供坚强的政治保证。

（1）开展党风廉政建设和反腐败斗争，能够极大地提高党员干部的思想觉悟。目前，党内还有少数同志缺乏求真务实、开拓进取的精神，存在责任意识淡薄、脱离群众等现象。反腐倡廉教育为党员干部坚定理想信念，树立正确的世界观、人生观、价值观提供丰富“营养”。因此，我们要认真组织党员干部深入开展反腐倡廉教育，强化党员领导干部特别是党政主要负责人的廉洁教育，不断提高党员干部的思想政治素质，筑牢广大党员干部廉洁从政的思想道德基础。

（2）反腐倡廉教育是加强党的执政能力建设的必然要求。它不仅是加强党的执政能力建设的一个重要切入点，也是加强党的执政能力建设的一项重要内容，对于提高党的领导水平和执政水平具有不可替代的作用。加强党的执政能力建设，巩固党的执政地位，必须把反腐倡廉建设作为重要内容，旗帜鲜明地反对腐败，持之以恒地加强反腐倡廉教育，使中国共产党经受住改革开放和发展社会主义市场经济条件下长期执政的考验。

党的先进性、政权的人民性以及党和政府所肩负的历史重任，决定了必须加强反腐倡廉建设。腐败直接侵害人民群众的利益，必然遭到人民群众的反对。只有搞好反腐倡廉工作，才能促进市场经济的健康发展，人民群众对社会主义制度的信念才能更加坚定，才能改善党群关系、干群关系，维护党和政府在人民群众中的威信和形象，扩大党的群众基础，增强党的凝聚力和战斗力。

（二）新时代加强党员反腐倡廉教育的途径

1．辩证看待反腐倡廉的成就和当前形势

我们党以零容忍的态度重拳反腐，使不敢腐的震慑作用充分发挥，不敢腐、不能腐、不想腐的效应初步显现，反腐败斗争压倒性态势正在形成。民心是最大的政治，正义是最强的力量。反腐败增强了人民群众对党的信任和支持，人民群众给予高度评价。党中央坚定不移反对腐败的决心没有变，坚决遏制腐败现象蔓延势头的目标没有变。全党同志对党中央在反腐败斗争上的决心要有足够自信，对反腐败斗争取得的成绩要有足够自信，对反腐败斗争带来的正能量要有足够自信，对反腐败斗争的光明前景要有足够自信。

巩固压倒性态势、夺取压倒性胜利的决心必须坚如磐石。反腐倡廉必须常抓不懈，拒腐防变必须警钟长鸣。自然生态要山清水秀，政治生态也要山清水秀，要深入推进反腐败斗争，下大气力拔"烂树"、治"病树"、正"歪树"，做到有腐必反、除恶务尽。

2．建立健全惩治和预防腐败体系

惩治和预防腐败体系的建立和健全是反腐败层面的国家战略和顶层设计，必须把这项重大政治任务贯穿到改革发展稳定各项工作之中，坚持标本兼治、综合治理、惩防并举、注重预防，以改革精神加强反腐败体制机制创新和制度保障，坚定不移转变作风，坚定不移反对腐败，建设廉洁政治，努力实现干部清正、政府清廉、政治清明。特别是要健全党和国家监督体系。

增强党自我净化能力，根本靠强化党的自我监督和群众监督。要加强对权力运行的制约和监督，让人民监督权力，让权力在阳光下运行，把权力关进制度的笼子。强化自上而下的组织监督，改进自下而上的民主监督，发挥同级相互监督作用，加强对党员领导干部的日常管理监督。深化政治巡视，坚持发现问题、形成震慑不动摇，建立巡视巡察上下联动的监督网。深化国家监察体制改革，将试点工作在全国推开，组建国家、省、市、县监察委员会，同党的纪律检查机关合署办公，实现对所有行使公权力的公职人员监察全覆盖。制定国家监察法，依法赋予监察委员会职责权限和调查手段，用留置取代"两规"措施。改革审计管理体制，完善统计体制。构建党统一指挥、全面覆盖、权威高效的监督体系，把党内监督同国家机关监督、民主监督、司法监督、群众监督、舆论监督贯通起来，增强监督合力。

3．坚持惩治这一手不放松

要牢记"蠹众而木折，隙大而墙坏"的道理，保持惩治腐败的高压态势，坚持零容忍的态度不变、猛药去疴的决心不减、刮骨疗毒的勇气不泄、严厉惩处的尺度不松，把反腐利剑举起来，形成强大震慑。要严格依纪依法查处各类腐败案件，既坚决查处发生在领导机关和领导干部中的滥用职权、贪污贿赂、

腐化堕落、失职渎职案件，又着力解决发生在群众身边的腐败问题，严肃查处损害群众利益的各类案件。坚持党纪国法面前没有例外，不管涉及谁，都要一查到底，决不姑息。

要坚持无禁区、全覆盖、零容忍，坚持重遏制、强高压、长震慑，坚持受贿行贿一起查，坚决防止党内形成利益集团。在市县党委建立巡察制度，加大整治群众身边腐败问题力度。不管腐败分子逃到哪里，都要将其缉拿归案、绳之以法。推进反腐败国家立法，建设覆盖纪检监察系统的检举举报平台。强化不敢腐、不能腐、不想腐的自觉，通过不懈努力换来海晏河清、朗朗乾坤。

4．加强反腐倡廉教育和廉政文化建设

思想纯洁是马克思主义政党保持纯洁性的根本，道德高尚是领导干部做到清正廉洁的基础。要抓好思想理论建设、抓好党性教育和党性提升、抓好道德建设，教育引导广大党员干部坚定理想信念、坚守共产党人精神家园，不断夯实廉洁从政的思想道德基础，筑牢拒腐防变的思想道德防线。

在反腐倡廉教育工作实践中，要运用综合手段，使用综合力量，依靠方方面面的共同努力，积极探索，强化领导，加强协调，落实责任，坚持党委统一领导，党政齐抓共管，纪委组织协调，相关部门密切配合、各展所长，广大干部、党员学员、群众通过多种形式积极参与，形成整体合力。同时，加强各党校上级纪委、本地纪委以及组织宣传、广播电视、网络媒体的沟通联系，发挥反腐倡廉“大宣教”作用，做到共同谋划、共同部署，才能整体推进反腐倡廉教育工作，使反腐倡廉教育收到良好的效果。

5．推进反腐败体制机制创新

改革党的纪律检查体制，加强反腐败工作体制机制创新，完善纪委派驻机构统一管理。健全和完善党内监督、民主监督、法律监督和舆论监督体系，强化对权力运行的制约和监督，形成不敢腐、不能腐、不想腐的有效机制，铲除腐败现象的生存空间和滋生土壤。继续改进中央和省区市巡视制度，推进巡视和派驻监督全覆盖。加强反腐败国际追逃追赃，对腐败分子形成震慑，遏制腐败现象蔓延势头。

6．将反腐倡廉教育作为一项系统工程来抓

反腐倡廉教育是一项系统工程。在反腐倡廉教育内容上要注重统筹兼顾，结合工作实际合理安排，抓住重点，使学习的内容有连续性、系统性、可操作性，把面向全党教育与面向全社会教育、他律教育与自律教育、传统手段教育与现代手段教育、集中教育与日常教育、理论教育与职业道德教育、宗旨观念教育与纪律法律教育、示范教育与警示教育结合起来，增强教育的吸引力、感染力、说服力，使党员干部的理想信念更加坚定，廉洁从政意识更加增强，纪律观念和法律理念更加强化，遵守职业道德和社会公德的自觉性更加提高。

将党员干部的思想教育、作风教育、宗旨教育融入反腐倡廉教育中。坚持进行党的基本理论、基本路线、基本纲领、基本经验教育，加深对建设什么样的党以及怎样建设的认识和理解。进行理想信念和从政道德教育，有了崇高的理想，就有了战胜一切困难的信心，抵制一切诱惑和不良思想的决心。坚持党的优良传统和作风教育，发扬党的三大优良传统，增强责任意识和接受监督意识，永远保持先进性。进行党纪条规和国家法律法规教育，认识到为所欲为、超越法律特权，就违背了中国共产党为人民服务的宗旨，就会走向衰亡。

7. 开展多种教育活动，增强实效性

充分利用党校阵地，在对党员学员和入党积极分子进行党的知识培训的同时，融入党风廉政教育内容，激发广大学员的政治热情，在端正入党动机的过程中，克服功利主义，确立正确政治方向，发挥党建工作在反腐倡廉教育中的特殊功能。既要善于运用“三会一课”等传统教育手段，又要充分利用并发挥电视、网络等现代信息技术在反腐倡廉教育中的作用，做到“电台有声、电视有影、报纸有栏、网络有页”。

综合运用反腐倡廉成果展、重大纪念日、警示教育基地、廉政教育影视资料、反腐倡廉文艺作品等多种有效形式开展反腐倡廉教育。例如，组织学员创作并运用反腐倡廉文艺作品开展教育，陶冶党员干部和群众的反腐倡廉情操，充分发挥廉政文化的亲和力、渗透力和感染力的作用，营造“以廉为荣、以贪为耻”的良好氛围，提高党员干部的思想道德品质，增强法治观念，树立良好的社会形象。

第二节　“互联网+基层党组织建设”的路径

一、“互联网+基层党组织建设”基本内容

（一）“互联网+”时代政党执政信息基础的新变化

1. 统一思想的信息基础

在“互联网+”时代，信息的共享性、开放性日益增强，党的执政环境也发生了明显的变化，公众对于信息公开的呼声日益高涨，并且公众的各种诉求呈现出明显的个性化特征。互联网技术为推动信息的公开、共享提供了重要的技术基础，有利于拉近党群关系、奠定党执政的民主性基础。

当然，信息共享性、开放性增强的另一个结果就是互联网中信息内容过于

多元化，各种信息混杂，对于执政党的思想统一具有不利影响。在互联网上，国与国之间的地理界限几乎形同虚设，各种不同的文化、思想在互联网上急速传播，各种负面信息也不受时空限制地迅速传播。发达国家的互联网技术水平相对较高，其在信息传播中占据主导地位。在互联网的信息传播中，由于技术因素及思想形态因素的影响，信息的传播是具有预设性的，针对什么样的对象以某种特定方式传播什么内容都可以通过程序进行预设，所以使得公众的信息获取受到了一定的限制。

中国共产党在新时期要主动适应时代发展的新趋势，进一步解放思想，但同时要注意保证思想的统一性。一方面，要充分听取社会公众的意见建议，着眼基层，重视调研，收集经济社会发展的真实信息，推动思想解放。另一方面，也要屏蔽各种负面的、有害的信息，确保思想的统一性。唯有这样，党才能在新时期成功应对各种挑战，将思想统一于中国特色社会主义理论体系中。

2．执政效率的信息前提

执政效率对党的执政成效、党的宗旨的实现、党的公信力具有重要的意义。提高执政效率的重要前提便是提高信息的整合能力，及时公布、传递信息。在“互联网＋”时代，人们的精神文化生活得到了极大的丰富，互联网为人们表达自身利益诉求提供了便捷的渠道，人与人之间的联系也更加紧密。在互联网上广泛传播的各种信息不仅代表着群众的利益诉求，也反映着经济社会发展的未来趋势，对于执政党正确研判当前形势、做出科学决策具有重要的意义。提高信息处理水平与快速反应能力，完善信息的采集、传递、处理机制，才能够科学研判当前形势，制定党的政策，从而提高执政效率。

提高执政效率的另一个重要途径是通过互联网等渠道将政府的决策活动、执行活动变成一种对群众公开的执政活动，充分保障群众的知情权，提高决策的科学性，其中最重要的一点便是执政活动的信息化，这离不开大数据、云计算等现代化互联网技术的支撑。与此同时，对各种社会突发事件的响应速度与应对方式对于执政党的公信力和执政能力也具有重要的意义，直接关乎执政党的国际形象。

执政效率的高低不仅体现在工作效率上，也体现在决策水平上。一直以来，传统的决策过程大多以经验作为基础，决策十分依赖决策者或少数人的个人能力与认识。尽管很多杰出的个人做出了很多正确的决策，但当前经济社会的发展速度飞快，各种新形势、新问题层出不穷，以经验为基础的决策方式难以适应新形势的要求。时代的发展促使决策过程必须进行变革，决策过程要告别“拍脑袋”的做法，要走向科学化、规范化的道路。

提高决策科学程度的重要方式是全面地搜集、掌握相关信息，通过科学的方法进行筛选、分析、归纳，进而为决策者提供科学的参考。通过从相关数据库中选取大量的数据并运用大数据技术进行分析、转换等，从海量数据中挖掘关键信息，并结合经济社会发展过程中所形成的经验，制定出科学的、具有可操作性的决策。

3．联系群众的信息纽带

是否拥有意见表达的渠道对于政治的廉洁、稳定至关重要。中国共产党历来高度重视与人民群众的联系，尊重群众的意见，并将群众路线视为党的生命线，在成为执政党之后，更是采取了多种举措来加强与群众的联系、巩固群众路线。在互联网快速发展的21世纪，党始终将尊重人民声音、汲取人民智慧、保护人民利益作为重要任务。

和谐社会的建设不是靠执政党单方面策划出来的，而是需要社会各方主体和谐相处、共同推进的。新时期的执政不再是传统的“单”对“多”的统治过程，而是一个需要多方主体共同参与的治理过程。提高公众对社会公共事务的参与度需要提升公众的互联网意识，提高政党的执政能力需要在全社会范围内打造良好的信息环境和提供信息资源。

（1）执政党要关心群众、了解群众的诉求，并切实帮助群众解决与他们利益相关的问题；宣传主流文化，营造正确的社会舆论氛围，增强社会凝聚力；提高服务意识，着眼细节，让群众真正感受到党的关爱；及时倾听群众的意见建议，决策行为应反映群众的意志。

（2）执政党在互联网时代也要不断做出改变，在与人民群众的互动中，炼出新的品质、造就新的力量和新的观念、创造新的需要和新的语言；在与人民群众的普遍联系中培育全面发展的一代新人，体现无产阶级政党的执政理念，丰富执政的智力资源。

4．民主执政的信息条件

大多数人的利益维护及实现情况，以及社会整体的创造性，对于国家经济社会的发展具有决定性的作用。执政党代表全体人民的利益，必然要求最广泛的民主。在互联网时代，执政党要不断更新观念，多利用互联网加强与人民群众的交流，提升执政活动的透明度，激发广大人民群众为经济社会发展做出贡献的积极性。

提高信息公开程度对于增强执政民主性、巩固政治基础具有重要意义。及时公布相关信息能够使群众及时了解政府相关决策，并在决策过程中使群众的意见诉求有所体现，进而满足社会不同阶层的多样化利益诉求，增强政治民主性。一方面，随着互联网的快速发展，信息传播的速度、开放性、自由性都大大增强，并且突破了时空的限制，拓展了信息传播的渠道，人们获取信息的能力显著提高，各种信息的透明度、共享性不断增强，群众的民主意识、权利意识、参与意识都显著增强。在这样的背景下，对信息的封锁、垄断将引起社会公众的反感甚至抵制，削弱执政党的威信；相反地，不断公开相关信息有利于培育信息社会的民主土壤，树立良好的执政党形象，巩固执政党的执政地位。另一方面，在互联网时代，信息传播的离散性比较强，在打破了时空限制的同时，也在一定程度上造成了人与人之间的疏离，使得不同个体之间心理、文化等方面的距离增加，进而增强了群众的自主性。很多以前需要执政党及各级政府组织推动完成的事情，现在通过互联网便可以更高效地解决，这本质上是执政党主动拥抱互联网技术、创新治理方式的成果，不仅没有降低党的影响力，反而通过技术赋能，进一步提升了服务群众的效能，巩固了党和群众的紧密联系。

执政党必须积极利用互联网技术，改进与群众沟通、交流的方式，从而引导更多的群众主动参与政治活动，培育民主的政治基础，增强社会的凝聚力和执政党的社会动员能力，进而巩固执政地位。

（二）“互联网＋党建”能够促进党内和谐

1．“互联网＋基层党组织建设”是党内和谐建设的助推器

（1）党员群众是实施“互联网＋基层党组织建设”的主要对象之一。在“互联网＋”时代，社会公众获取信息的需求日益增长，客观上要求执政党及时地收集和公布党务信息。党务信息公开指的是党委部门通过正式文件、官方网站、电视广播等媒介，将党务管理过程中应当公开发布的各种图片、数据等资料及时向社会公众公开。当前，互联网已经成为党务信息公开的重要途径，并且得到了广大党员群众的支持。

（2）“互联网＋基层党组织建设”是提高党员党内政治参与水平的保障。随着各地在“互联网＋基层党组织建设”方面的不断探索、推进，党组织与党员群众之间的沟通、交流日益增多。有了互联网这个便捷的平台，党员群众为了维护自身的利益，也更倾向于通过互联网参与相关的政治议程。党员群众政治参与的积极性得到提升，就会对公权力的运转形成有效的监督，其政治参与能力也会在实践锻炼中得到提高。不断提高党员的党内政治参与度是时代发展的必然要求，互联网为党员群众参与党内政治生活提供了便捷的渠道。

（3）“互联网＋基层党组织建设”加强了党同人民群众的联系。党建网站在增强政务信息的公开程度、提高党务工作效率、提高群众的参与度等方面具有积极的作用，拉近了群众同党组织的距离。通过互联网平台，群众在参与党内政治生活方面拥有了均等的机会，均可以在互联网上发表意见建议。党政机关可以通过互联网收集群众的民意诉求，有利于提高政府决策的民主程度和科学程度。

（4）“互联网＋基层党组织建设”助推党内和谐建设。“互联网＋基层党组织建设”的推进对于加强党内和谐关系具有重要的作用，实际应用效果

直接影响了党内和谐建设的成效。因此，只有采取正确的方式并取得切实的成效，互联网平台才能够有效推动党内和谐建设。

2. “互联网＋基层党组织建设”推动以人为本思想的实现

以解决企业治理问题为例，引入互联网技术，打造网络管理平台，对于提高职工管理的民主程度具有重要意义，使以职工为本的思想在实践中得以落实。随着互联网技术的飞速发展，人们对互联网的使用不再局限于获取信息、共享信息等方面，互联网渗透到生活的方方面面，使人们的生活方式发生了巨大的变革。互联网的快速发展也对组织的建设产生了深远的影响，对于推进企业现代化转型具有积极的意义。

在传统时期，信息传递的渠道少、环节多、成本高，信息在传递过程中较易失真，不同组织之间的沟通成本较高、沟通难度较大。互联网技术极大地拓展了信息传递和社会交往的网络，组织之间、人员之间的沟通方式也发生了重大变革。依托互联网平台建立的论坛、邮箱、微信群等都为不同组织、人员之间的沟通提供了便捷的渠道。工作人员仅通过互联网便可以了解组织的整体运转情况，甚至可以根据目前的状况提出自己的意见建议。决策层也可以通过互联网及时了解基层员工的意见建议和利益诉求，对于提高组织管理的效率和决策的科学程度具有重要的意义。

在组织的管理中引入互联网技术，大大缩短了信息传递的层级和时间，推动了组织内部的信息公开，加强了员工之间、员工与管理者之间的信息交流，维护了和谐的组织内部关系，尊重了员工的主体地位，为员工更好地发挥个人能力提供了良好的平台，对管理者改进管理行为也提供了良好的参考。互联网技术的全面引入是经济社会发展的必然要求，对于推动以人为本思想的落实具有重要意义。

3. 开放式“互联网＋基层党组织建设”平台有效实现多方互动

在传统时期，党建工作需要遵守严格的规范，所有党组织的活动都需要预先进行设计并被上级部门批准，下级党组织和党员服从安排即可，自主性较弱，党务管理的手段和方式规范性强。在传统时期的党建活动中，上下级党组织之间、党组织与党员之间的沟通、交流较少。“互联网＋基层党组织建设”能更好地营造党内信息顺畅、上下互动、弘扬先进、服务基层的和谐氛围，依托互联网平台，党组织之间、党员与党组织之间的交流方式得到了很大的拓展，邮件、微信等交流方式日益普遍，有效加强了党建活动的互动。

（1）开放式“互联网＋基层党组织建设”平台为党员分享生活、感想提供了便捷的渠道，方便了党员群众之间的沟通和交流。平台还通过大数据分析，将高质量的、受群众关注的热点信息、文章发布在首页上，提高了党建信息分享的丰富程度。

（2）开放式“互联网＋基层党组织建设”平台拓展了党组织的活动空间，网上党组织的建立将分散的党员凝聚到一起，并将传统的组织生活、组织管理、学习培训等环节转移到线上，开放性更强。

（3）开放式“互联网＋基层党组织建设”平台利用视频、即时通信工具、论坛等方式，将党组织资源通过互联网进行共享，将传统的党建活动转移到线上，有效打破了传统党建活动的时空限制。

（4）开放式“互联网＋基层党组织建设”平台中还可以涵盖问卷调查栏目，对党员群众所关心的热点问题、政策执行情况等内容开展在线问卷调查，并通过互联网技术将调查数据数字化，以图片、视频等更直观的形式进行展示，既加大了信息公开的力度，也尽可能多地收集到群众的意见建议，有利于辅助改进政府决策。

（三）“互联网＋基层党组织建设”能够有效扩大党内民主

1．“互联网＋”是扩大党内民主的新机遇

（1）基层党员对党内民主建设高度关注。随着中国经济社会的高速发展，社会各种关系已经发生深刻变化，党组织和党员间的关系也不例外，主要表现在以下两个方面。

一方面，部分基层党员感觉受党召唤的机会过少。很多老党员反映，现在除了被通知开会，党组织基本上不怎么安排任务。很多年轻党员也抱怨说感觉被组织遗忘了。

另一方面，部分基层党员感觉党内表达通而不畅。从制度层面看，党员如果想要向党组织反映自己的意见、诉求，是有很多渠道的，如直接找组织汇报、在民主生活会上发言等。但在实践中，由于上下级关系、职务隶属关系的影响，很多党员往往在面对这种机会的时候很难把心里话讲出来。

基层党员十分渴望党内民主能够切实推进，他们希望自己能够有更多的表达权和参与权。互联网技术打破了传统党建形式的很多弊端，提供了平等交流的互动平台，打破了时空的限制，对于扩大党内民主具有重要作用，这在很多方面是传统党建所无法比拟的。

（2）“互联网＋”是党内民主发展的新机遇，见表5-2。

表5-2　“互联网＋”时代党内民主发展的新机遇

机遇方面	具体表现	与传统对比说明
党员群众党内政治参与的平等性	信息资源共享程度提高，党政机关信息公开力度加大，任何人在法律允许范围内可随时随地查阅信息、发表观点，有均等参与机会	传统科层制结构管理层次多，信息共享差，信息资源分配权被少数人掌握，党员群众获取信息较为被动，参与权和知情权受到影响

续表

机遇方面	具体表现	与传统对比说明
党员群众党内政治参与的便捷性	党员群众通过互联网可发表意见建议、参与政治议程，能在线投票、参与政治决策	传统党内政治参与渠道（如报纸、广播、电视等）及参与方式（如投票、举手表决等）局限性较大，党员群众参与的难度较高
党员群众党内政治参与的高效性	互联网拓展信息传播渠道，提高传播速度，突破时空限制，降低信息共享成本，政府借助互联网能更全面真实了解基层情况，提高政治参与效率	传统决策模式仅靠经验，在复杂问题面前难以全面准确判断
党内民主表达的真实程度提高	网络交流平台使沟通突破时空、阶层限制，发言不受身份、职位等限制，激发公众参与热情，营造民主沟通氛围，拓展沟通渠道	传统党内沟通气氛沉闷、方式单一、社会性障碍明显
党内民主监督的主体力量壮大	互联网为党内监督提供便捷渠道和多样手段，形成无明确边界的网络式监督，信息上传快捷，拓宽监督渠道和覆盖面，增强公众监督意识和热情，提高监督效果	传统党内监督体系在监督渠道和手段上相对局限

2. “互联网＋”是完善党内民主的新途径

科学技术是推动人类社会不断发展、进步的重要动力，而互联网技术也不断开辟党内民主的新途径，对推动党内民主的健康发展产生了重要的作用。

（1）“互联网＋基层党组织建设”开辟了党内民主参与的新途径。互联网平台极大地拓展了党内沟通、交流的渠道，构建了多层级、多形式的党内信息交流渠道，极大地提高了党内信息的共享程度和公开程度，使党员群众可以便捷地查阅相关信息。党员群众可以通过互联网平台参与相关党内事务，平等地发表意见建议及诉求，接受党组织的管理，及时参与党组织生活。与此同时，通过党建互联网平台，党员群众可以和党组织或相关领导进行更加便捷的交流，加强党组织内外部信息的共享、沟通，提高党的决策的科学程度和民主程度。

随着互联网技术的快速发展，各级领导干部对于互联网的认识程度、重视程度日益提高，并且很多党政部门已经开始在党务管理中运用互联网技术。例如，有的部门通过互联网加强与群众的交流，有的部门通过互联网召开新闻发布会等，得到了广大群众的一致好评。

（2）“互联网＋基层党组织建设”降低了党内民主参与的成本。追求彻底的民主是费时费事的，但这是必须付出的代价。在传统时期，受时间和条件的限制，党员群众很难有机会真正参与党内的政治活动，这妨碍了党内民主的真正实现。通过党务互联网平台，党员群众可以便捷地参与党内活动，并且不受身份、时间等限制，这激发了广大群众的参与热情。

通过互联网平台，各种党务信息可以十分及时、便捷地向广大党员群众公开，党员群众可以在线轻松检索自己所需要的信息，极大地方便了党员群众参与政治，激发了党员群众参与热情，对党员群众的政治参与能力和文化素质的提高也具有积极意义。对于各级党组织而言，互联网平台的引入大大方便了党组织与群众的沟通，打破了传统沟通方式的时空限制。随着互联网技术的发展，软硬件设施普及度日益提高，各种相关的费用也在不断降低，信息沟通、交流的成本越来越低。依托互联网平台开展的党务管理活动，为广大党员群众参与党内事务提供了便捷的条件。

（3）“互联网＋基层党组织建设”提高了党内民主参与的质量。党员干部参与党务管理，有利于不断增加其对执政党的认同度，也有利于其更加坚定地拥护党的执政。互联网平台为党员群众提供了更加便捷的信息共享渠道、更加开放的管理平台、更加便捷的信息沟通渠道，有利于完善党内民主的相关制度，使党员群众在参与过程中提高自身的政治参与能力，推动党务管理的数字化、现代化。以党内在线选举为例，通过互联网平台，群众对候选人的信息、选举流程等可以迅速进行查阅，并且可以就自己所关心的问题向候选人提问。与此同时，选举的组织部门对于选票的收集、统计、计算等流程均可以在网络平台迅速完成，相较于传统的选举方式，成本大大缩减，选举的公开性和公平性得到了最大限度的保证，也提高了党员群众党内民主参与的质量。

二、“互联网＋基层党组织建设”的实践路径

（一）“互联网＋基层党组织建设”的基础建设

1. “互联网＋基层党组织建设”的思想建设

（1）建立网上理论宣传普及阵地。建立以党的各级组织机构网站为主干、各级党报党刊网络版为依托、各类商业网站为辅助的网上马克思主义宣传阵地，将马克思主义经典著作、党的基本路线和方针政策、党和国家领导人重要讲话等文献资料上传到互联网，形成党的理论学习网上资源库。针对不同层次的受众，设计内容深浅不一、表现形式多样的党建网页或栏目，精心组织网上党校、网上党课等活动，让党的政治纲领、宗旨、主张、方针、政策更好地走进人民群众，真正为人民群众所了解、所掌握、所运用。在网上定期发布党建理论研究成果，并通过开设“理论网上沙龙”“热点问题论坛”等活动，采取“留言板”“网上聊天”等形式，引导党员和群众关注理论热点，加强理论探讨，

掌握最新研究成果。

（2）建立网上舆论导向阵地。当前，互联网已成为社会舆论的重要发源地和风向标，对社会思潮的形成和社会情绪的变化发挥着举足轻重的作用，对互联网的掌控力度直接影响舆论宣传的话语权。应利用互联网的组织功能，加大互联网与传统媒体的信息资源整合，建立互动的网络系统和新型的传播机制。着眼全球、立足受众，开通网上新闻信息发布渠道，使互联网成为党的重要新闻和信息的发布站。注重新闻价值，讲究传播效果，不断更新新闻内容、创新新闻形式，增强网上新闻宣传内容的针对性、吸引力和感染力。坚持教育疏导和人文关怀，围绕时政热点和网上焦点问题，适时发表政策解读文章与正面评论，提高人们的分析能力、识别能力和“免疫力”，筑牢党员和群众的精神防线。

（3）建立完善思想政治教育阵地。加强现代远程教育网络一体化建设，将党的思想政治教育的精髓融入互联网的各个层面。以社会主义核心价值体系引领互联网建设，坚定党员干部在多元文化影响下的政治信仰，增强党组织的凝聚力。建立网上英雄模范、先进典型等资源库，大力宣传他们的先进事迹，弘扬党的优良传统。建立网上优秀文化艺术作品展示平台，组织网上鉴赏活动，使人们在浏览欣赏中愉快地接受主流文化价值观的熏陶。开设“说句心里话”“网络谈心”“网上心理咨询室”等栏目，针对党员、群众的思想问题答疑解惑，发挥网上思想政治工作应有的作用。

(4)建立网上形势统筹阵地。大数据将数学算法运用于海量数据，通过“让数据自己说话”的方式，让决策者超越局部事实和经验判断而做出科学的形势评估，使事物发展的趋势一目了然。在当今纷繁复杂的国内外形势下，科技发展、社会动态、市场变化和国家安全等领域蕴藏着海量数据。掌握以预测为核心的大数据技术，可以揭示数据中隐藏的规律和未来发展趋势，为党组织决策提供宝贵参考。可以说，有效运用大数据技术可以显著提高党在复杂网络舆论环境下的全局驾驭能力，不断提高党组织的引领能力。

2. “互联网＋基层党组织建设”的组织建设

（1）推动干部队伍建设透明化。建立网上干部资料库，利用网络全面系统地记录每名干部的基本信息、工资状况、家庭关系、年度考核和培训情况，以便高效快捷地查找出符合某些条件的干部人选，为领导决策提供参考，为年轻干部的培养和新任职干部的培训提供更加准确的数据。建立网上干部公示栏，对拟提拔和任用的干部进行网上公示，接受群众的广泛评议。建立干部网上推荐制度，让广大人民群众政治参与的积极性、主动性得到更好的保护，使真正符合革命化、年轻化、知识化、专业化方针和德才兼备标准的人才走上领导干部工作岗位。

（2）推动党员队伍建设信息化。按照建设一支“素质优良、结构合理、规模适度、作用突出”的党员队伍的要求，充分利用互联网高效、新颖生动的信息传播途径，开展党员信息管理、党组织管理、实时在线交流、党内视频会议、党内统计报表、网上党费交纳、网上党课等党务活动，为流动党员转接组织关系、寻找党组织等提供咨询服务，为广大党员及群众查阅党员信息资源提供便利，及时反映党的组织建设动态，交流党的建设经验，传播党的建设知识，探讨党的建设实践，把党员教育、管理、监督和服务有机结合起来，不断提高党员的思想素质，不断提高党员服务科学发展的能力。

（3）推动组织决策制定民主化。坚持和完善民主集中制，推动“互联网＋基层党组织建设”突破机制和程序制约，充分尊重群众的首创精神，及时总结来自基层和实践的丰富经验，进一步完善党委内部的议事和决策机制。在进行政策措施制定、工作计划拟定、重大事项决定等工作前，要开展网上信息调查，通过互联网收集广大党员群众的意见和要求。在决策过程中，在利用传统工作方式的基础上，通过网上“建言献策”“问政于民”等形式，让广大党员群众参与决策、充分表达意见。同时，建立健全领导、专家、群众相结合的决策机制，成立网上决策研究和咨询机构，在民主的基础上实行科学决策，使党的重大决策更加民主科学，充分代表党员群众的意愿，体现党和人民的意志。

（4）推动网上党组织活动多样化。活动创新是目前党的基层组织创新的一个突破口。应改变传统的“开会、学习、看报和发展党员”这种固有模式，通过创新活动载体，扩大党员之间的交流，增强党组织的亲和力和感召力。

3．“互联网＋基层党组织建设”的制度建设

（1）加强制度建设的针对性。充分利用网络论坛、微信等平台，开展“制度建设大家谈”“建言制度建设”等活动，广泛听取各级党组织、广大党员和群众的建议，确保各项制度的出台科学合理。开辟网上意见反馈渠道，让群众广泛评议党所制定的各项政策在实际操作中存在的问题，提出修改意见或完善办法，不断推进党的制度创新，引导党员、群众加深对党的制度建设的理解和支持。通过大数据技术科学评估现有制度体系的运行状况，找出影响制度运行的因子。各级组织部门可以将基层调研得到的数据同日常谈话记录、部门工作总结、网上相关评论等信息通过技术手段综合在一起，整合为一个庞大的数据库，从而利用海量数据进行全面分析，对党建制度体系运行状况得出有针对性、有说服力的评估结果，为完善党建制度体系提供决策参考。

（2）增加制度建设的透明度。面对互联网增强社会活动透明度的实际，进一步规范党的制度建设的各项程序，使党的制度建设坚定不移地走规范化道路。把握互联网发展对我国政治制度发展提出的新要求，把网上公示制度建设、网民意愿征集、网民意见反馈等作为党的制度建设的基本程序，建立制度制定信息发布、制度网上意见征集、制度操作情况反馈等基本程序。遵循互联网条件下党内信息沟通的特点，改变原来的制度建设自上而下、单向形成模式，发展纵横双向反馈、选择、调节方式，在保持全党政治高度一致的前提下，不断推进党内制度建设的民主进程。

（3）提高制度建设的实效性。利用党建网站开展各级党组织和全体党员贯彻执行制度意识的经常性教育，引导其树立党的制度是党内法规的观念，从思想上和行动上增强贯彻执行制度的自觉性。利用党员干部信息管理系统，组织各级党组织和党员学习、领会、执行制度，以上带下，发挥领导干部的表率作用和基层党支部的基础作用。广泛收集网上党组织、广大党员及人民群众的意见与要求，认真抓好对党的各项制度的督促检查，经常了解和掌握党的各项制度的执行情况，定期进行网络通报，肯定成绩，查找问题，总结推广经验，制定改进措施，形成全方位的监督机制，共同促进党的各项制度的贯彻落实。

（4）提高服务方式的灵活性。按照“一个支部一个网络阵地、一个党员一个电子档案”的思路对党务进行有效管理，实现网上档案管理、网上党籍管理、网上党费管理、网上党员考核、网上民主评议等功能，构建统一的党员动态信息库，建立面向基层广大党员的服务平台和双向交流窗口。

（二）“互联网+”时代党员队伍的开放式管理

1．构建开放统一的党建信息平台，建立和完善城乡一体的党员管理体系

完善党建信息平台，分级开放信息管理权限，进一步发挥其党员管理、多方互动、信息发布的基本功能。县（区）委组织部负责党组织机构的增建和全县综合性信息的维护，各基层党组织负责本党组织及本党组织内党员的基本信息维护，党员个人申报信息的维护由党员自行负责。针对互联网开放性强、形式多样的特点，各基层党组织要进一步通过电子邮件、视频对话、网络聊天、博客留言等方式，引导广大党员群众利用党建信息平台进行互动交流。

全面实行党员电子活动证制度，建立全域覆盖、多方互动的全员动态信息库，实现党员的城乡一体化管理。基于互联网、面向全社会的党建信息平台，为每名党员统一制作电子活动证，使其作为党员网上身份识别、活动记载的凭证。电子活动证主要记载党员基本情况、党费交纳、学习培训、义工服务、组织生活、群众帮扶等信息，党员凭电子活动证可以到任一基层党组织或党员活动中心报到并参加活动。各级党组织要借助党员电子活动证，分

类建立党员全员信息库、流动党员信息库和困难党员信息库，切实加强党员管理。

全面实行网上转接组织关系制度，确保党员能够通过手机支付等手段交纳党费，简化程序，方便党员履行义务。各级党组织要按照以人为本的原则，大力推行网上转接组织关系，为党员转接组织关系提供方便。针对党员流动性加剧、交纳党费不便的实际情况，在实行传统的现金交纳党费的基础上，全面推行网上交纳党费和手机交纳党费。各级党组织要进一步加大对网上和手机交纳党费的培训和宣传力度，让党员熟知网上和手机交纳党费的程序，推进党务工作信息化进程。

运用大数据技术可以对基层党员、流动党员实施有效管理。大数据技术可以使党务管理和服务直接针对党员的个性化需求。大数据技术具有强大的区域、行业和部门渗透力，能够充分利用信息化手段组建全新的党建数据平台，为存储数据、分析问题和进行党务决策提供支持。这对于加强基层党员和流动党员管理、提高基层党组织的战斗力具有深远意义。

2．建设开放便利的党员服务中心，努力打造联系和服务党员的温馨平台

（1）建设功能完备、服务周到、面向全社会开放的党员服务中心。按照服务群众、服务党员、服务社会的要求，在机关、社区、农村、企业和互联网建设面向所有党员和群众的服务、教育、活动、管理“四位一体”的党员服务中心。各级党组织要加强对党员服务中心的管理和应用，不断拓展和完善功能，为广大党员群众提供就业、住房租赁等信息，解决他们的实际困难。努力把党员服务中心打造为吸纳流动党员，加强流动党员教育管理的接纳地；推进“两新”党组织建设，扩大党的组织和工作覆盖面的孵化器；引领党员思想、规范党员管理、提供党务服务、发挥党员作用的根据地；开展服务活动，满足党员和群众多样化需求，促进党组织和党员作用充分发挥，树立基层党组织和党员良好形象的资源共享平台和服务窗口。

（2）建立党员活动日制度。各级党组织要借助党建信息平台的“短信群发”等功能，用手机短信、电子邮件等形式提醒党员在“活动日”到党组织或党员服务中心报到，并为报到的党员提供活动、就业、培训等相关信息。广大党员特别是流动党员要按照就近、就便的原则，每月至少到相应的党组织或党员服务中心报到一次，积极参加义工服务活动，讨论决定重大事项等。提倡机关党员以“网上报到”形式参与党组织活动。

3．建立开放灵活的党员义工团队，着力培育党员履行义务、发挥作用的有效载体

组建和培育以党支部为依托、以党员为主体、面向群众开放的义工服务团队。充分发挥各级党组织、群团组织以及其他社会组织的优势，全面整合党群资源，按照“自愿参加、无私奉献，整合力量、注重特色，持之以恒、务求实效”的原则，成立以党员为主体、面向群众开放的义工服务团队，引导广大党员、群众结合自身特长和爱好自由选择活动，切实为群众办实事、解难事、做好事，为社会公益事业献爱心、做贡献，实现义工服务活动的经常化、长期化和规范化。

全面实行党员义工计时制度，凡男性未满60周岁、女性未满55周岁且身体条件允许的党员，每年必须完成16个小时以上的义工服务。各级党组织要将党员开展义工活动的情况录入党建信息平台，通过信息平台对党员做义工的时长进行公开，并将其作为党员年度考核、民主评议的重要内容和依据，确保参加公益性、社会性的义工服务成为每名党员的自觉行动。

4．建立开放透明的党员发展与退出机制，加大社会公众对党员发展和管理的监督力度

（1）全面实行发展党员公示制度。各级党组织要将入党积极分子的培养、发展对象的确定以及发展计划、党员标准、发展程序等通过党建信息平台在一定范围内公开，接受党员和群众的监督，着力构建开放、民主的党员发展新机制，保证党员发展质量。

（2）建立预备党员、入党积极分子义工服务制度。各级党组织在开展党群义工服务活动中，要重点搞好预备党员和入党积极分子的义工服务管理，并将每名预备党员和入党积极分子的义工服务情况作为转正和吸收为发展对象的依据。

（3）探索党员有序退出的形式。探索对失去联系、长期不交纳党费、不履行党员义务的党员进行有序退出的具体方法，规范党籍管理，树立党员良好形象。

（三）“互联网＋”时代党员队伍的动态式管理

1．创建流动党员组织结构

由于流动党员多数是外出务工人员，其在流入地往往在非公有制经济组织和社会组织中工作，所以，必须在非公有制经济组织和社会组织中建立党组织，把流动党员纳入党组织管理，工作单位没有党组织也不符合设立党组织条件的，可以就近与企业联合组建党组织，或以住宅区、商业区、专业市场为地域单位组建党组织，或在投资服务中心、行业协会等单位中联合组建党组织进行管理。流动党员党组织的创建不仅需要智慧谋划，更需科学规范的管理方法，绝不能浮于表面、流于形式，责任方要根据党员的文化素质、从业状况、年龄结构等实际情况，把党员划分为不同类型，根据党员的类型和特点分层次、分类型地加强管理，从而形成城乡互动、城乡一体、静态和动态互补的党员管理体制。

2．构建流动党员管理平台

构建开放、互通、共享的流动党员管理平台，利用互联网交互式的联络手段，在党员与基层党组织之间、党员与党员之间建立起便捷的交流渠道，从而更有效地维护流动党员的利益，提高流动党员的参与意识和积极性，形成党组织与流动党员的良性互动机制。在党建网站上开辟"流动党员之家"专栏，登载党内动态、学习辅导、家乡变化、创业信息等内容，满足流动党员的不同需求。利用微信等方式为流动党员创建相互交流学习的平台，加强与流动党员的联络，增强党的凝聚力。

3．流动党员信息库的建设

为进一步加强和改进流动党员教育、服务和管理工作，各乡镇（街道）党（工)委要结合党组织和党员信息库建设工作，对所有外出三个月以上的党员、从外地流入本地本单位三个月以上的党员、本地本单位在外地建立的流动党组织、外地在本地本单位建立的流动党组织的有关情况进行登记，建立准确的流出党员、流入党员和流出党组织、流入党组织台账，建设流动党员信息库，并及时对流动党员信息库进行更新和维护，利用大数据技术挖掘潜在信息，把握发展趋势，解读大数据结论，据此制定出行之有效的流动党员教育管理方案。依托中国共产党党务管理系统，构建代表流动党员身份的电子标识，以实现党组织与流动党员之间的有效互动，加强对流动党员的管理。

4．虚拟党组织的构建

运用互联网技术建立虚拟党组织，创新管理模式，突破时空界限，实现对流动党员的动态管理。流动党员多数是外出务工人员，他们的作息时间不统一，要组织他们在一起开会、过组织生活非常困难，但绝大部分流动党员都有手机，有些党员还有计算机，针对流动党员的现状，可构建虚拟党组织，引导流动党员通过网站、微信公众号和手机短信等多元化方式加强与党组织的联系，随时汇报学习情况和思想动态。

5．建立流动党员的思想政治教育机制

流动党员的思想政治教育是当前党员队伍建设的重点和难点之一。要在服务和激励中加强流动党员的教育管理工作，把便捷高效作为教育管理的突破口，把发挥作用作为教育管理的落脚点，采取多种形式让流动党员能够主动接受思想政治教育，增强党性观念、组织观念，提升光荣感、归属感和责任感。特别是在当前创建先进基层党组织、争当优秀共产党员活动中，一定要做到活动全覆盖、精神全覆盖。很多县乡党委对流动党员的"行前教育"和"返乡教育"做得很好，甚至对外出集中、人数较多、距流出地不太远的党员，还能够"送学上门”，更多的是搭建互联网平台开放式地引导流动党员接受教育和培训。例如，某市以党组织为单位对长期在外的党员采取“寄学送教”的方式，利用书信、快递、电子邮箱等形式把学习资料、文件精神及要求传达到流动党员群体。这些做法成效很好，值得肯定。

（四）“互联网＋”时代党员队伍的教育培训工作

1．网上教育培训应遵循的原则

（1）趣味性原则。最大限度地发挥网上教育培训的优势，激发广大党员的学习兴趣；充分利用声音、图片和影音等多媒体文件，以党员喜闻乐见的形式展示培训内容的魅力和趣味性，提高培训的效率和质量。

（2）个性化原则。最大限度地体现个性化特点，克服“大统一”的传统培训模式弊端，开放性地对待不同的培训内容和不同的培训个体。根据不同岗位确定不同的培训内容，结合实际需要，分级分类地开展教育培训。

（3）互动性原则。最大限度地体现教育培训内容的内在互动性，包括人与机器间的互动性、教师与学员间的互动性、学员与学员间的互动性，将学习融入交互活动之中，以体现学习本质，激发学员潜能。

（4）开放性原则。互联网可以向党员提供近乎无限的学习资源，设计网络软件时要充分运用这一优势，尽量开发学习资源，满足党员个性化的学习需要，提高党员的综合素质。

（5）实践性原则。与时俱进是新形势下对党员教育培训工作所提出的新任务和新要求。随着时代的发展，党员教育培训工作应当要求党员能够紧抓机遇不放松，勇于面对挑战，这就决定了党员群体教育培训工作无论是从内容上还是从形式上均要做到与时俱进，顺应当今时代发展之大潮，真正站在时代发展的最前沿，全力以赴让广大党员干部的思想水平与知识素养能够跟上时代前进的步伐。

（6）实效性原则。最大限度地激发党员群众学习的主动性和创造性，分析培训需求，制订培训计划，评估培训质量，避免无效培训，努力增强培训效果。

（7）精准性原则。利用大数据分析技术，通过对数据的收集统计、分析研判，准确掌握党员群众的思想状况、实际需求，并针对党员各自的特点实现按需施教、分类培训，让“学习套餐”变成“私人定制”，使党员教育内容变得兴趣化、个性化与精准化。

2．网上教育培训应突出的意识

（1）增强现代意识。突出网络的客观性、时效性、互动性，增强新颖性、丰富性和实用性。在网页设置上，要符合时代发展要求，从栏目、版面、图片、标识、色彩、内容等方面精心设计，力争做到形式新颖、内容丰富、信息容量大、图文并茂，充分满足党员群众的不同需求，增强吸引力。

（2）突出阵地意识。互联网技术的发展及影响告诉我们，网络社会不是思想政治教育的“真空地带”，更不能成为党建工作的“盲区”。因此，要充分发挥网络在传播马克思主义中的主阵地作用，从占领新世纪思想舆论阵地的高度，切实重视党员教育管理工作。

（3）强调精品意识。在党员教育管理中运用互联网技术的一个重要表现形式就是党建工作要进入互联网，即办好党建网站。而要办好党建网站，一定要树立品牌意识。要科学筛选内容，树立品牌栏目，突出网络党建的特色，同时融入党徽、党旗等体现党的形象的统一标志。要突出网站的“四性”，即思想性和引领性、丰富性和实用性、新颖性和亲切性、交互性和即时性。

（4）提高安全意识。技术性和安全性是建好党建网站的保障，网站信息必须严格遵守有关规定，不得泄露党和国家的任何秘密。这就要求我们做到以下三点：

首先，加强技术力量，采用先进的网络安全技术，不断提高网站的安全性、可靠性，加强对网站的维护和安全管理，及时发现和制止针对网站的恶意攻击行为。

其次，搞好业务培训，提高网络管理人员素质，建设一支新型的既有较高马克思列宁主义素养、又有较高网络技术水平的网络传播干部队伍。

最后，加强网络管理，建立严格的相关文件和材料的上网审批制度，认真执行有关网络安全的各项规定，确保网络运行安全。

3．完善大规模培训党员的有效方法

（1）探索党员培训项目管理制度。按照党员培训全覆盖的要求，各基层党组织每年要对党员进行一次以上的集中或分类培训。各级党组织要结合党员的特点，积极推行菜单式培训，探索实行项目管理的方式方法，把重点培训的项目按照市场运作的方式面向社会培训机构公开招标，以进一步整合培训资源，提高培训质量，增强培训实效。

（2）试行机关党员学分制度。改变过去党员只能参加本人党籍所在党组织的教育培训，改变学习结果运用比较单一的实际情况，对机关党员学习教育采取“学分制”管理。各级党组织要把党员参加组织生活、学习培训、实践锻炼等折算成学分进行量化管理，对党员的学习成果通过党建信息平台进行统一管理，把党员学分完成、评比情况作为机关干部评先评优和提拔晋升考察的重要内容。对当年未完成学分计划的党员取消“优秀党员”评选资格。

（3）建立党员教育培训电子档案制度。结合党员管理权限的开放，党员可以根据自身的职业、兴趣和流动状况，自行安排时间参加党组织的学习教育活动。各级党组织要结合党员电子活动证的全面推广使用和党员全员信息库的建立，按照“一人一档”的原则，将每名党员的培训情况及时录入党员电子活动证，并借助党建信息平台对每名党员的培训情况进行掌控和定期分析。

（4）建立党员干部在线学习平台。在党建信息平台上开设党员教育培训在线学习与管理窗口，建立党员教育培训动态信息库，各级党组织要适应新形势的发展和需要，充分利用在线学习平台加强对党员教育培训的管理。党员领导干部要带头积极利用在线学习平台开展学习，并对在线学习情况以适当的方式进行鼓励。

（五）“互联网＋基层党组织建设”提升基层党组织社会动员能力

1. 建设党组织内部的快速动员系统

参照现实生活中的组织管理模式，依托党员、党组织信息库，在互联网上建立起网上党组织体系，利用电子邮件、手机短信、公告和在线学习等方式开展网上党务工作，上情下达、下情上报，形成开放的网上党组织动员新格局。

2. 建设面向社会的互联网党建信息发布系统

各地党组织利用信息发布系统发布党建要闻、工作动态等，实现了单向社会动员功能。在此基础上要大胆创新，建立有限授权、分级发布的信息发布机制，采取重大事件专题发布、手机党报普遍发布等形式，让每个基层党组织、党员都可以在自己的权限范围内发布相关信息。使每个党组织有专属网页，方便组织活动；使每期党报有重点方向，方便传达最新动态；使每一重大事件有专题学习，方便引导和教育党员群众。做到每个党组织都是编辑部，每名党员都是记者。

3. 建设面向社会的快速动员系统

通过建设网上党群联动系统，搭建起有效的面向社会的动员平台。网上党群联动系统开设网上义工组织、网上困难帮扶、网上党员服务中心、网上组织连线等内容板块，通过网络公告、手机短信、手机彩信、网上活动组织等系统，面向全社会发布党群活动公告、信息，接受党员群众监督。开展网上组建义工队、网上报名参加活动、网上登记困难求助信息、网上结对帮扶等活动，实现强大的面向社会动员的功能。

4. 建设面向社会的互联网舆论引导系统

随着强调互动的“Web 2.0”浪潮兴起，网络上充斥着越来越多不同的意识形态和言论。在这种新的形势下，如何保持在网络上的话语权，避免网络“失声”的风险，是当前党建工作的又一难点问题。抓住“Web 2.0”的特点，积极利用微博、论坛、社区等平台，组建专业化的网络宣传员队伍，借助党员微博、党建论坛、支部留言等手段，使用微博文章、论坛帖子、网上留言等方式主动进行网络舆论引导，构筑起面向社会的、有序的网络舆论引导体系。

第三节　党校党建工作与思政教育协同育人机制建设

一、党校党建工作与思政教育协同育人的理论基础

《中国共产党党校（行政学院）工作条例》规定，党校（行政学院）的基本任务包括培训各级党政领导干部、公务员、国有企业领导人员、事业单位领导人员、年轻干部、理论宣传骨干、高层次人才、基层干部、党员，开展党校（行政学院）系统师资培训等。作为为党育才的重要渠道，加强党校的党建工作，在目标、主题、形式等方面，都与推进思政教育有着密切的关联。新形势下，党校只有不断加强党建工作，并与思政教育协同开展，才能够培养出更多德才兼备的优秀学员，为国家输送更多的人才，践行好为党育才、为党献策的初心。

（一）二者有着一致的目标导向

党校作为培养党员干部的主阵地，其党建工作与思政教育在意识形态领域呈现出高度的目标统一性。这种一致性源于党校姓党的根本原则，正如习近平总书记在全国党校工作会议上所强调的，党校必须坚持一切教学、科研、办学活动都遵循党性原则，以党的旗帜为旗帜、以党的意志为意志，这为党建与思政教育指明了共同的政治方向。从本质上看，党建工作是思政教育的核心引领，通过强化党的理论教育和党性教育，引导师生深刻领悟马克思主义信仰、共产主义理想的本质内涵，筑牢信仰之基、补足精神之钙。例如，中央党校的课程体系以“一个中心、四个方面”为布局，将马克思列宁主义、毛泽东思想、中国特色社会主义理论体系特别是习近平新时代中国特色社会主义思想作为核心内容，通过系统的理论教育和党性分析，帮助学员树立正确的政治立场和价值取向。

与此同时，思政教育是党建工作的重要基础，通过创新教育形式和丰富教学载体，为党建工作提供了具体化、实践化的育人路径。在实践中，党校不仅注重理论知识的传授，更通过构建校地企社育人共同体、建设实践育人基地等方式，将党的理论与现实实践紧密结合。例如，中国石油大学（北京）将“海洋石油 981”钻井平台作为实践育人基地，使学员在了解新时代能源事业变革的过程中深化对党的理论和方针政策的理解。这种教育模式既强化了学员对马

克思主义理论的认知，又培养了他们运用理论解决实际问题的能力，为党建工作注入了鲜活的实践活力。

两者的协同作用体现在共同服务于培养高素质干部队伍的目标上。党建工作通过严格的组织生活、纪律教育和先锋模范作用的引导，激励党员师生发挥带头作用；思政教育则通过系统的课程设计和思想引导，帮助学员掌握马克思主义的立场、观点和方法，提升政治判断力、政治领悟力、政治执行力。正如《关于加强高校党的政治建设的若干措施》所要求的，党校通过全覆盖的集中培训和常态化的党性教育，着力培养具有铁一般信仰、铁一般信念、铁一般纪律、铁一般担当的干部队伍，为社会主义现代化建设输送德才兼备的中坚力量。这种目标上的一致性，使得党建工作与思政教育在党校育人体系中形成了有机整体，共同致力于培养能够担当民族复兴大任的时代新人。

（二）二者有着相近的育人主题

党建工作与思政教育在育人主题上具有显著的同向性，二者均以培养具有坚定政治立场、高尚道德品质和扎实理论素养的社会主义建设者为核心目标。从内容体系来看，党建工作中的政治建设与思想建设与思政教育的核心内容高度契合。例如，各级党校的思政课程普遍涵盖马克思列宁主义、毛泽东思想、邓小平理论、“三个代表”重要思想、科学发展观以及习近平新时代中国特色社会主义思想等理论体系，这些内容既是党建工作的思想政治核心，也是思政教育的灵魂所在。通过系统的理论教育，二者共同引导学员树立正确的世界观、人生观、价值观，确保其在思想意识形态领域始终同党中央保持高度一致。

在实践层面，二者虽各有侧重，但始终围绕育人主线形成协同效应。思政教育注重“稳”的导向，通过对学员思想品德、职业道德的系统性指导，筑牢思想防线，防止出现意识形态偏差。这种稳定的教育目标，与党建工作中强化政治纪律、规范组织生活的要求相呼应。而党建工作则聚焦“精”的追求，通过严格的党性培养和政治能力训练，致力于锻造政治素质过硬、业务能力精湛的先进人才队伍。例如，党建工作通过创新组织生活形式、加强纪律建设，为思政教育提供了实践平台，使理论教育能够更好地转化为学员的实际行动。同时，思政教育的成果又为党建工作奠定了思想基础，二者在育人过程中相互促进、相得益彰。

这种相近的育人主题，使得党建工作与思政教育在高校人才培养中形成了强大的合力。通过构建协同育人机制，二者能够整合资源、优化路径，既确保思政教育的方向性和实效性，又提升党建工作的针对性和感染力。例如，通过将党建工作中的理论宣讲、实践教育与思政课程的教学设计相结合，能够实现显性教育与隐性教育的有机统一，使学员在潜移默化中接受思想引领和党性锻炼。这种深度融合的育人模式，不仅有助于培养具有坚定理想信念和卓越能力的时代新人，更为党和国家的事业发展提供了坚实的人才保障。

（三）二者有着共生的关联影响

在当今全球化与信息化深度交织的时代背景下，国际形势波谲云诡，各种社会思潮相互激荡，党员干部的思想观念正经历着前所未有的冲击与考验。西方不良思潮的侵蚀，对党员干部的理想信念和价值取向构成了严峻挑战。在此背景下，党校作为培养党员干部的主阵地，其思政教育工作的重要性愈发凸显。它不仅承担着传授理论知识的职责，更肩负着筑牢党员干部思想防线、培育政治品格的历史使命。

1．党建工作对党校思政教育的保障作用

党建工作与思政教育的共生关系，在党校教育实践中呈现出深刻的辩证统一。扎实推进党建工作是强化党校思想政治主阵地的根本保障。通过严肃党内政治生活、创新党组织活动形式、加强党员教育管理，能够将主流意识形态全方位融入学员的学习生活。例如，通过组织“三会一课”、主题党日活动、红色教育基地实践等，引导学员在沉浸式体验中深化对党的理论、路线、方针的理解，使社会主义核心价值观内化为精神追求，外化为自觉行动。这种润物无声的教育方式，能够有效提升学员的思想道德素质，为其在复杂环境中保持政治定力奠定坚实基础。

2．思政教育深化发展依赖党建工作支撑

思政教育的深化发展离不开党建工作的有力支撑。只有将党建工作深度融入思政教育全过程，才能实现“施教寓行”的教育目标。特别是针对中青年党员领导干部这一关键群体，党建工作的融入能够使思政教育更具针对性和实效性。通过将党性修养、廉政教育、群众路线等内容贯穿于思政课程设计，结合典型案例剖析、实地调研考察、互动式研讨等多元化教学手段，使理论教育不再停留在书本层面，而是转化为学员可感知、可践行的行动指南。这种教育模式不仅增强了学员的参与感和认同感，更在潜移默化中塑造了正确的世界观、人生观、价值观，促使学员将个人理想融入国家发展大局，形成积极向上的人生目标和艰苦奋斗的拼搏精神。

3．党建与思政教育深度融合的实践举措

从实践层面看，党建工作与思政教育的深度融合需要构建协同联动的长效机制。党校应充分发挥党组织的政治优势和组织优势，将思政教育纳入党建工作总体布局，制定科学的融合发展规划。例如，建立党建与思政教育联席会议制度，统筹教学资源配置；创新“党建＋思政”课程体系，开发特

色鲜明的精品课程；加强师资队伍建设，培养既懂党建又精思政的复合型教师团队。同时，利用现代信息技术手段，打造线上线下相结合的教育平台，拓展教育的广度和深度。通过这些举措，实现党建工作与思政教育的同频共振、互促共进，为党和国家培养更多信念坚定、本领高强、作风过硬的高素质干部队伍。

总之，党建工作与思政教育犹如车之双轮、鸟之双翼，二者的共生关联影响既是应对时代挑战的必然选择，也是党校教育高质量发展的内在要求。

二、党校党建工作与思政教育协同育人的现实困难

党校思政教育工作与时代紧密结合，坚持以党的创新理论为根本指导，坚持改革创新、理实一体，不断丰富育人实践。然而，不少党校的党建工作与思政教育还存在明显的脱节现象，导致党建工作存在脱离实际、思政教育形式单一等问题。

（一）党建工作与思政教育体系相对独立、各行其是

虽然党建工作与思政教育有着一脉相承的关系，但在党校的管理和教育实践中时常会出现相互脱节的现象，导致二者融合不密切，协同育人难出成效。例如，部分党校的党建工作往往由政工部门负责，其组织体系设计为“分管党建工作的领导—机关党委—基层党支部”，而思政教育工作则由各教研室负责，其组织体系设计为“分管教学工作的领导—教务部—教师”。从二者的架构上看，党建工作和思政教育工作的主管部门不同，目标定位也存在一定的差异，相互之间的协同关系也不密切，在日常的工作中往往各行其是，缺乏有效的衔接与互动。

（二）党建引领未能在思政教育中充分体现

党建是思想政治教育的重要引领，然而不少党校的党建工作重点不突出，党校领导往往更加重视专业教育，导致党建工作在人员配备、经费保障等方面力度不足，部分领导、教师和学员的思想认识也没有深入到位。例如，有的党校基层党建组织和制度不健全，日常工作中除了在学员中设立党支部形成基本的组织架构外，鲜有组织开展党建活动的计划与实践。此外，部分党校的思政教育主要从学员的个人修养或心理问题着手，通过设置马克思主义哲学、毛泽东思想概论等理论必修课，以及配置学员心理咨询室等方式，进行学员思想教育和心理疏导，而没有将思政教育上升到党建领域，没有发挥党建引领的作用。

（三）党校思政教育缺乏有效的主体协同

学员和教师是两大教育主体，这两大教育主体特有的主观能动性，决定了其在推动教育主体协同，更好实现教育目标、体现教育实效过程中的主导地位。目前，在国家教育政策指导和带动下，党校和教师已经逐步认识到党建工作和思政教育的重要性，但许多学员尚未意识到思政教育对于自身成长与发展的意义与价值。

在教学实践中，学员对于思想政治知识往往存在被动接受的心理，而没有从更深层次进行思考，也不愿意参与到党校或者各支部的党建活动当中。相对于党校的党建宣传和思政课程的专题教学，不少学员更加愿意通过互联网获取知识和信息，尤其是接受今日头条、抖音等自媒体平台的价值引导，这对党校党建工作和思政教育造成冲击。

三、党校党建工作与思政教育协同育人的实施路径

党的二十大报告将“加快建设高质量教育体系，发展素质教育”作为当前教育事业的重中之重，不仅集中体现了现代教育体系的历史担当，同时也为党校党建工作和思政教育赋予了新的时代使命。党校想要提升教育教学的质量，离不开思政教育水平的提升。因此，党校必须积极调动集体和个人、教师和学员的多方力量，突破传统党建与思政教育的桎梏，努力探索党建工作与思政教育的协同育人模式，以更加多样化的教学指导筑牢学员的思想根基。

（一）思想和理念协同强化，构建党建工作与思政教育协同育人的新体系

在新时代教育发展的历史方位中，党校作为培养党员干部和理论人才的主阵地，肩负着立德树人的根本使命。党建工作与思政教育如同车之双轮、鸟之两翼，唯有在思想理念层面深度融合、协同创新，方能构建起立体化的育人新体系，实现“1＋1＞2”的聚合效应。

1. 党校需从组织架构层面筑牢协同育人的制度根基

针对党建与思政教育分属不同职能部门的现实状况，应建立“一体统筹”的管理机制，明确由一名校领导兼任党建工作领导小组与思政教育工作委员会的双负责人，打破部门壁垒，促进资源共享。例如，可设立跨部门的协同育人办公室，统筹制订年度工作计划，定期召开联席会议，推动党建活动与思政课程在内容设计、实施路径上的深度对接。同时，充分发挥基层党组织的战斗堡垒作用，在各教学院系设立党建与思政教育融合发展的专项小组，将党员教师的先锋模范作用融入思政课堂建设，形成“支部建在学科上、党员带头讲思政”

的生动局面。

2. 要将协同育人理念贯穿于监督管理与绩效考核的全过程

党校应制定专门的评估指标体系，将思政教育成效细化为可量化、可考核的具体指标，如学员的政治素养提升幅度、教师的课程思政创新案例数量、党组织活动与思政教育的融合度等。在管理人员考核中，增设“党建与思政教育协同推进”专项评分，将其作为晋升、评优的重要依据；在教师评价体系中，加大思政教学质量、课程思政建设成果的权重，设立“课程思政示范课”专项奖励。此外，建立动态督导机制，通过定期检查、随机抽查、学员评教等方式，确保党建与思政教育在基层落地见效。例如，可开展“协同育人示范岗”创新活动，对在党建与思政教育融合中表现突出的集体和个人进行表彰，形成正向激励的良好氛围。

通过思想理念的深度融合与制度机制的创新完善，党校的党建工作与思政教育将实现从“物理叠加”到“化学融合”的质的飞跃。这种协同育人的新体系，不仅能强化党员干部的理想信念教育，更能为培养德智体美劳全面发展的社会主义建设者和接班人提供坚实的思想保障和组织保障，真正彰显党校在新时代的育人担当与时代价值。

（二）机制和制度协同完善，构建党建工作与思政教育规范有序的新标准

机制与制度的协同完善，是构建党建工作与思政教育规范有序新标准的核心支撑。从管理学视角来看，机制如同生命体的血液循环系统，通过动态化的流程设计保障组织运行的高效性；制度则恰似骨骼架构，以规范化的条文体系为各项工作提供刚性约束。党校作为党员干部教育的主阵地，其党建工作与思政教育的协同育人效能，很大程度上取决于机制与制度的科学性、系统性和协同性。

当前，部分党校在制度建设过程中存在参与主体单一化的问题，往往由校领导班子和教师团队主导制度设计，学员群体的意见表达渠道不够畅通。这种自上而下的制度生成模式，容易导致制度内容与学员实际需求存在脱节，进而影响制度执行的有效性。例如，某些党建活动的时间安排未能充分考虑学员的工学矛盾，思政教育的考核评价机制未能全面反映学员的思想成长轨迹，这些问题都可能削弱协同育人的实际效果。

为破解这一难题，党校应积极探索建立“双轨制”制度建设模式。一方面，成立由校领导、教师代表和学员代表共同组成的制度建设委员会，通过定期召开座谈会、发放需求调研表、设置意见箱等方式，广泛征集学员对党建活动组织、思政课程设置、考核评价机制等方面的建议；另一方面，建立制度试

运行反馈机制，在新制度实施初期设置缓冲期，及时收集学员在实践中的体验感受，对制度条文进行动态调整优化。这种参与式制度建设模式，不仅能增强学员对制度的认同感和遵守制度的自觉性，更能使制度设计精准对接学员的成长需求，让党建工作与思政教育真正入脑入心。

通过将学员纳入制度建设的全过程，党校能够构建起“需求收集—制度设计—实践检验—优化完善”的闭环管理机制。这既符合现代治理理论中“共建共治共享”的核心理念，也能让学员在参与制度建设的过程中深化对党的组织原则、纪律要求的理解，进而实现从“被动接受教育”到“主动参与治理”的角色转变。当制度建设真正体现学员的主体地位时，党建工作与思政教育的协同育人就不再是单向的知识传递，而是转化为师生共同参与、教学相长的生动实践，从而为培养具有高度政治自觉和实践能力的党员干部奠定坚实的制度基础。

（三）内容和形式协同创新，构建党建工作与思政教育多元融合的新模式

内容与形式的协同创新，是推动党建工作与思政教育深度融合的关键引擎。在内容维度，党校需构建“理论—实践—发展”三位一体的课程体系，将马克思主义经典理论与习近平新时代中国特色社会主义思想有机衔接，同时深度融入国家重大战略部署。例如，针对乡村振兴战略，可开发“党建引领基层治理”专题课程，将《资本论》中的城乡关系理论与新时代农村集体经济发展案例相结合；针对科技创新领域，可设置“科技自立自强的政治逻辑”研讨模块，把毛泽东思想中的独立自主精神与当前芯片研发、人工智能等前沿领域的实践需求相贯通。这种内容创新不仅能帮助学员建立理论认知的坐标系，更能引导他们运用马克思主义立场观点方法解决实际问题，实现从“知识输入”到“能力输出”的转化。

在形式创新层面，党校应充分把握数字时代的传播规律，构建“线上＋线下”融合、“虚拟＋现实”互动的立体化教育生态。一方面，依托5G、大数据、人工智能等技术，打造智慧党校云平台，开发沉浸式党建VR场景、思政教育互动小程序等数字化产品。例如，通过虚拟现实技术还原中共一大会议场景，让学员在“时空穿越”中感受建党精神；运用AI智能分析系统，根据学员的学习轨迹和行为数据，精准推送个性化学习方案。另一方面，创新线下教育形式，开展“行走的思政课”实践教学，组织学员赴红色教育基地、改革开放前沿阵地进行实地调研，将课堂搬到企业车间、田间地头。同时，引入“案例教学＋情境模拟＋行动学习”等混合式教学方法，通过模拟新闻发布会、政策辩论会等形式，提升学员运用理论解决实际问题的能力。

这种内容与形式的协同创新，本质上是将静态的理论教育转化为动态的实践养成。当学员在“云端”与革命先烈进行跨时空对话，在虚拟现实中体验脱贫攻坚的艰辛历程，在实地调研中感受科技创新的澎湃动力时，党建工作与思政教育就不再是抽象的概念灌输，而是转化为可感知、可参与、可创造的生命体验。这种创新模式不仅契合了数字时代领导干部的认知特点和学习习惯，更通过多元融合的教育形式，激发了学员的学习热情和主体意识，使党建工作与思政教育真正入脑入心，为培养具有全球视野、创新思维和实践能力的新时代领导干部提供了强大的教育支撑。

（四）课程和队伍协同推进，构建党建工作与思政教育同向同行的新格局

课程与队伍的协同推进，是实现党建工作与思政教育同向同行的关键着力点。在课程体系构建层面，党校需打破传统学科壁垒，构建“思政课程＋课程思政”的立体化育人格局。一方面，要在哲学、经济学、法学等专业课程中深度挖掘红色基因、革命精神、改革智慧等思政元素，如在党史党建课程中融入脱贫攻坚精神解读，在经济管理课程中贯彻新发展理念教育，使专业知识传授与价值引领有机统一。另一方面，应开发模块化的专题培训课程，通过“党建理论研修班”“思政教育创新工作坊”等形式，系统提升教师将党建元素融入课堂教学的能力，同时引导学员在案例研讨、情境模拟中深化对党的创新理论的理解。

1．队伍建设层面的协同推进

队伍建设的协同性则体现在构建“大思政”育人共同体方面。党校应建立跨学科、跨部门的教师协作机制，例如组建由思政课教师、专业课教师、党务工作者共同参与的教学创新团队，定期开展集体备课、教学观摩和学术研讨。这种协作模式不仅能促进思政教育与专业教育的知识融合，更能形成育人合力。例如，在设计“乡村振兴”主题教学时，思政课教师可负责政策理论阐释，农业经济专业教师可提供实践案例分析，党务工作者可组织学员赴基层党组织实地调研，通过多学科视角的碰撞，帮助学员全面理解党建引领乡村振兴的深层逻辑。

2．人员管理层面的协同推进

人员管理的协同推进需要构建全过程、全方位的育人链条。在教师层面，应将党建工作成效和思政教育能力纳入职称评聘、绩效考核的核心指标，通过设立“课程思政示范课”“党建与思政教育创新奖”等激励机制，激发教师参与协同育人的积极性。在学员层面，要创新管理方式。例如，开展“党员先锋岗”创建活动，将思政实践表现与学员评优、干部选拔挂钩，引导学员在志愿

服务、社会调研等实践活动中践行党的宗旨。同时，通过建立师生思想动态分析机制，利用大数据技术跟踪学员的思想成长轨迹，及时调整育人策略，确保党建与思政教育真正入脑入心，培养出既具备专业素养又拥有坚定政治信仰的高素质干部队伍。

这种课程与队伍的深度协同，本质上是将党建工作与思政教育融入党校教育的血脉之中。当专业课程成为传播党的创新理论的重要载体，当教师团队成为践行初心使命的示范群体，当管理机制成为塑造理想信念的坚实保障，党建与思政教育的同向同行就不再是简单的叠加，而是形成了一种润物无声、久久为功的育人合力，为新时代党的干部教育事业注入源源不断的生机与活力。

综上所述，党建工作与思政教育协同育人模式的构建，是夯实党的执政根基、提升党校教育效果，以及培养德才兼备的有志青年的重要举措，同时也是落实立德树人根本任务的有效实践。对于党校来说，必须采取切实有效的措施，积极整合党建工作和思政教育，从组织体系、工作部署、目标设定、资源共享等方面持续发力，不断丰富党校的实践活动，从而为党和人民培养出更加优秀的党政干部人才。

第六章

党校思政教育工作创新发展

第一节　党校思政课教学实践创新

一、可持续理念下党校思政教育工作的时代感及吸引力研究

在全球化与信息时代的大背景下，可持续理念作为指导现代社会发展的重要原则，对教育领域提出了新的要求。特别是党校思政教育工作，作为党员干部培养的重要基地，需要与时俱进，体现出强烈的时代感和吸引力。在此背景下，可持续理念的融入，不仅要求党校教育内容、方法的创新，更要求以高度的时代敏感性和吸引力实现党员干部的价值引领和能力提升。因此，探索如何在可持续理念的指导下，不断深化思政教育内容，创新教育方法，加强实践活动，成为党校思政教育工作的重要课题。

（一）可持续理念下党校思政教育工作的时代感

1．理念更新——对接新时代要求

在可持续理念的指导下，党校思政教育工作需紧密对接新时代要求，以确保理念的更新能够与时俱进，满足新时代党员干部的成长和发展需求。

（1）党校思政教育必须深化理论武装，强化理论联系实际的教学方法。这不仅涉及对马克思主义基本原理的深入研究，更要结合习近平新时代中国特色社会主义思想，对党的二十大以来党中央的系列重要论述进行系统梳理，确保教育内容不断更新，与党的理论和实践发展同步。

（2）理念更新还体现在教育方式上，要求党校思政教育采取更加灵活多样的教学手段。例如，通过案例教学、模拟演练、在线教育平台等，充分利用现代信息技术，创造互动性强的教学新空间，提高课程互动性和参与感。通过这样的方式，不仅能提升党校教育的吸引力和有效性，还能让思政教育更具灵活性、互动性和针对性，并与时代发展同步，让党员干部在学习过程中体会到思

政教育的现实意义，提升学习的积极性和主动性。

（3）理念更新的核心是强化党校教育的实践导向。党校应当围绕国家发展大局，解读政策，分析形势，使党员干部在参与中增强对时代主题的理解和把握，提升个人的实践能力和解决问题的能力。通过这样的实践导向，党校思政教育将更加紧贴时代脉搏，确保党校教育工作始终发挥引领作用，推动党员干部不断在新时代的伟大实践中成长进步。

2. 内容革新——紧跟时代步伐

内容革新作为党校思政教育紧跟时代步伐的重要举措，要求课程内容的持续更新和教育手段的创新。

（1）内容革新需要立足于习近平新时代中国特色社会主义思想的深入研究与普及，通过精准解读中央精神，将党的创新理论融入课程教学。具体操作上，要密切关注国家战略和政策调整，把握经济社会发展新趋势，将供给侧结构性改革、生态文明建设、科技创新等重点内容，通过案例分析、政策解读等形式融入教学，确保思政课程内容的时效性和前瞻性。

（2）内容革新需借助现代信息技术，拓展教育渠道和形式。利用大数据、云计算、人工智能等技术手段，对党校教育资源进行数字化、智能化改造，打造线上线下相结合的教育新模式。通过构建开放式学习平台，实现资源共享，满足党员干部个性化学习需求，提升学习效率。同时，增强教学内容的互动性和体验感，如虚拟现实技术在重大历史事件模拟教学中的应用，增进党员干部对历史知识的理解和情感共鸣。

（3）内容革新还需要将思政教育与国际视野相结合。在全球化背景下，对外交往和国际合作成为国家战略的重要组成部分。因此，党校教育内容要积极引入国际关系、国际规则等方面的知识，提升党员干部的国际视野与竞争能力。通过深入学习和理解国际社会主义运动的发展变化，系统比较分析不同国家发展模式和治理经验，党员干部能够增强自身的国际竞争力，更好地为中国特色大国外交和国际合作服务。

（二）可持续理念下党校思政教育工作的吸引力

1. 价值诉求——有利于满足新时代党员干部成长需求

价值诉求即能够响应新时代党员干部的成长需求，强化党的理论武装，激发党员干部的责任感与使命感。

（1）针对新时代党员干部的成长需求，思政教育工作通过融合革新性理论与实践操作性技能的教学，为党员干部提供了一个全面提升个人素质和专业能力的平台。这种教育模式通过科学的课程设计，集中反映了新时代的发展需求和国家战略方向，不仅为党员干部个人发展奠定坚实的理论基础，还增强了其分析和解决实际问题的能力，这种个人能力的提升直接增强了教育的吸引力。

（2）党校思政教育工作在传播社会主义核心价值观和提升党性教育质量方面，展示了独特的价值。通过历史与现实的结合、理论与实践的融合，党校思政教育不断强化党员干部对社会主义核心价值观的理解和认同，这种价值的内化过程对于塑造高素质党员队伍至关重要，提高了思政教育的内在吸引力。

（3）随着社会的快速发展，党员干部面临的挑战和任务越来越复杂，思政教育工作通过打造符合现代国家治理需求的教学内容和方法，如模拟治理决策过程、分析治理经验案例等，极大地提升了党员干部对于治理知识的掌握和治理能力的运用，从而增强了党校思政教育工作在新时代的吸引力和影响力。

2. 时代共鸣——有利于引领社会主义核心价值观

时代共鸣作为连接个体与社会、历史与现实的重要桥梁，其在可持续理念下党校思政教育工作中的吸引力不可小觑。引领社会主义核心价值观，既要求对传统的继承和发扬，也要求与时俱进，反映新时代的精神特质。

（1）思政教育与个体价值实现的吸引力。在新时代背景下，党校思政教育强调个人发展与社会进步的协同，鼓励党员干部将个人理想融入国家和民族的发展大局中。通过引导党员干部理解和认同社会主义核心价值观，助力党员干部树立正确的世界观、人生观和价值观，这种内在的价值认同感具有强大的吸引力，使得党员干部在追求个人职业发展的同时，更能自觉地服务于社会和国家发展的需要。

（2）思政教育的实践导向吸引力。思政教育不仅仅停留在理论层面的灌输，更强调理论与实践的结合，通过实践活动如志愿服务、社会调研等形式，将社会主义核心价值观具体化、生活化，使之转化为党员干部的行动自觉。这种实践导向的教育方式，能够激发党员干部将所学知识和价值观念应用于实际工作，提升其对思政教育的认同感和参与度，增强思政教育工作的吸引力和影响力。

（三）可持续理念下党校思政教育工作的实践探索

1. 增强时代感，实现历史与现实的对话

（1）党校在挖掘历史资源方面，可以结合地方特色和重大历史事件，如抗日战争、改革开放等主题，精心策划相关的教学内容。在技术层面，党校可与专业的 VR 内容开发团队合作，利用三维建模技术构建历史事件的虚拟场景。例如，重现延安整风运动的场景，或者是南昌起义的激烈战斗。通过这些互动式场景的体验，党员干部不仅能够直观感受历史事件的氛围，还能在模拟互动中学习相关历史知识和精神内涵，增强历史教育的吸引力和教学效果。

（2）在实施案例教学法方面，可以选择改革开放初期的农村改革案例，如安徽小岗村的包产到户。设计课程时，教师首先向党员干部介绍相关背景信息，然后组织讨论，提出问题："小岗村包产到户模式为何能成功推动农村改革？"通过小组讨论等互动方式，引导党员干部从政策适应性、群众基础、领导干部作用等多个角度分析案例，这样不仅能够加深其对改革开放历史进程的理解，也能培养其独立思考和解决问题的能力。

（3）为了实施教学内容和方式的双向开放策略，党校可以设立开放日活动，邀请社会各界人士，包括企业家、基层工作者、乡村教师等，进入教室分享他们的工作经验和对党的理论政策的理解。例如，在讲授"乡村振兴"相关课程时，可以邀请在乡村振兴战略实施中做出巨大贡献的村干部讲述他们的实践经历和心得体会。通过这种直接交流，党员干部能够更加直观地理解理论与实际工作的结合点，使思政教育内容更加生动贴切，提高党校思政教育的实践性和吸引力。

2．增强吸引力，进行情境教学与体验学习

在当前党校思政教育中，为了提升教育的吸引力，情境教学与体验学习成为重要的教学手段。情境教学依托于具体的历史情境、社会背景或模拟环境，以提高党员干部的学习兴趣和实践能力。体验学习则侧重通过亲身体验和反思来获得知识，强调学习者在学习过程中的主动参与和体验。

（1）情境教学的核心在于创造与学习内容相关的环境和背景，让学员在模拟的情境中进行角色扮演、决策制定和问题解决。例如，在讨论改革开放政策的课堂上，可以重现20世纪80年代初的村委会环境，让学员扮演当时的村干部，面对经济体制改革的具体情况，让他们思考并讨论如何实行家庭联产承包责任制。此种方法不仅能够激发学员对历史事件的兴趣，还能锻炼他们的决策和领导能力。

（2）体验学习鼓励党员干部参与到实际的社会实践中，如参与社区服务、乡村建设项目或工厂实习等。通过这种方式，党员干部能够将党的理论与实际工作相结合，理解理论在实践中的应用。例如，在讲解社会主义法治理论的课程中，可以安排党员干部到法院旁听不同类型的案件审理，或者参与到法律援助的实践活动中去。他们在观察和参与的过程中，不仅能够近距离感受法治精神和法律程序的运行，还能在实际的法律服务过程中学习如何将党的理论知识转化为服务人民的具体行动。这种实践活动使得抽象的法治理论具体化，增强了教学的深度和广度。

（3）针对当前党校思政教育中情境教学与体验学习的实践探索，还需不断创新教学方法，融入多媒体和网络技术。例如，采用交互式多媒体教学，利用投影、触摸屏和智能白板等设备，制作党的历史教育资源，创建互动环境，使党员干部通过触摸和操作来探索党史的不同阶段和关键事件。这样的互动不仅能够加深党员干部的记忆，而且增强了课堂的互动性，加强了党员干部团队合作和实践能力的培养。

3．优化实践探索，创新互动与参与机制

（1）拓展参与渠道，包括线上和线下的多元化参与方式。线上平台的构建使得教育不再受地域限制，讨论和交流可通过网络同步进行。通过在线论坛、微课程和在线研讨会等形式，为学员提供灵活的学习选择，使得知识分享和交流更为便捷。线下则可通过社会实践、研讨会等形式，让党员干部直接参与到社会服务和社区治理中，这不仅能够增强党员干部的社会责任感，也能够使他们更好地理解和掌握党的理论。

（2）构建反馈更新机制是优化实践探索的重要组成部分。这需要建立起一套系统的评估与反馈体系，通过对教学效果的持续监控和评价，及时调整教学内容和方法。例如，通过定期的党员干部反馈调查，收集其对课程的意见和建议；通过教学观察，评估教学方法的实际效果。此外，还需定期邀请行业专家进行教学指导和评估，确保教学内容的前瞻性和先进性，及时融入新的政策导向和理论成果。

二、伟大建党精神有效融入党校思政课教学

随着新时代中国特色社会主义的全面推进，培养具有深厚党性修养和高度政治觉悟的党员干部成为时代的重要任务。党校是党的培训基地，思政课教学是培养干部的重要手段，如何把伟大建党精神融入党校思政课教学中，提高党员干部的思想理论素养及政治素质，是当前的一项重要课题。探究建党精神与党校思政课教学的有效结合，提升教学质量和培训效果，具有非常重要的现实意义。

（一）建党精神概述

建党精神是中国共产党成立以来，在长期革命、建设、改革事业中积淀形成的一种崇高精神。其内涵丰富，涵盖了伟大的理想信念、艰苦奋斗、实事求是、群众观点、民主集中制、党同人民群众的联系、严明党的纪律等方面。理想信念是建党精神的灵魂，坚定的共产主义信仰是中国共产党永葆生命力的源泉；艰苦奋斗则体现了共产党人不畏艰难困苦、百折不挠的精神品格；实事求是强调理论联系实际，旗帜鲜明用党的基本理论指导实际工作；群众观点则体现了中国共产党始终代表人民群众利益，树立以人民为中心的发展思想；民主集中制既保证充分民主，又保证集中指导，形成了党内充满活力和战斗力的组织体系。

（二）建党精神特点

1．坚定信仰，锐意进取

建党精神的首要特点在于坚定的共产主义信仰，其根源于马克思列宁主义理论，并与中国革命、建设和改革发展的具体实践紧密结合。这种信仰如同明亮的灯塔，照亮了无产阶级及其政党前进的道路，成为取得伟大胜利的最根本动力。中国共产党自成立以来，始终将理想信念奉为圭臬，坚定不移地追求真理。在漫长的历史征程中，无论是面对敌人的残酷围剿，还是经济建设中的重重困难，党始终坚守信仰，锐意进取。无数共产党员为了民族解放、人民幸福，不惜抛头颅、洒热血，奉献了自己的一生。正是凭借着这份坚定的信仰，中国共产党能够在各种艰难险阻中披荆斩棘，在无数次的考验中不断发展壮大。从革命战争年代的硝烟弥漫到和平建设时期的艰苦奋斗，党始终保持着强大的凝聚力和战斗力，成为国家和人民事业发展的中流砥柱。

2．全心全意为人民服务

中国共产党始终坚定不移地坚持人民立场，把人民群众的利益置于至高无上的地位，始终保持着与人民群众的血肉联系。从艰苦卓绝的长征到波澜壮阔的解放战争，从热火朝天的建设新中国到波澜壮阔的改革开放，中国共产党始终坚守为人民服务这个根本宗旨，不曾有丝毫动摇。在党的坚强领导下，人民群众成为历史的创造者和推动者，全国各族人民紧密团结在一起，心往一处想、劲往一处使，共同铸就了无数辉煌的成就。如今的中国共产党，在新时代的宏大背景下，依然全心全意为人民服务。为了实现全面建成社会主义现代化强国的伟大目标，党不断努力，致力于全面提高人民的生活水平，为实现人民对美好生活的向往这一伟大的中国梦而持续拼搏奋斗。通过一系列的政策和举措，党努力解决人民群众最关心、最直接、最现实的利益问题，让发展成果更多更公平地惠及全体人民。

3．勇于自我革新，适应时代发展

党在奋斗历程中，一直高度重视摒弃陈旧观念，不断总结实践中的经验和教训，大力推动理论创新和制度创新，全方位提高党的领导水平。例如，在新民主主义革命时期，党在探索中不断成长，找到了适合中国国情的革命道路；在社会主义革命和建设时期，党积极应对各种挑战，为国家的工业化和现代化奠定了基础；改革开放以来，党以巨大的勇气和智慧，破除体制机制障碍，开辟了中国特色社会主义道路。进入新的历史阶段，在习近平新时代中国特色社会主义思想的指引下，中国共产党继续坚定不移地推动全面深化改革，全面从严治党。党坚决整治党内存在的问题，遵循历史发展规律，积极探索适合中国特色社会主义事业发展路径。通过持续优化党的领导体制和工作机制，党在不断变革中适应了时代发展的要求和人民的期待，成为引领伟大事业和推动国家发展的核心力量。

（三）伟大建党精神融入党校思政课教学的重要性

1. 提升党员干部理论觉悟和政治素养

将建党精神融入党校思政课教学中，有助于提升党员干部的理论觉悟和政治素养。建党精神蕴含了伟大理想、信仰和价值观，为党的事业奠定了基石，揭示了党的初心、本质和使命。将建党精神作为党校思政课教学的重要内容，可以引导党员干部坚定共产主义信念，明确崇高使命，增强理论自信，提升政治觉悟。在当前国家面临复杂局势、党同社会主义事业面临新挑战的阶段，提高党员干部的政治素质是实现党的历史任务和新时代任务的重要保证。党校要坚持把建党精神作为思政课的重要部分，推动党员干部树立正确的世界观、人生观和价值观，以实现党的宏伟目标，为新时代的历史进程贡献力量。

2. 增强党性教育实效性

建党精神是党性教育的根基，将建党精神纳入党校思政课教学，有力地提升了党性教育的实效性和针对性。党性教育是党校思政课教学的核心内容，建党精神蕴含着伟大的共产主义事业，为中国共产党发展壮大、永葆生命力提供了精神支撑。通过党校开设专门的建党精神课程，加强党性锻炼，使党员干部在学习过程中更加贴近实际，更具针对性。传承建党精神，不仅要对其传统进行理论总结，更要联系实际。在新的历史阶段，将党性教育与建党精神相结合，具有极其重要的意义。这有助于党员干部深刻理解党的初心和使命，增强对党的忠诚和信仰。同时，能够促使他们在工作和生活中更好地发挥先锋模范作用，为实现中华民族伟大复兴的中国梦不懈奋斗。只有不断提升党员干部的党性修养，才能使党始终保持先进性和纯洁性，带领人民不断开创事业发展的新局面。

3. 推进党校教学创新

将建党精神融入党校思政课教学，能有力推进党校教学创新和现代化。系统地认识和理解建党精神，党校便能确立符合新时代发展要求的教学内容和体系，推动党校教学的不断创新。建党精神是党的奋斗历程中形成的宝贵精神财富，它始终坚持创新发展，始终站在时代前沿，这为推进党校教学创新提供了典范。

建党精神内涵丰富，蕴含着坚定的理想信念、无畏的斗争精神、深厚的为民情怀等。通过深刻挖掘建党精神的丰富内涵，党校可以推动思政课教学的模式创新、实践创新、理论创新。例如，在教学模式上，利用现代信息技术，开展线上线下融合的教学活动；在实践方面，组织学员参与实地调研、社会实践，增强对建党精神的切身感受；在理论研究上，不断深化对建党精神的学理阐释。通过这些创新举措，形成与新时代、新历史背景相适应的党校教育体系，培养出适应新时代要求的党员干部，使他们在思想上政治上行动上同党中央保持高度一致，成为引领中国特色社会主义伟大事业的重要力量，为实现中华民族伟大复兴的中国梦贡献智慧和力量。

（四）伟大建党精神有效融入党校思政课教学的策略

1. 严格筛选教材，强化建党精神体现

教材在党校思政课教学中具有基础性和关键作用，因此，必须严格筛选教材，强化建党精神体现。党校在选择教材时，务必充分体现党的伟大历史、党的理论观点、党的组织原则及政策方针等内容，确保教材符合新时代的发展要求。在编写教材过程中，要深入挖掘建党精神的内涵，强调理论与现实、历史与当代的紧密结合，以丰富党校教学内容，提高教学质量。

为使教材充满活力，及时体现党和国家发展的新形势、新需求，党校需持续关注教材的日常更新与修订工作。教材应紧密围绕新时代的主题，及时吸纳新的理论成果和先进的管理经验，避免陈旧观念和过时观点对党员干部的教育造成误导。教材还应强调跨学科、跨领域的整合，既体现党的建设史的宏观视角，又关注个别领域的微观现象，从而使党员干部更全面、深入地理解建党精神。充实、具有前瞻性的教材内容，有助于提高党员干部对建党精神的认识，进一步将其有效融入党校思政课教学。教材应对建党精神进行系统阐述，对党的发展历程、重要战略部署明晰解读，以此指导党员干部坚定信念，把握大局，将学习成果转化为推动党和国家事业发展的强大动力。由此可见，编写质量高、内容丰富、思想深邃的教材是党校思政课教学的基础保障，对于培养忠于党的事业、具备高度政治觉悟和实践能力的党员干部具有关键意义。

2. 加强教师队伍建设，提升教学质量

党校须着重对教师进行严密的政治理论培训，以提高教师的业务能力，培育具备深刻政治理论底蕴和敏锐政治嗅觉的教师。党校有必要强化对教师德才兼备的招聘流程，挑选了解党的成立过程以及拥有教学经验的教师，确保教师队伍具备优秀的政治品格、教育素养和道德修养，为党校打造更具责任心、擅长创新、体现实际工作状况的优质教师团队奠定基础。党校应推行定期专题培训，在这个过程中，要侧重教师们的政治理论水平更新，通过授课、案例研究、实际调研等多种形式，使教师们紧跟党的最新发展，丰富教学实践。建立激励制度，以奖励表现优异的教师，激发他们的敬业精神和创新意识，提高教师教学水平，推进党校思政课教学的持续改进和创新。为了进一步提高教师的能力，应建立教师互动交流平台，鼓励他们分享教学经验、交流教育理念，并

开展定期的研学活动和讲座，拓宽教师的专业视角，帮助教师扩大教育领域内的人际联系，从而挖掘更多教育资源和潜在合作机会。在选拔和培训教师的过程中，注重学术研究和教育改革，教师应关注研究生产中的新需求和崭新的理论方法，从而为党校思政课教学注入新鲜血液，使课堂更具活力与吸引力。通过对教师队伍建设的持续深化和教学质量的努力提升，党校将推动建党精神在思政课教学中的有机融入，培养出更有能力面对新时代挑战的优秀党员干部。

3. 创新教学方法，激发学习积极性

在党校思政课教学与建党精神结合中，教学方法的创新是关键一环。党校方面要充分利用诸多教学手法，如模拟场景、角色扮演、案例剖析、研讨交流等多种方式，使党员干部直观、生动地领悟建党精神，积极组织实践活动。例如，参观革命历史纪念地、体验红色教育基地等，使学员深刻理解党的宏伟历程及建党精神。借助这些多样的教学方法，党员干部得以在轻松愉快的学习氛围中加深对建党精神的理解，进而在党校思政课教学中得到有效融合。

为了拓宽教学方法，还可推广现代信息技术手段，如多媒体、网络课程和远程教育，让学员随时随地体验充满活力的学习形式，运用主题教育、实践课、专题讲座等形式激发学员的学习主动性、创新意识与团队协作精神。利用教学实践课题、研究课题和经验交流等方式，引导党员干部将学习到的建党精神落实到实际工作场景中，进一步转化为推动党的事业发展的原动力。在这个基础上，还要加强师生互动，创建互动式学习模式，强化交流与思考，鼓励教师与学员之间的沟通，尊重学员的意见和建议，营造充满活力的学习氛围，并注重评价与反馈，建立一个多元评价体系，包括分析学员的作业、测试、课堂表现及实践能力等多方面表现，了解学员的学习成果，提升教学质量。

4. 强化课程实践环节，培养实践能力

在党校思政课教学中，加强实践环节不仅有助于提高党员干部的实践能力，还能为他们提供宝贵的实践经验和深入了解建党精神的机会。为此，党校应该充分发挥实践教学的重要作用，以确保建党精神与实际工作紧密结合。

（1）将理论教学与实践相融合，使党员干部在学习建党精神的基础上更加关注实际问题和挑战，鼓励他们在学习过程中不断反思当前各级党组织和自身履职尽责的实际情况，提高党员干部解决问题的能力。

（2）党校需要加强与实际工作部门的合作，组织党员干部参加实地调研、社会调查和基层干部交流等活动，让他们直接面对真实的工作场景，从而加深对建党精神的理解，为党员干部的培训注入活力，帮助他们实现理论知识与实践能力的内在统一。

（3）党校还应完善教学评价体系，重视对党员干部实践课程的综合评价，根据党员干部的实际工作能力、创新思维能力和团队协作能力等方面进行评估，激励他们在实践环节中取得更加显著的成效。

（4）党校要注重激励党员干部珍视实践经验，鼓励他们将实践成果和经验分享给其他党员干部。通过举办座谈会、经验交流会等形式，充分展示建党精神在实际工作中的指导作用，激发党员干部积极投身实践，努力创造新的业绩。

第二节　新时代党校思政教育实效性优化路径

在党校思政教育中，通过组织学习马克思主义理论和国家方针政策，提高党员干部的思想政治素质和综合实践能力，能增强党员干部的责任感和使命感，使其成为信仰坚定、品德高尚、本领扎实的优秀标兵。促进党员干部更好地完成党组织赋予的责任和任务，全心全意为人民群众服务，坚持走群众路线，保障党员干部队伍的先进性和纯洁性，将对党的伟大事业的顺利实现起到积极的推动作用。

一、新时代党校思政教育实施价值

（一）提高党员干部的政治素养

新时代下，党校通过开展思政教育，组织党员干部长期系统地学习党章、党策、党史，增强党员干部对党组织、党的事业和党的路线的认同感，筑牢党员干部的思想防线，使之坚定政治信仰，牢牢团结在党组织周围，树立为中国特色社会主义建设奉献终身的远大理想，严格履行自身义务，为党和国家事业发展提供了坚实的人才支撑。

（二）适应时代发展形势

现阶段，国家间的竞争形势相当激烈，竞争领域朝意识形态层面转变，这对于党校思政教育实效性提出了更高的要求。在新时代下，加强党校思政教育的优化和创新，将中国特色社会主义理论与党员干部的岗位职责高度关联，提高党员干部理论知识的应用能力，使其能够充分胜任岗位，成为党组织引领群众、服务群众的排头兵。

（三）满足中国特色社会主义发展需求

多元文化价值观并存的局面使党员干部的思想价值观念受到了一定的冲击，党员干部队伍的和谐与纯洁都面临巨大挑战。党校作为思政教育的主阵地，有必要加强思政教育的创新，发挥思政教育的实效性，增强党员干部的文化自信和业务能力，从而推动中国特色社会主义事业可持续发展。

二、党校思政教育中存在的问题

（一）思想政治引领作用不突出

部分党校管理机制不完善，对于思政教育内容和方法的创新缺乏激励措施，缺少思政教育质量评价的相关指标，教师的自我约束和自我提升意识不强，工作积极性不高，思政教育模式因循守旧，教育实效性较低。同时，部分党校工作人员对于自身岗位职责不明确，思政教育开展过程中未实施严格的监督，各类问题处理不及时，从而制约了思政教育实效性的提升及思想政治引领作用的发挥。

（二）教学条件相对落后

长期以来，党校主要资金来源为地方财政拨款，随着运行时间的推移，不少学校的教学设施老化、设备陈旧落后，仅靠党校资金储备无法满足更新要求，进而难以满足现代化、信息化教学需求；教育模式单一，以理论知识的传授为主，师生间缺乏互动。学员参与度较低，对党的先进理论理解流于表面，最终不能有效应用到工作实践中。

（三）师资力量不足

目前部分党校师资队伍结构不合理，有些教师的思政教育经验不足，担心创新效果不佳影响自身考评，没有积极更新思政教育内容，且教学方法缺乏先进性和有效性，一味强制要求学员背诵理论知识，加重了学员的学习负担。同时，由于实践课程设置较少，理论与实践联系不紧密，导致学员对理论知识的理解不够深入。

三、新时代党校思政教育实效性的优化路径

（一）革新党校思政教育观念和教学设施

要想在新时代提高党校思政教育的实效性，首要任务是转变观念，更新教学设施，高度重视学员的学习和发展需求，为党员干部创造良好的学习环境。

1. 转变教育观念

坚持以人为本的教育理念，深入挖掘党员干部的学习需求和内在潜力，大力实施思政教育革新，包括教学内容、方法、渠道等，确保党校真正成为立德树人的主阵地。依托党校思政教育的全面创新，转变教师和学员的思想观念，

促使教师结合时代发展趋势、党建工作要求、思政教育目标，打破传统思政教育理念的局限性，尊重学员的主体地位，帮助学员走出思想误区，运用党的先进思想和理论知识解决难题，强化党员干部的党性修养，提高党校思政教育的实效性。

2．更新教学设施

为了保证现代化教育理念能够有效融入思政教育工作中，党校必须加快教学设施的更新换代，引入信息化、智能化设备和先进技术，拓宽思政教育渠道和途径，使党员干部可以随时随地学习党建知识，保持思想的先进性，还能与党校教师密切交流，获得专业化指导和服务。党校教师也能从党员干部的日常动态把握其思想现状，及时对党员干部进行思想引导，运用学员喜闻乐见的方式开展思政教育活动，增强思政教育的实效性。

（二）重视党校党性教育

为保证党校思想政治教育工作顺利进行，提高党员干部的党性修养，党校须高度重视党性教育。

（1）设置专项资金，为党性教育提供资金支持；引进优秀教育教学人才，提高教学质量，使党员干部树立正确的价值观念，积极主动参与党性教育，形成良好的教育氛围。

（2）根据党性教育的新要求，制订完善的教育计划，展开调研，了解党员干部的具体需求，保证党性教育更有针对性和实效性。

（3）组织党员干部认真研读党章，引导他们自觉做好自身的检查和分析，改正自身不足。坚持“三会一课”制度、开展主题党日、过好“政治生日”、善用谈心谈话，在严格的组织生活中提升党员干部的党性修养，锤炼作风，提升党员干部的政治觉悟和政治能力。

（4）要加强党性锻炼。在学习培训过程中，通过加强入学教育、严格管理强化纪律意识，让全面从严治校的理念深入基层党员干部内心，形成一种共识，要始终把纪律意识、规矩意识摆在前面，使党员干部在“教”与“学”的结合中加强党性锻炼。

（三）利用媒介信息加强思政教育宣传

人无远虑，必有近忧。党员干部缺乏“危机感”，就很容易躺在前人的功劳簿上“睡大觉”，淡化党性和责任感。特别是当今我国正处于改革开放和全面发展的关键期，同时面临国际格局新变化，还有国内的社会就业、安全稳定和自然灾害等重大挑战，需要更多的党员干部增强责任感、使命感和危机感，只有这样才能带领人民群众面对、迎接和克服重重困难。对此，党校可以通过使用各种网络社交平台开展宣传工作，运用图文并茂、视听结合的形式，将党建工作的新进展、面临的新形势和取得的成绩清晰地呈现出来，增强党员干部的成就感，主动抵御诱惑，坚定本心不动摇。党校要明确信息媒介在思政教育中的应用价值，利用信息媒介实现教师与学员之间的双向互动，宣传党的新思想、新政策，获悉党员干部的思想、工作、生活情况，借助全新的思政教育宣传阵地，引领党员干部紧跟党的步伐，将党和国家的利益置于个人利益之上，建设强大的战斗堡垒。

党校要定期在各类网络平台上更新思政教育相关内容，向党员干部推送蕴含党的重要文件精神的文章，引导党员干部利用碎片时间观看，筑牢党员干部的思想防线，增强党员干部的忧患意识，加强思想道德修养，树立科学的世界观、人生观、价值观和正确的权力观、地位观、利益观，切实转变作风，真正做到为民、务实、清廉。历史使命越光荣，奋斗目标越宏伟，执政环境越复杂，我们就越要增强忧患意识，越要全面从严治党，永葆党的先进性，真正肩负起领导全国人民实现中华民族伟大复兴的中国梦。

（四）丰富思政教育内容

提升党校思政教育实效性的有效途径之一是丰富和创新思政教育内容，结合党建先进理论和上级政策要求，紧密联系党员干部学习、生活和思想的实际，合理设计思政教育内容，体现出党校思政教育的与时俱进，从深层次唤起学员学习的内在动力，解决他们的思想问题，发挥党校思政教育的应有功能，培养思想先进、责任感强、素质过硬的党员干部，为中国特色社会主义建设奠定基石。

党校要结合世界文化经济政治形势进行思政教育内容的设计，体现出时代精神，在明确观点、抓住重点、突破难点的基础上关注社会热点，针对敏感问题开设专题讲座，举办优秀共产党员先进事迹报告会，既要用党员先进事迹引导学员学习这些榜样的优秀精神品质，又要列举反面典型，让学员知道哪些行为是不可取的。党校可借由先进、科学的思政教育内容培养学员明辨是非的能力，深化他们对思政理论知识的理解，确保学员能深受党校思政教育内容的感染，时刻保持警惕、坚守本心。除此之外，在党校思政教育实施阶段还要创造与学员交流互动的契机，巩固学员的思政理论知识体系，促使学员能够真正将在党校学到的知识应用到岗位实践中，解决各类复杂的现实问题。特别是要引入具有代表性的案例让学员进行分析，培养学员学以致用的习惯，使之能够灵活准确地运用思政理论知识应对复杂多变的社会经济发展形势，发挥思政理论知识的指导作用，增强思政教育对党员干部的感染力和影响力。

（五）灵活运用多种教学方法

在党校教学工作中，为切实提升教学质量与效果，培养出符合新时代要求的高素质党员干部，须多管齐下，灵活运用多种教学方法。

第一，严格遵循中央文件精神以及党校办学方针，这是确保教学方向正确、教学内容合规的关键。在课程设置方面，务必保证党的理论课程和党性教育课程在总课程体系中占据足够比例，为学员筑牢坚实的理论基础与党性根基。

第二，积极探索富有地方特色的教育体系意义重大。党校应深入挖掘本地丰富的教育资源，开发具有地域特色的教育课程。例如，若当地拥有深厚的红色历史文化资源，可开发以本地革命历史事件、英雄人物事迹为主题的特色课程；若本地在经济发展、社会治理等方面有独特经验，也可围绕这些领域开发课程。同时，构建完善的党校教育培训基地，为教学提供强大且直观的载体。以某地区为例，当地党校依托本地的一个大型现代化企业，建立了企业管理与创新实践教育基地，学员可以实地参观企业的生产流程、管理模式，深入了解企业在创新发展中的经验与挑战，将理论知识与实际场景紧密结合。

1. 理论联系实际

思政教育理论知识犹如明灯，在党员干部的工作实践中发挥着重要的启发和指导作用，而党员干部在实践过程中，又能不断实现思想升华，从而对理论知识有更为透彻的理解。基于这一紧密联系的理念，党校教师应积极运用理论联系实际的教学方法开展思政教育，助力学员快速成长进步。

在具体实施过程中，教师需要时刻保持对时事的高度关注，及时捕捉最新案例。例如，在讲解“以人民为中心的发展思想”时，教师可引入近期本地政府为解决民生问题所采取的一系列举措，如老旧小区改造项目、增加公共医疗资源供给等实际案例。随后，组织学员对这些案例进行深入分析与交流讨论，营造出百家争鸣的活跃课堂氛围。在讨论过程中，学员们各抒己见，从不同角度探讨这些案例背后所蕴含的思政教育理论，尝试运用所学理论知识去剖析案例中问题的解决思路与方法，真正达到学以致用的目标。通过这样的教学方式，学员不仅能够深刻理解理论知识，还能将其灵活运用到未来的工作实践中，具体见表 6-1。

表 6-1　理论联系实际

教学方法	实施要点	示例	预期效果
理论联系实际	紧跟时事列举案例，组织学员分析交流	讲解“以人民为中心”时，引入本地老旧小区改造等案例	学员深入理解理论，学会在实践中运用理论

2. 小组合作学习

为有效补齐党员干部在工作中的业务短板，凝聚集体力量推动工作顺利落地、落实，小组合作学习模式具有显著优势。通过小组成员共同学习、共同研讨，能够充分汇聚集体智慧，有效研究破解工作难题的办法和措施，促使小组间真正形成强大的工作合力，见表 6-2。

表 6-2　小组合作学习教学

教学方法	实施要点	示例	预期效果
小组合作学习	夯实学习基础（成员代表收集整理资料并介绍）、深入学习思考（利用零散时间借鉴学习）、集中分析研讨（成员交流成果与疑问）、总结提炼措施（归纳总结形成工作措施，对不足成员回炉提升）	学习“乡村振兴战略”时，从概念、本地现状等方面收集资料，借鉴外地经验，讨论产业发展疑问	凝聚集体智慧，提升党员干部业务能力与团队协作能力

（1）夯实学习基础。小组成员选派代表承担重要任务，广泛收集、精心整理相关学习资料。例如，在学习“乡村振兴战略”相关内容时，代表们从乡村振兴的概念内涵、政府在该领域的职能职责、本地乡村发展现状以及当前面临的主要问题等多个方面进行详细梳理，并制作成图文并茂的资料。然后，在小组内为大家做具体介绍，引导小组成员一同学习、深入思考，让大家对学习内容有全面且初步的认识。

（2）深入学习思考。党员干部充分利用工作中的零散时间，以小组代表提供的学习资料为核心，同时积极同步搜集其他地方在乡村振兴方面的先进经验做法。例如，通过互联网搜索、查阅专业文献等方式，了解其他地区在产业发展、人才培养、生态保护等方面的成功案例。在充分学习、反复酝酿的过程中，将各类信息融会贯通，形成自己对工作的独特认识和切实可行的建议，为后续的交流讨论做好充分准备。

（3）集中分析研讨。小组适时开展集中学习研讨活动。在研讨会上，每位成员踊跃发言，交流自己的学习成果，分享从其他地方借鉴到的成功经验，提出自己对工作的深入思考和建设性建议。同时，成员们还可以将工作中遇到的疑问提出来，大家共同探讨。例如，在讨论乡村产业发展时，有成员提出本地农产品品牌知名度不高的问题，引发大家热烈讨论，有的成员建议利用电商平台拓展销售渠道，有的成员则提出挖掘农产品文化内涵打造特色品牌等想法，在思维的碰撞中激发创新灵感。

（4）总结提炼措施。小组成员对学习内容和讨论内容进行全面归纳、精准总结和深度提炼，将大家的智慧结晶转化为具体可行的工作措施。对于在学习过程中没有真正解决实际问题、没有达到预期学习目的的成员，小组安排其进行回炉学习、加课提升，确保每位成员都能切实掌握知识，提升工作能力。通过这样的小组合作学习过程，不仅能够提高党员干部的业务水平，更能培养其团队协作能力和解决实际问题的能力。

3. 信息化教学

现代信息与互联网技术的深度融合，为党校思政教育开辟了全新篇章。党校教师可充分借助互联网平台的强大资源优势，在海量信息中精准搜索、精心筛选、有效整合思政教育资源，见表 6-3。

表 6-3 信息化教学

教学方法	实施要点	示例	预期效果
信息化教学	教师从互联网搜索整合资源制作多媒体课件营造情境；党校利用信息化技术改革学习阵地（搭建线上平台提供丰富资源）	讲解“生态文明建设”时，搜集全球案例制作多媒体课件；某党校搭建线上学习平台	增强学员代入感，提升学习效果，提高党员教育的有效性和及时性

在讲解“新时代中国特色社会主义生态文明建设”课程时，教师从互联网上搜集全球各地在生态保护、绿色发展方面的最新动态、成功案例以及相关数据资料，运用信息化技术手段精心制作成多媒体课件。在课件中，通过插入生动的图片、精彩的视频片段、直观的图表等元素，营造出沉浸式的教学情境。学员仿佛身临其境，能够更加真切地感受到生态文明建设的重要性与紧迫性，增强了代入感。在深入讲解思政教育理论知识时，借助多媒体课件的展示，教师能够更加生动形象地阐释复杂的理论概念，引导学员迅速理解知识内涵，有效提升学员的思政理论水平。

同时，党校应积极利用信息化技术改革党员教育学习的阵地。搭建功能完善的线上学习平台，平台上设置丰富多样的课程资源，包括在线视频课程、电子书籍、专题讲座等，满足党员干部不同的学习需求。党员干部可以随时随地通过电脑、手机等终端设备登录平台进行学习，打破了时间和空间的限制，大大提高了党员教育学习的有效性和及时性。例如，某党校开发的线上学习平台，上线后党员干部的学习参与度大幅提升，学习时间更加灵活自主。通过充分利用信息化平台，党员干部能够紧跟时代发展潮流，认真学习最新的理论知识，不断提高自身素质和党性修养，真正做到在实践中善于发掘真知。

（六）完善党校管理机制

党校工作是党和国家事业的重要组成部分，重视发挥党校作用是党的优良传统和政治优势。党的二十大报告指出，“我们要增强问题意识，聚焦实践遇到的新问题、改革发展稳定存在的深层次问题、人民群众急难愁盼问题、国际变局中的重大问题、党的建设面临的突出问题，不断提出真正解决问题的新理念新思路新办法”。对此，需重视以下四个方面。

（1）岗位责任制度。将思政教育与党校各级人员岗位职责挂钩，强化思想认识，有力约束和规范党校各级人员行为，促进思政教育稳步有效落实。

（2）动态监督和质量评估机制。制定质量评估实施办法，就组织领导、评估内容、评估实施等做出具体规定。准确掌握思政教育质量，提高思政教育实效性。

（3）竞争机制。推行教师竞争上岗与末位淘汰制，营造良性竞争氛围。党校教师由校党校负责聘请具有丰富党务工作经验和较高政策理论水平的领导干部、“两课”教师和教育、管理等学科专家、学者担任。

（4）奖惩制度。根据思政教育质量评价结果实行奖惩，推动党校思政教育的全面创新。

（七）创新教学组织管理体系

有效的组织管理是维持党校思政教育正常开展、促进教学效果提升的基本保证。有相当一部分学员对于党校思政教育课程安排、指导老师所用教学方式、考核制度和评分标准都有着或多或少的意见，影响了学员对思政理论知识的学习热情，这充分表明党校在教学组织管理方面亟待创新。对此，需重视以下三方面。

（1）要创新教学组织形式，保证每个班级的人数适中，课程安排尽量避免与学员的工作生活发生冲突，思政教育内容保持连贯性，使学员在兼顾工作生活的同时，能够接受先进思政理论知识的熏陶。

（2）要创新考核指标，将定性指标和定量指标相结合，对党校思政教育效果进行综合评价，利用多种考核方式，检验学员对思政理论知识的理解和应用能力，并根据考核结果实现党校思政教育体系的不断优化。

（3）要创新学员管理模式，基于党校思政教育目标，对学员进行正面教育和引导，纠正学员的错误思想，调动学员的学习热情，使其踊跃参与思政理论知识学习和各类实践活动；加强对学员的纪律观念教育，严格执行请销假制度，增强学员学习的外在约束力，维持党校思政教育秩序的稳定性。

在新时代下，党校要积极完善管理制度，加强优秀教师的引进和培养，更新教学设施，为党员干部营造良好的思政理论知识学习环境。同时，党校教师要运用理论联系实际教学法、小组合作学习法、信息化教学法等方式丰富学员的学习体验，吸引他们主动参与思政教育活动，深化其对思政理论知识的理解和应用，从而提高党校思政教育的实效性。

第三节　数字时代背景下党校思政教育的创新发展

一、数字化时代背景下的党校思政教育

（一）数字化时代的特点及其对教育的影响

当今时代的一个显著标志便是信息技术迅猛发展，特别是互联网和移动通信技术日新月异。这些技术革新了信息的传播方式，使得信息的传递变得更为迅捷和广泛。大数据时代的来临，意味着海量数据的生成与利用，数据已然成为不可或缺的重要资源和资产。同时，社交媒体和在线交流平台的普及，深刻地改变了人们的交流方式和社会行为模式，极大地促进了思想观念的快速传播。

在教育领域，资源逐渐实现数字化，网络平台已然成为知识传播的重要途径。这为教育提供了更为丰富的资源和更为灵活的学习方式。信息技术的广泛应用，推动了传统教育模式向线上教学、混合式教学等新型模式转变，显著增强了教育的可接触性和互动性。数字化时代的学员更倾向于通过数字化手段获取信息，他们的学习方式更加自主，更偏好互动式和协作式学习。与此同时，数字化时代也为思政教育带来了新的挑战，如信息技术与思政教育内容的融合难题、学员思维方式变化导致教育方法落后、数字资源的开发利用带来信息安全问题。

（二）数字化时代为党校思政教育带来的机遇

数字化时代对党校思政教育提出了新的要求：必须顺应技术和社会的发展趋势，不断更新教学内容和方法，以保持其时代性和有效性。党校应致力于培养能够熟练运用新技术的党员干部，使他们能够在数字化环境中高效工作和领导。借助数字化手段，党校能够更有效地将理论与实践相结合，使党的理论更加生动、直观地呈现在学员面前。同时，数字化平台能够扩大党的政策教育的覆盖面，确保各层级党员和干部都能及时获取并学习最新政策。

通过运用数字媒体和互动技术，思政教育能够变得更加生动有趣和富有吸引力，从而激发学员的参与兴趣。借助数字化技术，党校能够为学员提供更加个性化的学习体验，满足不同学员的需求，从而提高教育的针对性和有效性。比如，智能化教育平台凭借先进的算法，能够根据学员的兴趣、学习水平及进度，提供个性化的学习建议和资源，从而显著提升学习效果。在数字化时代，

党校可充分利用多媒体资源，如视频、音频和图像等，开展思政教育，以更加生动直观的方式传达思想政治理论，帮助学员更深入地理解和吸收知识。

同时，在线教育平台和社交媒体的兴起，为学员提供了互动、分享想法的平台，促进了学习社区的形成，加强了思想交流和讨论。这种互动模式不仅有助于培养学员的批判性思维，还提升了他们的合作能力。此外，数字化时代支持远程教育，使得党校思政教育能够覆盖更广泛的地域，包括偏远地区和海外党员，进一步扩大了其影响范围，有助于高效传播党的思想政治理论。

总之，当今时代，数字化技术在党校思政教育中扮演着举足轻重的角色，不仅有助于传承和弘扬党的理论，还能够推动教育模式和方法的创新，以更好地培养新时代的党员干部，为党和人民的事业做出更大贡献。因此，在思想多元化的背景下，党校思政教育应充分利用数字化手段，加强理念的更新和交流，促进党内思想的统一。

（三）当前党校思政教育面临的主要挑战

1. 信息技术与思政教育内容的融合难题

信息技术的发展速度较快，与党校思政教育内容的更新速度不匹配，导致二者间出现脱节现象。如何有效将先进的信息技术融入传统的思政教育体系，并利用这些技术强化教学效果，已成为一个亟待解决的难题。在推进思政教育内容数字化的过程中，如何巧妙地将复杂的政治理论转化为易于理解和消化的数字内容，成为关键所在。

数字化教学资源需兼具互动性与吸引力，以激发学员的积极性。在使用数字化工具和平台时，思政教育内容的精准性和权威性至关重要。同时，如何适度运用技术，避免其成为教育过程中的干扰因素，也是需要深入思考的问题。为此，教师必须不断更新自身的技术知识和教学方法，以适应数字化教学的需求。对于党校教师而言，构建有效的技能培训和知识更新机制是提高教育质量的关键。

2. 学员思维方式变化对教育方法的挑战

在数字化环境中成长起来的学员，其思维方式和信息获取习惯相较于传统教育环境中的学员明显不同。当代学员习惯于快速处理信息和接受碎片化的知识，这在一定程度上影响了他们对深入、系统性内容的理解和吸收。同时，传统的单向灌输式教学方法已无法满足数字化时代学员的需求，导致思政教育的吸引力和实效性有所下降。

为此，需要探索更多具有互动性和参与性的教学方法，如案例研讨、角色扮演、模拟实践等，以激发学员的学习兴趣和参与热情。同时，结合 VR、AR 等新兴技术，为学员提供更加生动、直观的学习体验。在思政教育中，还需加强对学员批判性思维和独立思考能力的培养，以适应信息时代的需求。鼓励学员在面对信息和知识时，进行理性分析和判断，避免盲目接受或碎片化理解。

3．数字资源的开发利用与信息安全问题

尽管数字资源丰富多样，但质量高、权威性强的思政教育资源却相对匮乏，这在一定程度上限制了教育效果的提升。随着政策的持续更新和技术的迅猛发展，数字资源需要得到定期更新和维护，以维持其时效性和相关性。因此，如何有效整合现有的数字资源，并提高其在教学中的利用效率，成了一个亟待解决的重要实践问题。同时，利用技术提升教育的互动性和参与度，同时保持教育内容的深度和系统性，也是一大挑战。

在数字化教学中，保障网络安全、防止教育内容被篡改或泄露是一项严峻的任务。在线教育平台上的个人信息保护，特别是学员的隐私保护，需要得到充分的重视。此外，在海量数字资源中，辨识和过滤误导性或不准确的信息，确保教育内容的正确性和权威性，也是一项重要任务。同时，对思政教育内容的传播途径进行有效监管，防止错误观念和有害信息的传播，同样不容忽视。

党校在数字资源的开发利用过程中，需要平衡教育效果和信息安全之间的关系，确保数字化思政教育既高效又安全。这既需要不断推动技术层面的进步，也需要对教育内容进行严格管理和及时更新，以及加强对教师和学员的网络安全意识教育。党校应通过综合施策推动数字化思政教育的健康发展，为培养新时代优秀党员干部提供有力支持。

二、党校思政教育的创新策略

（一）利用数字化手段丰富教学内容与形式

利用视频、音频、图文等多媒体形式，使思政教育内容更加生动有趣、易于理解。借助在线课程、论坛、社交媒体等网络平台，有效拓展思政教育内容的传播范围。引入在线问答、讨论区、虚拟实验等互动环节，提高学员的参与度和学习兴趣。采用案例分析、角色扮演等教学方法，让学员在模拟情境中学习和思考，加深对理论知识的理解。

利用人工智能和大数据分析技术，精准掌握学员的学习特点，为他们提供个性化的学习建议和资源。借助 AR 和 VR 技术，为学员提供沉浸式的学习体验。积极开发或优化用于思政教育的在线教育平台，确保平台的稳定性和易用性。同时，定期更新教学内容，确保信息的准确性和时效性。

（二）增强互动性和实践性，提升教学效果

紧密结合线上教育平台与传统课堂教学，通过讨论、互动问答等方式，提

高学员的课堂参与度。在教学过程中，鼓励学员提出问题和意见，形成师生互动、学员间交流的良好氛围，激发学员的思考能力和创新意识。同时，通过引入与实际政策相关的案例，组织学员进行分析、讨论，提高他们理论联系实际的能力，加深其对政策的理解和把握。

设计以项目为核心的学习任务，鼓励学员通过团队合作完成特定的研究或实践项目，培养他们的团队协作能力和解决问题的能力。围绕实际问题开展教学，引导学员关注社会热点，激发他们解决问题的兴趣和动力。可利用网络论坛、直播互动等技术手段，建立学员与教师、学员与学员之间的互动平台，促进交流与合作，提高学习效果。通过在线平台提供即时反馈和评估，帮助学员了解自己的学习进度和不足，使其及时调整学习策略，提高学习效率。

此外，安排学员前往相关机构和场所进行实地考察，亲身体验和观察理论知识的实际应用。鼓励学员积极参与社会志愿服务活动，通过实际行动深化对思政教育内容的理解。

（三）提高教育资源的可及性

在数字化时代，提高思政教育资源的可及性至关重要。通过应用数字技术，可以扩大思政教育资源的覆盖范围，确保更多党员干部能够获取高质量的思政教育。

党校应搭建功能完善的在线教育平台，提供多样化的思政教育课程和资源，方便学员随时随地访问学习。此举能够满足不同地区、不同层次学员的学习需求。同时，应采用开放获取政策，允许教育资源的自由分享和使用，从而促进资源共享与合作，丰富思政教育内容，减轻教育机构的负担。此外，建立数字化图书馆，对思政教育相关的书籍、文章、视频等资源进行数字化存储和管理，便于学员检索和使用。

（四）强化网络信息安全和思政教育

应定期举办网络安全教育活动，提升师生对网络安全的认识和重视程度。教授网络安全的基本知识和技能，如个人信息保护、防范网络攻击和诈骗等，以增强学员的安全防范能力。同时，加强对党校网络环境的监控和管理，确保网络平台的安全稳定运行。制定并执行严格的网络信息安全政策，包括数据保护、访问控制和应急响应等，以维护网络空间的清朗和安全。

在思政课程中应加入网络文明和法治教育，引导学员树立正确的网络行为规范。利用网络平台宣传社会主义核心价值观，帮助学员形成健康的世界观、人生观和价值观。在线上平台发布权威、准确的信息，及时辟谣，引导学员正确理解和处理网络信息。

此外，要培养学员的批判性思维，使其学会辨别网络中的错误和偏激信息。借助人工智能、大数据等数字技术，提供更个性化和高效的思政教育。利用网络平台搭建互动式思政教育环境，鼓励学员积极参与讨论和交流，提升思政教育的吸引力和实效性。

三、数字化时代党校思政教育的发展方向与未来展望

（一）数字化时代党校思政教育的发展方向

充分利用互联网、大数据、人工智能等信息技术，进一步优化数字化教学环境，打造更为先进和具有互动性的教学平台。同时，积极推广在线课程和远程教育平台，确保思政教育资源能够更便捷、更广泛地覆盖目标群体。将时事政策、现代化进程中的实际案例融入教学内容，使教育紧密贴合时代发展步伐。同时，结合讲授、讨论、互动、模拟等多种教学方式，有效提升课堂的活跃度和实效性。

引入更多实际案例进行研究，让学员通过深入分析和热烈讨论，深刻理解理论在实践中的应用。鼓励学员积极参与社会调查、志愿服务等实践活动，将理论知识转化为具体行动，增强实践能力。此外，进一步培养学员的批判性思维，鼓励他们勇于对传统观念和现有知识进行质疑和反思，培养其独立思考的能力。

指导学员正确使用网络资源，帮助他们树立健康的网络伦理观念。在网络环境中积极开展思政教育，引导学员树立正确的价值观和行为准则，形成良好的网络行为习惯。同时，定期对党校教师进行信息技术和现代教学方法的培训，提升他们的教学水平和能力。积极吸纳信息技术、心理学、社会学等领域的专业人才，优化教师队伍结构，提升整体教学实力。

（二）数字化时代党校思政教育的未来展望

1. 党校思政教育在数字化及教育方式等方面的改进方向

未来，党校通过采用先进的数字化手段和教学方法能够更显著地提升思政教育的质量和效率，使之更加契合现代社会的需求。创新的教育方式将会让党的理论更加生动易懂，从而增强其吸引力和影响力。强化远程教育平台建设，发展在线学习资源，将会使教育资源的获取更加便捷，内容更加丰富。不断更新教育理念，丰富教育内容，确保与时代发展同步，能够满足学员的多样化需求。培养学员的国际视野和全球思维，能够增强学员对国际事务和全球问题的认识和处理能力。在教育实践中建立有效的评估和反馈机制，能够实现教育内容和方法的持续改进。此外，还需加强教师队伍建设，不断提升教师的专业水

平和教学能力。

2．党校思政教育在学科融合、合作交流及丰富教学内容等方面的举措

未来，党校应引入管理学、心理学、社会学等多个领域的知识，促进学科间的交叉融合，进一步丰富思政教育的维度。加强与国内外其他教育机构的合作，开展学术交流和资源共享，提升教育的国际化水平。在教学中融入中华优秀传统文化，强调社会主义核心价值观，不断提升学员的道德素养。通过多样化的教学内容和方法，帮助学员树立正确的世界观、人生观和价值观。开设心理健康课程，帮助学员认识和处理心理压力，保证精神健康。同时，提供心理辅导和咨询服务，为学员提供情感支持和心理指导。为党员和干部提供终身学习的机会和平台，鼓励他们持续学习和成长。

3．党校思政教育在构建数字化学习环境及应对挑战方面的规划

党校思政教育将致力于构建一个综合性的数字化学习环境，利用 AR、VR 等先进技术，借助大数据和人工智能技术，实现个性化教学路径的设计和智能化学习过程的管理。党校还将持续探索和引入新的信息技术，如区块链、云计算等，以提高教学的安全性和互动性。

总之，通过有效整合数字化资源，创新教育方法，可以有效提升思政教育的吸引力和实效性。同时，面对挑战，党校需要加强网络信息安全教育，确保思政教育内容的正确性和高效性。展望未来，党校思政教育应持续探索适应数字化时代的新路径，为培养合格的党员干部提供坚实保障。

参考文献

［1］朱虹美．红色文化与辩证唯物主义在党校思政教育中的融合路径［J］．中国军转民，2025（3）：148-150．

［2］杨玉辉．“互联网＋”时代党校思政教育资源整合与应用研究［J］．新丝路，2025（2）：223-225．

［3］拾丽莉．伟大建党精神在党校思政课教学中的融入［J］．中国高校科技，2025（1）：100-101．

［4］任志江，刘文韬．数字思政的多维审视：理念、价值与路径［J］．青岛行政学院学报，2025（1）：5-11．

［5］姚琳文．知识产权法融入高校思政教育的必要性与路径研究［J］．科教文汇，2025（3）：61-64．

［6］钱周伟．高校人工智能类课程思政实践：认识误区、价值澄清与提质路径［J］．北京教育（高教），2025（1）：66-68．

［7］张杨．马克思主义哲学视域下推进思政一体化的实践路径研究［J］．华章，2025（2）：126-128．

［8］张淑婷，褚尔康．智媒体时代高校基层党建与思政引领机制研究［J］．中共太原市委党校学报，2025（1）：3-6．

［9］胡曾胜．党的二十大精神赋能高校思政建设创新途径探究［J］．濮阳职业技术学院学报，2025，38（2）：37-40．

［10］孙绍勇，陈彤．新时代推进高校思政课课程改革的系统思维探赜［J］．系统科学学报，2025，33（1）：111-116．

［11］陈俊．毛泽东启发式教学方法对高校思政课教学的现实启示［J］．七月风，2025（1）：39-43．

［12］王利．高职院校体育教学中融入思政教育内容的实效性分析［J］．鄂州大学学报，2025，32（1）：32-34．

［13］金雨娇．如何将伟大建党精神有效融入党校思政课教学［J］．中国军转民，2024（13）：77-79．

［14］熊永平．新时代党校思政教育的创新路径研究［J］．国际援助，2024（18）：37-39．

［15］赵长峰．苏区精神融入基层党校思政工作的创新探索［J］．新丝路，2024（18）：193-195．

［16］杨丽娟．数字化时代党校思政教育创新发展策略研究［J］．时代报告，2024（4）：32-35．

[17] 陈成. 新时代提升党校思政教育实效性的路径 [J]. 情感读本，2024（2）：41-43.
[18] 路立新. 新媒体视域下党校思政课程教育的创新思考 [J]. 中文科技期刊数据库（文摘版）教育，2024（1）：164-167.
[19] 吴音莹. 互联网时代基层党校思政教育的实效性与优化设计研究 [J]. 中国新通信，2024，26（11）：230-232.
[20] 潘起明. 可持续理念下党校思政教育工作的时代感及吸引力研究 [J]. 时代报告，2024（3）：58-60.
[21] 彭敏，黄培荣. 守正创新做好高校党校思政育人工作 [J]. 当代广西，2024（20）：14.
[22] 吕立英. 中华优秀传统文化与党校思政课教学的相融合研究 [J]. 时代人物，2024（36）：7-9.
[23] 王婉雯，钮则圳. 基于“党校＋高校”的思政课案例教学长效机制研究：以“习近平新时代中国特色社会主义思想概论”课为例 [J]. 包头职业技术学院学报，2024，25（2）：86-89+97.
[24] 杨丽媛，向艳. 推进党校干部教育与高校思政教育协同建设思考 [J]. 中学政治教学参考，2024（48）：18-21.
[25] 李亚茹，何志强. 高职院校思政教师队伍建设问题及对策 [J]. 长春市委党校学报，2024（6）：38-43.
[26] 管明龙，吴爱琪. 红色文化资源赋能“大思政课”建设路径研究 [J]. 中共太原市委党校学报，2024（6）：52-56.